한국의 행복 불평등

- 행복 격차의 구조와 해법 -

최 유 석

法 文 社

이 연구는 한국연구재단의 2020년 일반공동연구(NRF—2020S1A5A2A0304527512221
82102840102)'와 한림대학교 교비학술과제(HRF—202301—016)의 지원을 받았다.

머리말

한국인의 생활수준이 향상되면서 삶의 질과 행복에 대한 관심도 증가하였다. 한국인은 얼마나 행복한가, 누가 더 행복한가, 다른 나라 국민과 비교하면 한국인의 행복수준은 어떠한가? 정부 정책은 국민을 얼마나 행복하게 만들어주었는가? 이러한 질문에 대한 해답은 다양한 연구에서 단편적으로 제시되어 왔다. 한국인의 삶의 질과 행복의 모습을 종합적으로 그려낸 연구는 드문 편이다. 심리적인 요인을 넘어서 국민 행복의 전반적인 수준을 좌우하는 정치, 경제, 사회적 요인에 대한 탐색도 상대적으로 부족하였다.

이 책은 한국인의 행복수준과 집단 간 행복 격차의 양상이 어떠한지, 행복과 관련된 요인은 무엇인지 밝히는 시도이다. 한국인은 더 행복해졌는지, 행복해지지 않았다면 무엇이 행복 증진을 가로막는지 탐색하였다. 또한 한국사회의 소득과 자산의 불평등처럼 행복 불평등도 점차 심화되고 있는지 살펴보았다. 국가 간 비교분석을 통해 행복수준이 높은 국가의 행복의 비결은 무엇인지, 이 국가들은 국민행복 증진을 위해 어떤 정치, 경제, 문화적 조건을 갖추었는지, 어떤 정책을 통해 국민행복을 증진시켰는지를 살펴보았다. 이 책에서는 행복 증진을 위한 정책적 시사점을 논의하고 한국인의 행복 증진을 위한 해법을 제안하였다.

제1장 '사회정책과 행복: 몇 가지 주요 쟁점'은 이 책의 서장에 해당한다. 이 장에서는 행복 증진을 정부의 사회정책 목표로 설정하는 것이 적절한지, 개인의 행복에서 국가의 역할은 무엇인지, 행복과 관련된 사회정책의 주요 쟁점을 논의하였다. 필자는 쟁점 중의 일부를 이 책에서 다루고자 하였다. 제2장 '한국인의 행복수준의 변화'에서는 지난 10여년 동안 한국인의 행복수준은 어떻게 변화했는지 살펴보았다. 제3장 '행복 격차와 관련 요인'에서는 다양한 집단 간 행복 격차는 어떠한지, 격차는 어떻게 변했는지, 어떤 요인이 행복 격차를 빚어내는지

를 밝혔다.

제4장 '한국사회의 질과 행복'은 우리사회에 대한 국민의 인식이 어떠한지에 주목하였다. 한국사회의 공정성, 포용성, 안전성과 같은 사회의 질(Quality of Society)에 대해 국민들은 어떻게 인식하고 있는지, 한국사회의 질에 대한 인식이 행복과 어떤 관련을 맺는지를 탐색하였다. 제5장 '한국인의 행복 불평등'에서는 소득, 자산 불평등처럼 행복 격차 또는 행복 불평등의 양상과 원인은 무엇인지를 밝혔다.

제6장 '불평등 중첩사회와 행복'에서는 한국사회를 불평등 중첩사회로 진단하였다. 불평등이 누적, 심화되는 메커니즘을 밝히고, 다양한 격차 또는 불평등이 중첩되는 현실은 행복에 어떤 영향을 미치는지를 논의하였다. 제7장 '지위상승 가능성, 중산층 인식과 행복'에서는 한국인의 지위상승 가능성과 중산층 인식의 변동을 추적하였다. 지위상승 가능성이 점차 닫히고, 중산층이 분해되어 해체되는 상황은 한국인의 행복에 어떤 영향을 미치는지 살펴보았다.

제8장 '행복의 정치경제: 국가 간 행복 격차는 어디서 기인하는가?'에서는 국가 간 비교분석을 통해 국가 간 행복 격차의 원인은 무엇인지 밝혔다. 사회경제적 특성 등 거시적 조건뿐만 아니라, 개인의 심성과 같은 미시적 특성이 어떻게 행복과 관련을 맺는지도 살펴보았다. 제9장 '소득보장제도와 행복'에서는 핵심적인 공적 소득보장제도인 국민연금, 기초연금, 기초생활보장제도가 생활만족과 우울감에 미치는 영향을 탐색하였다. 어떤 제도가 생활만족도 증진과 우울감 감소에 효과적인지 밝혔다. 마지막 제10장 '행복한 한국인을 위하여'에서는 한국인의 행복을 증진할 수 있는 방안을 모색하였다.

이 책을 준비하는 과정에서 많은 분들의 도움을 받았다. 한국연구재단 일반 공동연구에 두 차례 참여하면서 행복과 삶의 질에 대한 관심을 발전시킬 수 있었다. 먼저 '행복한 삶과 지속가능한 사회의 조건' 연구진의 도움을 받았다. 연구책임자인 석재은 교수님을 비롯하여 성경륭, 최영재, 김승래, 조동훈, 김여진 교수님께 감사드린다. '주택소유와 소득불평등' 연구팀의 은민수, 김도균, 송아영 교수님께도 감사드린다. 당시에 연구조교로 실무적인 일을 잘 챙겨주고 애써 준 이기주 박사, 염소림, 전은별 석사, 정진선 군에게도 고마운 마음을 전한다. 학회지에 발표한 논문을 이 책에 실을 수 있도록 허락해 준 한국인구학회, 한국사회정책학회, 한국산학기술학회에도 감사드린다. 신속하고 세심하게 진행을 해주신 법문사 편집부 김제원 이사님, 기획영업부 유진걸 과장님께도 감사드린다. 언제나 따뜻한 마음으로 필자를 지지해 준 가족이 있어서 늘 고맙고 큰 힘이 되었다.

2023년 6월

저　자

차 례

제3장

행복 격차와 관련 요인

제4장

한국사회의 질과 행복

제5장

한국인의 행복 불평등

제6장

불평등 중첩사회와 행복

제7장

지위상승 가능성, 중산층 인식과 행복

제8장

행복의 정치경제: 국가 간 행복 격차는 어디서 기인하는가?

제9장

소득보장제도와 행복

제10장

행복한 한국인을 위하여

제1장

사회정책과 행복: 몇 가지 주요 쟁점

행복연구의 배경: 사회정책학은 행복의 학문인가?

우리나라 헌법에는 국민의 행복 추구권이 명시되어 있다. 그러나 사회정책 또는 사회복지학계에서 행복을 연구하는 움직임은 비교적 최근의 일이다. 행복의 한 차원으로서 '생활만족'에 관해서는 지난 수십 년간 심리학, 사회학에서 이미 상당한 연구가 이루어졌다. 그러나 개인의 정서적 감정으로서 행복은 엄밀한 학문적 탐구 대상으로 간주되지 못한 측면이 있었다. 행복의 개념은 매우 다양한 측면을 담고 있으며 개인마다 행복의 기준이 다르기 때문이다.

그동안 사회정책에서 행복이 학문적·정책적 관심의 대상이 되지 못한 또 다른 이유는 복지정책을 비롯한 다양한 사회정책이 불행하거나 불행할 것이라고 여겨지는 사람들에게 초점을 맞추어 왔기 때문이다. 전통적으로 사회정책학은 사회병리학이었다. 사회문제의 양상, 원인, 해법을 탐색하는 것이 주된 내용이었다. 사회문제를 경험하는 개인과 집단의 특성에 주목하였다.

특히 복지정책에서는 빈민, 장애인, 노인, 한부모 가족 등 취약계층의 복리 증진에 관심을 가져왔다. 취약계층의 삶의 여건은 어떠한지, 이들의 복리를 증진하기 위해서 어떤 정책적 지원이 필요한지, 어느 정책이 효과적인지를 주로 탐구해 왔다. 이러한 접근방식은 분배정의의 차원에서 정당한 것이었다. 예산제 약을 고려했을 때도 효율적인 것이었다. 도움이 가장 필요로 하는 사람에게 일 차적으로 예산을 집중하는 타겟팅된 정책은 현재도 유용하다. 취약계층을 정책 대상 집단으로 삼아서 이들의 삶의 조건을 깊이 탐색하고 자신의 능력을 펼칠 수 있도록 제도를 개선하거나 지원을 하는 복지정책의 정당성에 대해서 많은 국민의 공감을 얻을 수 있었다.

2000년대 후반 이후 보편적 복지가 확대된 것도 사회정책학에서 국민 전반의 행복을 연구 대상으로 삼게 된 배경이다. 보편적 복지를 통해 취약계층이 아닌 다수의 국민이 정책 대상자가 되었다. 보편적 복지의 확대를 통해 국민의 행복 이 어떻게 변화했는지를 파악하는 것도 이제는 중요한 연구 과제가 되었다.

행복의 가치편향성: 안정지향적, 평온한 삶과의 친화성?

행복을 측정하는 다차원 지표는 즐거움과 같은 긍정적 정서뿐만 아니라, 근 심/걱정, 우울감과 같은 부정적 정서를 측정하고 있다. 또한 생활만족도와 같은 자신의 삶에 대한 전반적인 평가와 함께 삶의 가치와 의미를 구현하는 정도도 측정하고 있다(한국행정연구원, 2022). 이러한 행복측정 방식은 가치편향적인 특성 을 지니고 있다.

우리의 일상에는 삶의 방향을 가늠하고 의사결정의 원칙이 되는 다양한 가치 가 존재한다. 행복은 여러 가치를 압도해 버리는 궁극적인 가치의 성격을 지닌 다. 행복지표는 고심하고 노력하는 삶보다는 안락하고 평온한 삶에 상대적으로 더 높은 점수를 부여하고 있다. 행복한 감정은 일시적인 것이다. 우리의 삶은 매일 반복되는 과업을 끈기있게 수행하도록 요구한다. 새로운 과업은 성취감의 원천일 수 있지만, 사람들은 그 과업을 성공적으로 수행하기 위해서 상당한 스 트레스를 느낀다. 우리의 삶은 노력하고 고심하는 순간의 연속이고, 그 과정은 행복하지 않을 수 있다. 그러나 그러한 노력의 결과로 얻은 풍족한 삶을 통해 우리는 행복할 수 있다.

행복한 삶은 이러한 고단한 삶이 있기에 가능한 것이 아닐까? 우리는 하루의 고된 노동을 무사히 마치고 잠시나마 여유와 행복감을 느낀다. 자녀의 학업 성취를 보고 뿌듯해 하고, 부모님의 안부를 묻고 건강을 확인하고 안도감을 느낀다. 이처럼 행복은 사람마다 자신의 일상의 경험과 결부되어 있다(박영신·김의철, 2009). 사람마다 평온한 삶을 추구하기도 하고, 고심하고 노력하는 삶을 추구할 수도 있다. 생애주기별로 살펴보면 청년기의 노력하는 삶이 축적되어 중장년과 노년기의 평안한 삶이 가능하다.

행복을 정책목표로 삼아서 평가지표를 개발하기 전에 우리는 개인이 행복을 경험하는 다양한 상황을 좀더 면밀히 살펴 볼 필요가 있다(박영신·김의철, 2009). 5점 또는 11점 척도로 행복감을 집계하는 것은 불가능한 일이 아니다. 그러나 사람들이 행복해 하는 맥락을 이해해야 우리는 개인의 행복추구 욕구에 맞는 정책과 서비스를 개발할 수 있을 것이다.

이 점에서 최근 스마트폰 앱을 이용한 행복연구는 일상적인 행복의 양상을 밝힌 점에서 매우 유용한 정보를 제공해 준다. 서울대학교 행복연구소는 카카오 같이가치팀과 협력하여 행복측정앱을 통해 한국인의 행복을 실시간으로 측정하였다(최인철 외, 2019). 2018년 한 해 동안 약 104만 응답자가 참여하여 224만 건의 행복데이타를 수집하였다(최인철 외, 2019). 일상적인 경험에서 언제 행복을 느끼는지, 무엇을 할 때, 누구와 함께할 때 행복을 느끼는지 한국인의 행복에 대한 일종의 빅데이터를 구축하고 있다. 이 정보는 스마트폰 앱을 활용하는 사람의 특성이 반영되어 표본의 편이가 있을 수 있다. 그러나 시간활용조사를 비롯한 행복과 관련된 설문조사의 일회적이고 표준화된 방식의 한계를 보완하는 이점을 갖고 있다.

정책 평가지표로서 행복척도의 한계

국민의 행복 증진은 정부활동의 최종적인 과업 목표이다. 그러나 정부는 이를 명시적인 정책 목표로 전면에 내세우고 추진하지는 못하였다. 그 이유는 매우 다양한데, 첫째, 행복의 개념이 매우 상대적이고, 객관적으로 측정하기가 용이하지 않기 때문이다. 행복은 개인의 주관적 체험이다. 행복은 소득이나 자산과 같이 객관적인 지표를 통해 측정하는 것이 쉽지 않다. 노후소득보장이라는 정책목표를 설정하고 국민연금이나 기초연금을 확대한다면 해당 정책의 효과를 노인빈곤율의 변화 등을 통해 파악할 수 있다. 다양한 외생변수를 통제한 후에 정책 확대에 따라 노인빈곤율이 감소했다면 이를 정책 성과로 간주할 수 있을 것이다.

그러나 각종 정책이 행복에 미치는 영향을 밝히는 것은 쉽지 않다. 그 이유는 행복은 매우 다양한 요인의 영향을 받기 때문이다. 개인의 성격, 성별, 학력, 소득을 비롯해서 측정 시점의 상황과 개인의 행동 등 수많은 요인이 행복에 영향을 미친다(Fabian, 2019). 특정 정책 이외의 매우 다양한 요인에 의해 행복수준이 영향을 받기 때문에 행복 증진이 정책에서 비롯된 것인지, 다른 요인에 의한 것인지를 식별하는 것은 매우 어렵다. 따라서 각종 외생변수를 통제하고 개인의 주관적인 체험을 집계한 행복감의 전후비교를 통해 정책의 행복 증진 효과를 색출하는 방식은 분석전략과 척도의 타당성에서 문제를 가질 수 있다.

정책 성과지표의 형태로 비교해 본다면, 매우 야심찬 정부는 현행 노인빈곤율 45%를 5년 이내에 30%로 낮추는 것을 노인과 관련된 국정운영 성과지표로 제시할 수 있다. 그러나 행복의 경우에는 이러한 형태의 성과 지표를 제시하는 것이 쉽지 않다. 현재 노인의 평균 행복수준이 6.0점인데 이를 5년 이내에 8.0점으로 증진시킨다는 성과지표를 제시하는 것은 적절한 것인가?

행복을 5점 또는 11점 척도로 측정하는 방식은 척도의 타당성에서 일부 문제를 안고 있다. 11점 척도를 활용하여 개인의 행복을 0-10 사이의 한 점으로 측정하는 방식은 개인이 경험하는 행복의 강도를 표준화하고, 상한선을 제약하는 결과를 낳는다(McCloskey, 2012). 행복 경험의 강도는 사람마다 다르다. 어떤 사람에게 하늘을 날아갈 것 같은 행복한 경험은 10점 그 이상일 수 있다. 마찬가지로 누군가로부터 무시당했을 때 느끼는 울분과 분노의 감정은 10점을 넘어설 수 있다.

경제성장 등 사회구조적 변화로 인해 사람들이 행복척도에 점수를 부여하는 기준 자체가 변할 수 있다(Fabian, 2019). 예를 들어 소득이 상승하여 삶의 조건이 변하면 삶의 만족에 대한 기대수준도 상승할 수 있다. 사람들은 소득이 증가한 현재 상태에 곧 익숙해지기 때문이다. 자신의 행복 또는 생활만족도를 비교하는 준거집단이 달라질 수도 있다(Clark and Senik, 2014; Fabian(2019)에서 재인

용). 따라서 동일한 7점이라고 하더라도, 전반적인 삶의 질이 향상된 이후의 7점은 이전과 질적으로 다른 의미를 가질 수 있다(Fabian, 2019). 이는 행복척도의 시계열 비교에서 조심스러운 해석이 필요하다는 점을 의미한다.

그렇다면 이러한 측정 문제로 인해서 행복을 정책목표로 삼는 것을 포기해야 하는가? 행복척도의 한계로 인해 행복의 측정은 언제나 타당도와 신뢰도 문제가 제기되지만 이는 불가피한 일이다. 어찌 보면 국가의 일은 계량하고 표준화하는 일이다(Scott, 2010). 타당도와 신뢰도 문제로 인해 행복척도를 버리는 것보다는, 행복척도의 한계를 인정하고 이를 보완할 수 있도록 다양한 지표를 활용하는 것이 대안이 될 것이다.

국가의 역할: 행복할 여건의 보장인가 행복한 삶의 보장인가?

사회정책을 통해 인간다운 삶의 여건을 보장하는 것은 충분히 가능한 일이다. 그러나 국가가 행복한 삶, 그 자체를 보장하는 것은 다른 문제이다. 그 이유는 개인마다 삶의 목표가 다르고 행복에 대한 상이한 기준을 갖고 있기 때문이다. 지난 문재인 정부는 100대 국정과제를 추진하면서 '내 삶을 책임지는 국가'라는 국정목표를 내걸었다(국정기획자문위원회, 2017). 이러한 국정목표는 국가의 사회보장 책임을 강조하는 의미를 지닌다.

이러한 국가가 구현되는 것이 바람직한 것일까? 이에 대한 대답은 개인의 가치관과 정치 성향에 따라 큰 차이를 보일 것이다. 국민을 위한 사회보장을 국가가 적극적으로 책임지고 수행한다는 점에서 긍정적으로 바라보는 시각이 있는 반면, 개인의 삶은 개인이 책임지는 것이지 어떻게 국가가 책임지는가 하는 부정적인 반응이 있을 수 있다. 사회정책의 목표로서 행복해질 수 있는 여건 보장을 넘어서 행복의 보장이 적절한지에 대한 깊이있는 논의가 필요하다.

올더스 헉슬리는 '멋진 신세계(Brave New World)'에서 행복한 사람들로 가득한 유토피아 혹은 디스토피아를 묘사하고 있다(헉슬리, 2018). 모든 시민들은 불행, 근심, 우울감을 느끼지 않도록 일종의 항우울제인 소마(soma)를 복용하고 있다. 이는 소설 속의 일이고 현실적이지 않은 사례이지만, 이와 유사한 일이 현실에서도 발생하고 있다. 영국정부는 2014년 인지행동치료에 참여하지 않으면

장애급여 지급이 중단될 수 있다고 발표하였다(Fabian, 2019). 성공적인 취업자의 태도로서 외향적이고 자신감에 차있고 밝고 명랑한 태도를 바람직한 것으로 간주하고, 장애급여 수급 조건으로 인지행동치료에 참여하도록 의무화한 것이다. 살아가면서 행복하지 않은 것, 근심, 걱정을 갖고 우울해 하는 것은 과연 나쁜 것인가? 국가가 개인의 정서적 감정과 마음가짐에 개입하는 것은 적절한 것인가?

행복중심적 관점: 정책목표로서 행복 증진

정책적 관점에서 보면, 국가의 역할은 행복 그 자체보다는 행복한 감정을 자아내거나, 삶의 만족감을 경험할 수 있는 여건을 창출하는 것이다. 국민을 각종 사회적 위험으로부터 보호해서 근심과 걱정을 덜어 주는 것이다. 교육, 소득, 주거, 건강보장 등을 통해 개인이 자신의 역량을 자유롭고 충분하게 발휘할 수 있는 기회를 보장해 주는 것이다. 국민 행복은 사회정책이 효과적으로 추진된 결과로서 국민들이 경험하는 만족스러운 상태일 것이다. 이 점에서 행복 증진은 좋은 정책의 '기대효과'이다. 예를 들어 국민연금과 같은 소득보장정책을 통해 노인의 소득이 보장된 결과 노인의 행복이 증진되는 것이다.

국민행복 증진이 각종 사회정책의 명시적인 목표로 제시된다면 각 정책에서 추구하는 고유한 정책목표가 불명확해질 가능성이 있다. 정책목표로서 행복을 제시하는 순간, 행복이 무엇인지, 행복 증진을 어떻게 측정할지 결정해야 한다. 국민 행복 증진은 쉽게 부정할 수 없고 매우 당연한 목표이다. 그러나 행복수준을 엄밀하게 측정하고 정책의 영향을 평가하는 작업은 만만치 않다. 또한 정책의 좋은 의도가 부정적인 결과를 빚어낼 수도 있다. 행복 증진이 국정목표로 제시되고, 각 부처에서 일사분란하게 행복 증진과 관련된 사업목표와 성과지표를 설정하여 추진하는 행정과정에서 성과주의의 부작용이 발생할 가능성도 있다.

필자는 정책 목표로서 행복보다는 정책당국자와 서비스 제공자가 행복 중심적 관점을 가질 것을 주장한다. 행복 중심적 관점은 각종 정책을 수립하고 진행할 때, 언제나 국민의 행복이 중심에 있어야 한다는 점을 각인하게 해 준다는 점에서 이점이 있다. 각종 사회정책이 정치인, 정책당국자, 서비스 제공자의 이해관계가 아니라, 정책대상자와 국민의 복리 증진이라는 근본적인 목적에 관심을 기울여야 함을 강조한다. 정책성과를 평가하는 데 있어서 국민 행복 증진이 그 핵심임을 당국자와 서비스 제공자가 깊이 명심할 수 있도록 하는 기능을 수행한다.

각종 정책평가에서 행복 또는 만족도 증진 지표를 넣어서 국민행복에 미치는 영향을 파악하는 것은 충분히 의미있는 일이다. 이는 특정 정책이 환경에 미치는 영향을 평가하는 환경영향평가, 정책효과의 성별에 따른 차이를 살펴보는 성인지영향평가와 유사한 측면이 있다. 이미 다양한 사회서비스 평가과정에서는 서비스 대상자의 만족도 조사가 필수적으로 시행되고 있다. 더 중요한 것은 피드백 메카니즘을 만드는 것이다. 서비스 만족도를 평가하는 이유는 문제점을 개선하여 더 나은 서비스를 제공하기 위함이다. 만족도 조사결과를 정책과 서비스 개선에 활용하도록 서비스 대상자의 의견수렴과 참여를 강화해야 한다.

사회정책의 초점: 행복 증진인가 불행 감소인가?

사회정책은 행복을 증진하는 데 기여하는가? 아니면 근심/걱정 또는 불행을 감소하는 데 기여하는가? 복지국가의 발전으로 인한 탈상품화, 사회적 임금의 증가는 생활만족도를 향상시키는 데 기여하였다(Pacek and Radcliff, 2008). 그러나 일부 연구에서는 사회정책이 우울감 감소나 생활만족도 증진과 관련이 없는 것으로 나타났다(최요한, 2018). 이는 정책효과를 밝히는 데 있어서 우울감이나 생활만족도와 같은 측정지표의 타당성 문제일 수도 있다. 그러나 사람들이 자신의 상황에 쉽게 적응하기 때문에 정책효과를 식별해내기 어려울 수도 있다 (Haidt, 2016; Clark et al., 2018; Tella and MacCulloch, 2006).

예를 들어 월급이 인상되면 처음 몇 달 동안만 행복하고 그 이후에는 인상된 월급을 당연한 것으로 여기는 것과 마찬가지이다. 인상된 월급을 받는 현재의 상태가 일상생활의 새로운 기초를 이룬다(Haidt, 2016). 더 높은 수준의 월급 또는 타인의 월급과 비교한 나의 상태가 행복한지를 판단하는 기준이 된다(정해식 · 김성아, 2019; Clark et al., 2019; Tella and MacCulloch, 2006). 마찬가지로 기초연금 같은 현금 수급은 몇 달이 지나면 익숙해져서 수급을 당연시한다. 그 결과 생활만족도를 증진하기에는 한계가 있다. 더 높은 수준의 급여에 대한 욕구가 발생하기 때문이다.

　사회정책은 행복감 증진보다는 근심/걱정, 우울감 등 부정적 정서를 완화하는 데 더 효과적일 수 있다. 사람들은 좋은 것에 비해 나쁜 것에 더 민감하게 반응하기 때문이다(Haidt, 2016). 사람들은 기회보다는 위협에, 기쁨보다는 불쾌함에 더 민감하다. 따라서 취약계층의 불행을 완화하는 것이 중산층의 행복을 증진시키는 것에 비해 훨씬 더 큰 효용을 가져다 준다(Clark et al., 2019). 전통적인 사회정책은 현금과 현물 급여를 통해 생계유지의 어려움을 해소하는 역할을 수행하여 왔다. 불행에 처할 여건을 개선하는 것이 사회정책의 주된 목적이었다.

　따라서 사회정책의 효과는 행복, 생활만족과 같은 지표보다는 근심, 우울감 등 부정적 정서와 관련된 지표에서 그 효과가 더 잘 드러날 수 있다. 또는 불행한 상태에서 보통 수준으로 이행하는 데 도움이 될 수 있다. 특히 기초생활보장과 같은 선별주의 정책은 부정적 정서와 관련된 지표에서 그 효과가 더 높게 나타날 수 있다.

　제2장에서 자세히 살펴보겠지만, 2013-2018년 기간 동안 행복감, 생활만족도의 증가율에 비해 근심/걱정, 우울감의 감소율이 더 높게 나타났다. 행복감과 생활만족도가 해당 기간 동안 각각 5.4%, 6.3% 증가한 반면, 근심/걱정과 우울감은 각각 16.9%, 14.1% 감소하였다. 이러한 변화가 해당 기간 동안 이루어진 보편적 복지의 확대, 기초생활보장 혜택의 확대에 의한 것이라고 단정할 수는 없다. 그러나 행복지표가 다양한 차원으로 구성되었다고 본다면 향후 연구에서는 사회정책 프로그램의 수급여부 및 수준이 행복의 다양한 차원과 어떠한 관련성을 맺는지를 탐구할 필요가 있다.

사회정책연구자의 행복연구

　행복 증진이라는 목표를 달성하기 위해서 우리는 일상에서 이른바 '소확행'(소소하고 확실한 행복)을 선택할 수 있다. 한편 우리사회의 구조적 문제를 해결하는 장기적이고 고된 집합행동의 길로 나설 수도 있다. 국민들이 기대하는 사회정책연구자의 역할은 행복 증진에 걸림돌이 되는 구조적 문제의 본질이 무엇인지 밝히고 정책 대안을 제시하는 것이다.

　이를 위해 사회정책 연구자는 시각을 좀더 넓힐 필요가 있다. 국민 행복 증진과 관련된다면 복지제도를 넘어서 다양한 제도와 정책을 연구할 필요가 있다. 행복 사회를 위해 사회정책 연구자는 앞으로 다음과 같은 역할을 수행해야 한다. 첫째, 국민 행복과 관련된 사회정책의 분석과 평가이다. 노동시장, 복지정책과 서비스가 행복에 미치는 영향을 좀더 면밀하게 탐색할 필요가 있다. 이 연구에는 세대 간 행복 영향평가 등 복지정책의 장기적인 효과에 대한 연구도 포함된다.

둘째, 행복 사회의 상(像) 또는 비전에 대한 연구이다. 행복의 본질뿐만 아니라 국민이 행복한 사회는 어떤 사회인지에 대한 본격적인 연구와 논쟁이 요청된다. 셋째, 행복 사회의 핵심 가치를 활성화할 수 있는 시스템 또는 정책에 대한 연구이다. 만약 개인의 자율성과 사회의 공정성과 포용성을 강조하는 입장이라면, 어떠한 복지제도, 노동시장, 교육체계를 통해 이를 증진할 것인가에 대한 해법을 제시해야 한다. 제도의 효율적인 운영의 기반을 이루는 미시적인 행위자의 역할과 행위자 간의 관계는 어떻게 변해야 하는지도 연구할 필요가 있다.

예를 들어 포용적인 노동시장, 복지제도, 교육제도는 어떻게 구현할 것인가? 포용적 노동시장을 형성하기 위해서 노동자와 사용자는 무엇을 해야 하는가? 포용적 사회의 기반이 되는 포용적 심성은 어떻게 증진할 수 있는지를 탐구해야 한다. 이러한 연구는 전통적인 사회정책 연구의 범위를 벗어나는 것일 수 있다. 그러나 더 넓고 깊게 바라봄으로써 더욱 현실적이고 구조적인 해결책을 찾을 수 있다. 더 많은 사회정책 연구자들이 폭넓은 시각을 갖고 행복연구에 동참하길 기대한다.

제2장

한국인의 행복수준의 변화*

저성장 시대 한국인의 행복

저성장 시대가 도래함에 따라 우리는 계층 상승의 가능성이 점차 차단되는 사회에서 살고 있다. 그러나 한국인은 여전히 높은 지위에 대한 강렬한 열망을 갖고 있다. 이러한 열망과 기대를 충족하지 못하는 사회에 대한 불만과 분노가 우리 사회에 팽배해 있다(이재열, 2016). 일자리 관계만 하더라도 안정적인 정규직과 불안정한 비정규직 일자리로 이중화된 노동시장 구조가 고착화되는 것이 현실이다. 비정규직의 낮은 지위가 유지·존속되는 구조에서 안정된 일자리를 얻기 위한 사투를 벌어지고 있다. 우리 사회에서 청년은 결혼과 출산을 포기하고, 노인은 외로움과 빈곤의 늪에 빠져있다. 중장년층은 자녀교육비와 부모부양 부담에 허덕인다.

이러한 상황에서 우리나라 사람들은 얼마나 행복할까? 우리는 더 행복해지고 있는가? 이 장의 목적은 한국인의 행복의 수준과 변화를 추적하는 것이다. 행복의 실태에 관한 연구는 국민의 삶의 조건이 어떠한지, 어떠한 정책을 통해서 국

---

* 이 장은 최유석·김여진(2021)의 일부 내용을 수정·보완한 것이다.

민의 행복을 증진시킬 수 있는지에 대한 활발한 정책 토론을 위한 기초자료의 성격을 갖는다(Stiglitz et al., 2009). 생활만족 또는 우울감 등 행복과 관련된 수많은 연구가 있지만 한국인의 행복을 다양한 측면에서 시계열적으로 폭넓게 조망한 연구는 의외로 부족하다. 특정 집단(예: 청년, 노인)을 대상으로 생활만족도를 조사한 연구에서도 해당 집단을 대표하는 표본을 구축하여 연구한 경우는 부족한 실정이다.

언론에서도 OECD 등에서 매년 국가별 행복지수를 발표할 때만 잠시 우리 국민의 행복에 관심을 가질 뿐이다. 한국인은 행복이 무엇이라고 생각하는지, 국민이 실제로 느끼는 행복수준은 어떠한지, 어떻게 변하고 있는지, 집단 간 행복격차 또는 행복 불평등은 심화되고 있는지 등 중요한 문제에 대한 기본적인 실태마저도 깊이 있게 다루어지지 않았다. 소득격차 못지않게 행복 격차 또는 행복 불평등은 사회적 긴장과 갈등의 원인이 된다(Becchetti et al., 2013). 사회정책 연구자와 정책당국자는 집단 간 행복 격차의 변화를 추적하고 어떠한 정책을 통해 행복 격차를 완화시킬 수 있는지에 깊은 관심을 기울일 필요가 있다. 이 장에서는 한국인의 행복수준의 변화를 탐색할 것이다. 집단 간 행복의 차이가 어떻게 변화해 왔는지는 제3장에서 다룰 것이다.

행복, 욕망과 기대의 충족

사회과학에서 행복에 관한 경험적 연구는 주로 기쁨, 즐거움 등과 같은 주관적 행복감과 같은 정서적 요인과 생활만족도와 같은 인지적·평가적 요인에 주목하였다(Annas, 2004). 설문조사에서는 주로 즐거운 감정의 정도를 측정하는 데 큰 관심을 보였다. 경험적 연구에서는 이른바 '웃는 표정' 모델(smiley face model)에 기반하여 긍정적 또는 부정적 정서를 측정하여 왔다(Annas, 2004).

행복은 과연 즐거움, 기쁨과 같은 단순한 긍정적 감정의 문제인가? 행복은 긍정적 감정 이상의 개인의 삶의 방식, 원칙, 가치의 문제이다(Annas, 2004). 이와 관련하여 유데모니아적 행복론은 개인이 경험하는 삶의 의미, 올바른 삶과 관련하여 행복의 의미를 찾고 있다(김여진·최유석, 2021).

행복한 삶이 무엇인가에 대한 설명 중 하나는 행복한 삶이란 개인의 욕망 또는 바람이 실현된 삶이라는 것이다(Annas, 2004). 이 설명에 따르면 욕망이 충족되어 만족하는 상태를 행복한 삶으로 정의한다. 설문조사 등을 통한 경험적 연구에서는 개인의 욕망이 무엇인지, 얼마나 충족되었는지 상세하게 밝히지 못하고 있다. 그 결과 '왜 행복한가'에 대한 충분한 설명은 여전히 부족하다. 개인의 욕망이 충족되어 행복할 것으로 미루어 짐작할 뿐이다.

기존 경험적 연구는 '누가 행복한가?'에 주목하여 행복한 집단을 묘사를 하는 데 국한되어 있다. 개인의 인구학적 특성을 조사하여 욕망을 충족할 가능성이 높은 사람들이 더 행복할 수 있음을 확인하고 있다(Annas, 2004). 예를 들어 고소득, 높은 사회적 지위, 높은 자기결정권을 가진 집단의 높은 행복감을 그렇지 않은 집단의 낮은 행복감과 비교하고 있다.

행복을 증진하기 위한 사회정책의 관점에서 바라보면 행복하거나 불행한 집단이 누구인지, 불행한 사람들의 삶의 조건이 어떠한지 엄밀하게 평가하는 것은 매우 중요한 일이다. 사회정책의 목표는 결국 개인의 욕망, 기대 또는 바람의 실현이 용이하도록 삶의 조건을 개선하고, 개인의 역량을 증진하는 데 필요한 것을 제공하는 것이기 때문이다. 소득보장, 주거환경 개선, 양질의 교육기회 제공 등이 주요 사회정책의 내용인 것도 이러한 이유이다. 이 장에서는 한국인들이 얼마나 행복한지를 먼저 살펴보았다.

분석자료: 사회통합실태조사

한국인의 행복수준을 살펴보기 위해 이 장에서는 한국행정연구원에서 조사한 '2013-2021 사회통합실태조사' 자료를 이용하였다. 사회통합실태조사에서는 만 19-69세 성인을 대상으로 행복, 사회통합, 공정성 등 개인의 삶과 우리 사회의 다양한 측면에 관한 인식을 조사하였다(한국행정연구원, 2014-2022). 조사시점은 9월 1일 기준이며, 2개월(9/1-10/31) 동안 진행되었다. 사회통합실태조사는 삶의 질과 관련한 공식적인 국가지표 자료로 활용되며, OECD의 삶의 질 조사에서 한국 통계자료로 활용된다.

행복과 관련하여 이 조사에서는 행복감, 근심/걱정, 생활만족도, 우울감, 자신이 하는 일의 가치 등 5가지 항목의 질문을 활용하였다(한국행정연구원, 2014-

2022). 정서적 측면의 행복감뿐만 아니라 자신의 생활에 대한 만족과 같은 인식을 측정하였다. 근심/걱정, 우울감 등 부정적 정서와 인식도 포함하였다. 자신이 하는 일의 가치와 같은 삶의 의미에 대한 인식도 측정함으로써 행복의 다차원적인 측면을 포착하고자 하였다. 각 질문은 11점(0-10) 척도로 측정하였으며, 점수가 높을수록 해당 항목의 수준이 높은 것을 나타낸다. 5개 질문은 OECD의 삶의 질 지표(better life index)와 동일하여 국가 간 비교가 가능하다.

사회통합실태조사 자료에서 유의할 점은 2020년 이전 조사에서는 70세 이상 노인이 표본에 포함되지 않아서 전체 성인 인구를 대표하지 못하는 한계가 있다는 점이다. 우리나라의 경우 30대를 정점으로 연령이 증가할수록 행복감과 삶의 만족도가 점차 감소한다. 따라서 70대 이상 노인을 제외하였기 때문에 사회통합실태조사는 한국인의 평균 행복도를 다소 높게 추정할 수 있다. 이러한 한계에도 불구하고, 사회통합실태조사는 다양한 차원의 행복지표를 활용하여 국민행복의 변화를 파악하고 국가 간 비교를 할 수 있다는 점에서 유용한 자료이다.

한국인의 행복수준과 변화

[그림 2-1]은 행복감 등 5가지 지표의 변화를 2013년부터 2021년의 기간 동안 집계한 결과이다. 분석대상은 만 19-69세 성인을 대상으로 하였다. 행복감과 생활만족도, 일의 가치 등은 전반적으로 조금씩 향상되는 추세를 보여 준다. 행복감은 2013년 6.3점에서 2018년 6.6점으로 증가하였다. 행복감은 2018년 이후로 감소하여 코로나19가 발생한 첫해인 2020년에는 6.5점으로 떨어졌다가 2021년에 6.7점으로 반등하는 모습을 보였다. 생활만족도의 경우 행복감과 변화와 유사한 양상을 나타냈다.

국민들의 우울감, 근심/걱정은 점차 감소하다가 다시 증가하는 양상이다. 우울감은 2013년 3.4점에서 2018년 2.9점으로 감소하였다. 이후 우울감은 꾸준히 증가하여 2021년에는 3.6점으로 가장 높은 값을 보였다. 근심/걱정의 경우에도 2013년 4.4점에서 2018년 3.7점으로 감소하였다가 이후 증가하여 2021년에는 4.2점이었다. 본인의 일의 가치에 대한 인식의 경우 2018년까지 상승하였다. 이후 코로나 발생 첫해인 2020년에 6.1점까지 감소하였다가 2021년에 6.4점으로 큰 폭의 상승을 보였다.

분석기간 동안 행복감이 증가하고, 우울감이나 근심/걱정도 동시에 증가하는 특이한 양상을 보였다. 2020년에 코로나가 발생하면서 국민들의 행복감과 생활만족도는 큰 폭으로 감소하였다가 2021년에는 예전 수준으로 회복하는 경향을 보였다. 코로나 발생 첫해인 2020년에는 코로나19 감염의 위험과 예방조치로 인해 사회적 활동이 제약되고 스트레스가 증가하였다. 이는 행복감을 감소시킨 주된 원인으로 보인다. 그러나 2021년에는 행복감과 생활만족도가 큰 폭으로 증가하였다 이는 조사시점인 2021년 9월에 코로나 발생이 감소하면서 5인 이상 집합활동이 허용되고 대면활동이 활성화된 것에서 일부 기인한 것으로 여겨진다. 또한 국민들이 코로나19 상황에 익숙해지면서 현재 상황에 순응하여 행복의 기초선(set point)을 새롭게 설정한 것에서 비롯된 것으로 보인다.[1]

그림 2-1 행복지표의 변화, 2013-2021

(a) 행복감

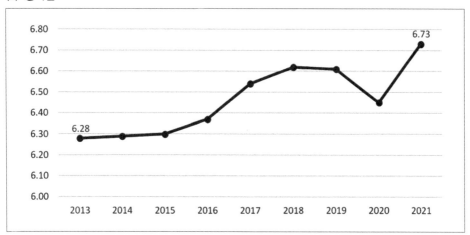

---

1) 다른 조사결과(허종호, 2022)에 따르면 2021년의 행복감은 6.56으로 2020년 6.83에 비해 소폭 감소한 것으로 나타났다. 이와 같이 상반된 결과가 나타난 이유는 2021년 사회통합실태조사의 표본에 고학력, 중상위층 소득집단이 전년도에 비해 많이 포함되었기 때문인 것으로 여겨진다. 필자의 분석결과 대졸비율의 경우 2020년에는 51.1%인 반면, 2021년에는 56.2%로 증가하였다. 가구소득의 경우에도 500만원 이상의 중상위 소득집단 비율이 2020년 41.0%에서 2021년 51.7%로 증가하였다. 고학력, 중상위 소득 집단이 표본에서 차지하는 비율이 증가하면서 상대적으로 행복감이 높은 집단이 행복감의 평균을 증가시켰을 가능성이 있다.

(b) 생활만족도

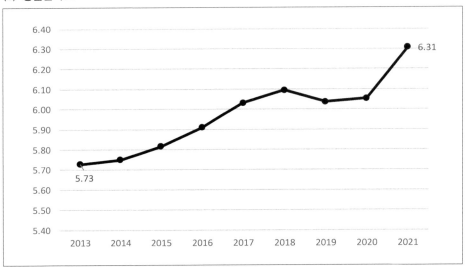

(c) 우울감

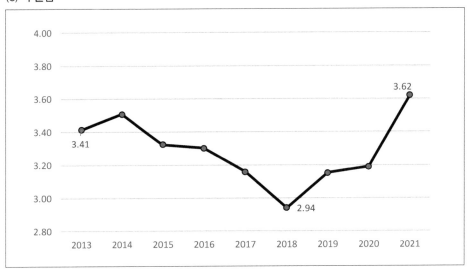

　　코로나가 장기화되면서 우울감과 근심/걱정은 지속적으로 증가하는 모습을 보였다. 코로나로 인한 경기침체, 사회활동의 제약 등으로 사람들 간의 고립이 심해지면서 우울감과 근심/걱정은 큰 폭으로 증가하였다. 이러한 결과는 행복과 우울에 영향을 미치는 요인이 상이할 수 있음을 보여준다. 특히 코로나19로 인

(d) 근심/걱정

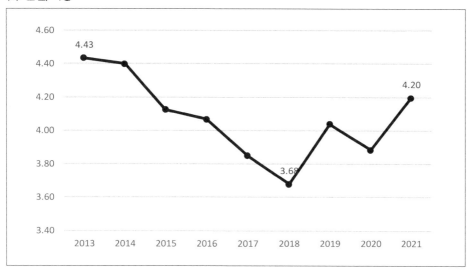

(e) 일의 가치

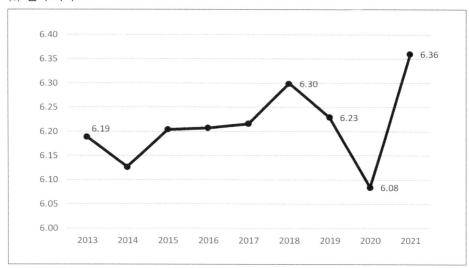

자료: 한국행정연구원(2014-2022)

한 경기침체와 사회적 고립감의 증가는 행복감의 감소보다는 우울감의 증가에 더 큰 영향을 미치고 있는 것으로 보인다.

2021년부터 국민의 행복감이 다시 반등한 것은 매우 고무적인 일이다. 다만 위 분석결과가 전체 성인인구가 아니라 19-69세 연령집단이 모집단인 점을 고려할 필요가 있다. 60대의 행복수준은 다른 연령대에 비해 가장 낮으며, 70대 이상은 더 낮을 것이라고 예상된다. 70세 이상 연령집단이 표본에서 제외된 점을 고려하면 이 자료를 활용한 행복수준은 다소 높게 추정되었을 가능성이 있다.[2] 따라서 향후 연구에서는 전체 성인 인구를 대상으로 행복수준이 어떻게 변화했을지 좀더 면밀하게 탐색할 필요가 있다. 한국사회에서 고령화가 빠른 속도로 진행되면서 고령층 인구가 증가함에 따라 한국인의 평균 행복수준은 쉽게 향상되기 어려울 가능성이 있다.

조사기간 동안 전반적으로 행복감이 상승했지만, 불행한 사람들은 해당 기간 동안 변화가 없고 행복한 사람들만 더 행복해진 것은 아닐까? 즉 행복의 양극화가 발생한 것은 아닐까? 누가 더 행복해졌는지를 밝히기 위해서 행복감, 우울감 분포가 어떻게 변했는지 살펴보았다. [그림 2-2]는 두 기간 동안의 변화가 행복감, 우울감 분포의 어느 부분에서 비롯되었는지를 보여준다. 행복감의 경우, 전체 분포(0-10)에서 주로 보통(5)이라고 응답한 비율의 감소와 행복(6-8)에 응답한 비율의 증가가 두드러졌다. 우울감 분포의 경우, 이 기간 동안 매우 낮은 수준(0-1)과 보통 수준(5)의 우울감은 감소하였지만, 낮은 수준(2-4)과 다소 높은 수준(6-8)에 응답한 비율이 증가하였다.

2013-21년 기간 동안 중간보다 다소 높은 수준(6-8)의 행복을 경험하는 사람들이 증가한 반면, 낮은 수준(2-4)의 우울감을 경험하는 사람들도 증가하였다. 지난 6년 동안 한국인들이 더 행복해진 이유는 무엇일까? 기초연금, 무상보육 등 보편적 복지의 확대로 인해 국민들이 더 행복해진 것일까? 이 기간 동안 국민소득이 꾸준히 증가한 것에서 비롯된 것일까? 이 책에서는 행복 증진의 원인에 대한 엄밀한 탐색보다는 집단별 행복수준과 격차가 어떠한지를 주로 탐색할 것이다. 누가 더 행복한지 혹은 불행한지 그 실상을 밝히는 것이 우선적인 작업이라고 판단하였기 때문이다. 패널자료 등을 이용한 행복 증진 원인에 대한 면밀한 탐구는 차후에 수행할 것이다.

---

2) 70대 이상 인구는 2013년 427만 명(전체 인구 대비 8.3%)에서 2021년 582만 명(11.2%)으로 약 155만 명이 증가하였다(통계청, 2023a). 70대 이상 인구의 규모가 다른 연령대에 비해 급격히 증가하였고, 이들의 행복도가 전체 연령대 중에서 가장 낮을 가능성을 고려하면, 전체 성인 인구의 행복도는 이 자료에 나타난 수치에 비해 다소 낮을 것으로 추정된다.

그림 **2-2** 행복감, 우울감 분포의 변화, 2013-2021

(a) 행복감 분포 변화

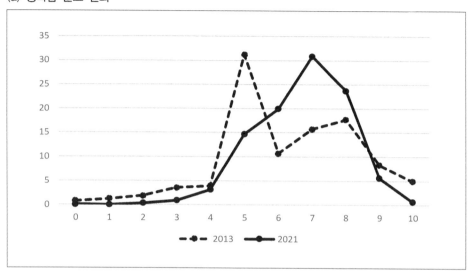

(b) 우울감 분포 변화

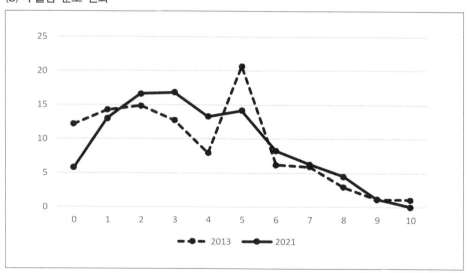

자료: 한국행정연구원(2014-2022)

제3장

행복 격차와 관련 요인*

이 장에서는 누가 더 행복한지, 집단 간 행복 격차의 양상과 변화를 살펴볼 것이다. 집단별로 행복은 어떠한 양상을 보이는가? 모든 집단에서 행복이 증진되었을까? 예를 들어 저소득층과 고소득층 간의 행복수준의 격차는 어느 정도인가? 이러한 격차는 시간이 흐를수록 감소하는가 아니면 증가하는가? 아래에서는 한국사회에서 성별, 연령, 소득집단, 결혼상태, 사회적 지위 등 다양한 집단별로 행복수준의 차이는 어떠한지, 어떻게 변화하였는지를 살펴 볼 것이다.1) 이 장의 후반부에는 회귀분석을 통해서 다양한 변인들이 행복과 우울에 미치는 영향을 밝혔다.

---

* 이 장은 최유석 · 김여진(2021)의 내용을 일부 수정 · 보완한 것이다.

1) 이 장에서 살펴 볼 성별, 연령, 학력, 소득 등 9가지 변수는 2021년 자료를 이용한 회귀분석을 통해서 행복과 통계적으로 유의미한 관련성을 맺는 변수이다. 각 변수의 변수값별로 행복감 평균이 어떻게 변했는지를 살펴봄으로써 행복수준 변이의 양상을 개략적으로 탐색하고자 하였다.

행복 격차: 누가 더 행복한가?

(1) 성 별

여성이 남성에 비해 상대적으로 더 높은 수준의 행복감을 경험하고 있다([그림 3-1]). 남녀 간 행복의 격차는 2017년까지 수렴하다가 이후 조금 차이가 벌어졌으며, 최근에 다시 수렴하는 모습을 보였다. 여성에 비해 남성의 행복수준이 낮은 이유는 남성들의 경우 상대적으로 자신의 행복감이나 우울감 등의 감정을 적극적으로 표현하지 못하는(또는 안하는) 성향에서 일부 기인하는 것으로 보인다.

그림 3-1 남녀별 행복감의 변화, 2013-2021

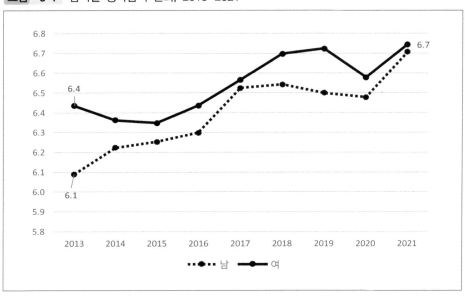

자료: 한국행정연구원(2014-2022)

(2) 연 령

[그림 3-2]에서 보듯이 연령에 따라 행복감에서 차이를 보였다. 전반적으로 20-30대의 행복감이 가장 높았으며 60대가 가장 낮았다. 60대 노인의 낮은 행복은 은퇴 이후의 소득 감소, 건강 악화, 사회적 관계망의 축소 등이 복합적으

그림 **3-2** 연령별 행복감의 변화, 2013-2021

(a) 연도별 행복감의 변화

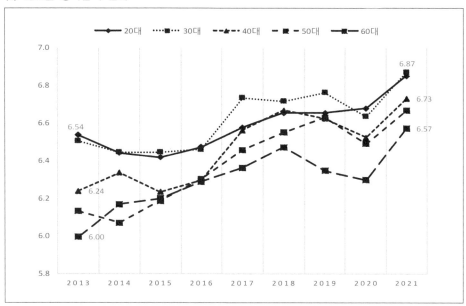

자료: 한국행정연구원(2014-2022)

(b) 연령대별 행복감의 변화

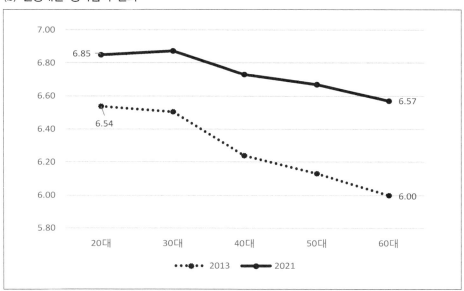

자료: 한국행정연구원(2014-2022)

로 작용한 결과라고 할 수 있다. 해당 기간 동안 각 연령대별로 행복감은 대체로 증가하는 양상을 보였다. 또한 행복감의 격차도 다소 감소하였다. 2013년에 가장 큰 차이를 보인 20대와 60대 간의 행복감 격차가 0.54인 반면, 2021년에는 가장 큰 격차를 보인 연령집단 간의 차이가 0.28인 것으로 나타났다.

[그림 3-2]의 아래쪽 그림을 보면, 8년 동안 40-60대의 행복감이 20-30대에 비해 상대적으로 큰 폭으로 상승했다. 60대의 경우에도 해당 기간 동안 행복감이 증가한 배경은 무엇일까? 기초연금 도입과 기초생활보장 확대로 인해 노인들의 소득이 증가한 것이 그 원인일 수 있다. 이들의 행복감 증가는 50,60대의 고유한 코호트 효과에서 비롯될 수 있다. 베이비붐 세대(1955-1963년 출생코호트)는 2021년에 50-60대에 속하였다. 이들은 상대적으로 높은 소득과 자산을 보유하고 있으며, 이는 9년전 50-60대에 비해 상대적으로 높은 행복감을 지닌 집단이 되었을 가능성이 있다. 조사기간 동안 전체 표본의 행복감이 증가하였다. 이는 50-60대가 전체 인구에서 차지하는 비율이 증가하고, 이들의 행복감이 다른 연령대에 비해 큰 폭으로 증가하였기 때문이다.

(3) 결혼상태

결혼상태별로 살펴보면, 결혼해서 배우자가 있는 집단이 가장 행복했다([그림 3-3]). 이혼한 집단의 행복감이 가장 낮았다. 행복감은 일상적인 경험이다. 유배우자 집단은 배우자의 지지, 자녀와 함께하는 경험을 통해서 행복감을 느낄 수 있는 기회가 이혼집단에 비해 더 많기 때문이다(구재선·김의철, 2006; 구재선·서은국, 2011). 각 집단 모두 전반적으로 행복감이 증가한 것으로 나타났다.

[그림 3-3]의 아래쪽 그림을 보면, 사별, 이혼집단의 행복도가 이 기간 동안 큰 폭으로 상승했다. 이들은 상대적으로 고연령대 집단이다. 높은 연령대 집단을 위한 복지혜택이 확대됨으로써 행복이 증진되었을 수 있다.

그림 3-3 결혼상태별 행복감의 변화, 2013-2021

(a) 연도별 행복감의 변화

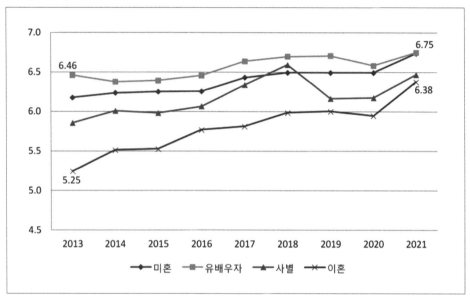

자료: 한국행정연구원(2014-2022)

(b) 결혼상태별 행복감의 변화

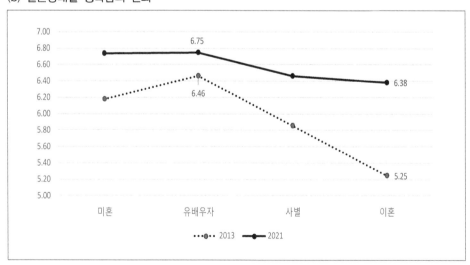

자료: 한국행정연구원(2014-2022)

(4) 교육수준

교육수준이 높을수록 행복감이 높게 나타났다([그림 3-4]). 대졸 이상 학력자는 2021년에 행복감이 약 6.9점인 반면, 초졸 이하 집단은 6.1점이었다. 학력 간 행복감 격차의 일부는 학력별 소득격차 또는 고소득 직업에의 접근성의 차이에서 비롯된다. 고학력일수록 고소득의 안정된 직장을 얻을 수 있는 가능성이 높으며, 자율적인 전문직 직종 등 자신이 원하는 일을 선택할 수 있는 기회가 더 많기 때문이다. 학력별 행복 격차의 일부는 응답자의 연령대를 반영한 것일 수 있다. 연령대가 낮을수록 학력이 높으며 낮은 연령대일수록 행복감이 높은 것과 관련이 있다. 연도별 분포의 변화를 보면 중졸 이하 학력자의 행복감이 상대적으로 큰 폭으로 증가했다.

그림 3-4 교육수준별 행복감의 변화, 2013-2021

(a) 연도별 행복감의 변화

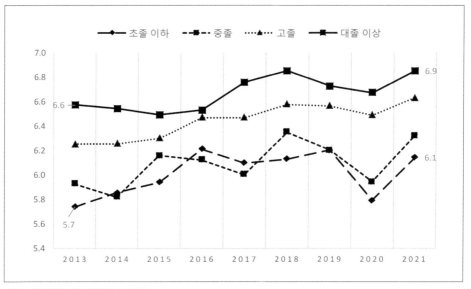

자료: 한국행정연구원(2014-2022)

(b) 교육수준별 행복감의 변화

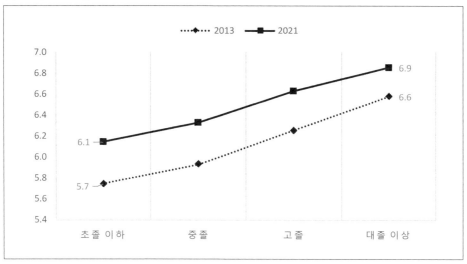

자료: 한국행정연구원(2014-2022)

(5) 소 득

소득을 100만원 미만, 100-500만원, 500만원 이상의 세 집단으로 구분하였다. 소득이 높을수록 행복하였다([그림 3-5]). 소득집단 간 행복 격차는 축소되었다. 500만원 이상 집단을 제외한 다른 두 집단에서 모두 행복수준이 향상되었다.

소득집단을 세부적으로 구분하여 살펴보면([그림 3-5] 아래쪽 그림), 100만원대 이하 저소득층의 행복감이 상대적으로 큰 폭으로 증가하였다. 이 기간 동안의 물가상승률을 감안하면 100만원대 이하 저소득층의 실질소득은 상당히 감소했을 것이다. 그런데도 100만원대 이하 저소득층의 행복감이 증가한 이유는 무엇일까?

이 기간 동안 소득의 증가로 인해, 100만원 미만 저소득층의 비율은 2013년 13.7%에서 2021년 4.7%로 급격히 감소하였다(별도 분석). 이러한 현상은 70대 이상 노인이 표본에서 제외된 것에서 일부 원인을 찾을 수 있다. 예를 들어 2013년에 100만원 이하의 저소득층에 속했던 65-69세 노인들이 2021년에는 70세 이상이 되어서 분석대상 집단에 포함되지 않았기 때문일 수도 있다.

또 다른 이유는 우리 사회의 복지제도가 확충되면서 저소득층이 받는 각종 복지 급여와 서비스의 혜택이 증가했기 때문일 수도 있다. 이로 인해 일상적으

그림 3-5 소득수준별 행복감, 우울감의 변화, 2013-2021

(a) 연도별 행복감의 변화

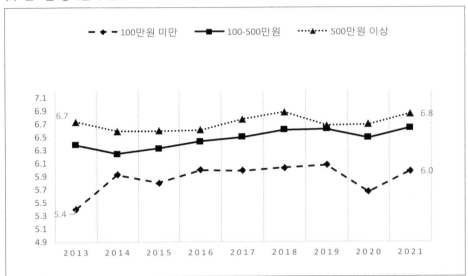

자료: 한국행정연구원(2014-2022)

(b) 소득집단별 행복감의 변화

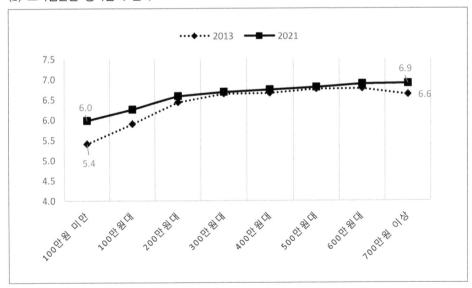

자료: 한국행정연구원(2014-2022)

로 만족감을 느끼는 정도가 증가했을 가능성도 있다. 향후 연구에서는 100만원 대 이하 저소득층의 프로파일링을 통해서 어떠한 차이가 있는지를 밝힐 필요가 있다. 실질소득 감소에도 불구하고 저소득층의 행복감이 증가한 이유를 좀더 면밀히 탐색할 필요가 있다.

(6) 사회적 지위

사회적 지위가 높을수록 행복감이 높았다([그림 3-6]). 상위집단과 하위집단 간의 행복감 격차는 상대적으로 큰 것으로 나타났다. 다른 특성에 비해 사회적 지위에 따른 행복감의 격차가 가장 컸다. 2021년 상위집단(8-10)의 행복감은 7.4인 반면, 하위집단(0-2)의 행복감은 5.6이었다. 2013-2021 기간 동안 사회적 지위에 따른 집단 간 행복 격차는 좁혀지는 추세를 보였다. 하위집단의 행복감이 상승한 반면 상위집단의 행복감은 감소하였다.

그림 3-6 사회적 지위별 행복감의 변화, 2013-2021

(a) 연도별 행복감의 변화

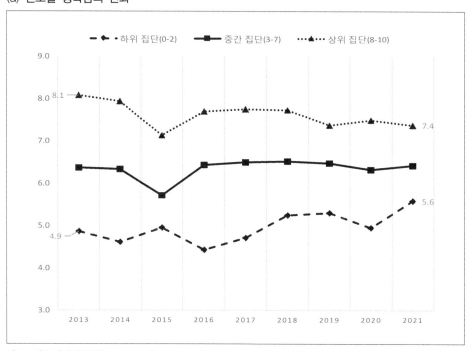

자료: 한국행정연구원(2014-2022)

(b) 사회적 지위별 행복감의 변화

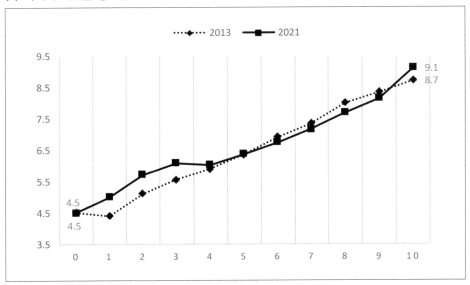

자료: 한국행정연구원(2014-2022)

　[그림 3-7] 사회적 지위 분포의 변화에서 보듯이 이 기간 동안 응답자의 사회적 지위에 대한 인식은 상향이동하였다. 하위층(1-3)에 속한 응답자 비율과

그림　3-7　사회적 지위 분포의 변화, 2013-2021

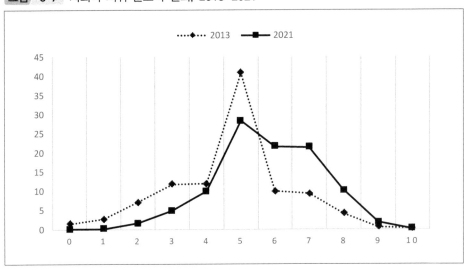

자료: 한국행정연구원(2014-2022)

중간층(5)은 감소한 반면, 중상층(6-8)에 속한다고 인식하는 응답자가 큰 폭으로 증가하였다. 국민들이 인식하는 사회적 지위는 양극화되기보다는 대체로 상승하는 모습을 보여준다.

사회적 지위가 소득에 비해 행복감의 격차에 더 큰 영향을 미쳤다. 행복감은 주관적 정서이고 타인과의 비교를 통한 상대적 평가가 행복에 영향을 미치기 때문이다(Clark et al., 2019; Layard, 2011). 객관적 소득지표보다는 사회적 지위에 대한 상대적 인식이 행복과 더 큰 관련성을 맺을 수 있다. 소득 자체보다는 직업적 위신, 학력 등의 지위재를 더 많이 가진 사람들이 그렇지 않은 사람들에 비해 더 행복하다고 느낄 수 있기 때문이다(이재열, 2016).

(7) 자유결정

행복은 자신의 삶을 얼마나 자유롭게 통제할 수 있는가에 달려 있다(김의철·박영신, 2006; 김지경, 2018; 한승현 외, 2017; Clark et al., 2019). [그림 3-8]에서 보듯이 자신의 삶을 자유롭게 결정할 수 있다고 인식하는 정도가 높을수록 행복

그림 3-8 자유결정 정도와 행복감의 변화, 2013-2021

(a) 연도별 행복감의 변화

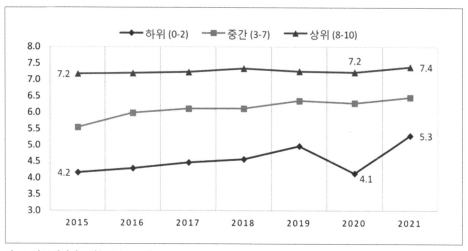

자료: 한국행정연구원(2014-2022)

(b) 자유결정 정도별 행복감의 변화

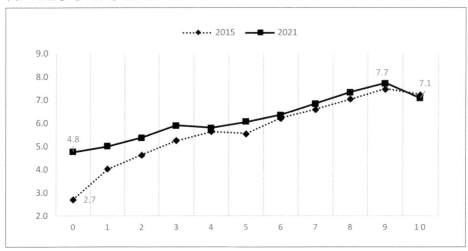

자료: 한국행정연구원(2014-2022)

감이 높았다. 자유결정이 없는 집단(0)과 최대한의 자유결정 집단(10) 간의 행복
도는 2배 가까이 차이를 보였다. 자유결정의 정도에 따른 격차는 분석기간 동안
다소 감소하는 모습을 보였다. 이는 사회적 지위가 낮다고 인식하는 집단(0-3)
의 행복감이 상대적으로 큰 폭으로 증가한 것에서 비롯되었다.

(8) 사회적 관계

가. 가족과의 접촉

개인이 맺는 사회적 관계도 행복과 관련을 맺는다(박영신·김의철, 2008, 2009;
Haller and Hadler, 2006; Abbott and Wallace, 2012). 사람은 타인과 분리된 독립적인 존
재라기보다는 타인과 상호작용하면서 서로에게 책임지는 상호의존적인 존재이다. 행
복은 타인과 좋은 관계를 맺으면서 경험하는 정서적 감정이다(Markus and Schwartz,
2010). 하루 동안 접촉하는 가족(친척 포함)과 비가족의 숫자와 행복 간의 관련성을
살펴보았다. [그림 3-9]에서 보듯이 접촉하는 가족 수가 많을수록 행복하였다.
2013-2021년 기간 동안 가족과 접촉이 없는 경우에도 행복감이 증가했으며 가장 큰
폭의 증가율을 보였다. 향후 연구에서는 가족과 접촉이 없는 이들은 어떤 특성을 보
이는지, 어떠한 이유로 행복감이 가장 크게 증가하였는지를 좀더 살펴 볼 필요가 있다.

그림 **3-9** 접촉하는 가족 수와 행복감의 변화, 2013-2021

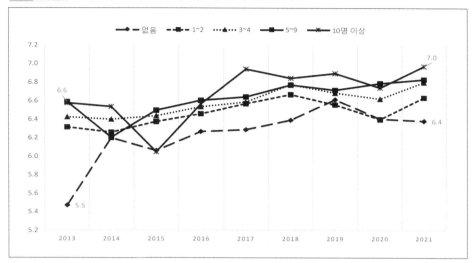

자료: 한국행정연구원(2014-2022)

나. 비가족과의 접촉

가족이 아닌 사람과의 접촉에서도 접촉하는 사람이 많을수록 행복하였다([그림 3-10]). 2021년 기준, 비가족과 접촉이 일절 없는 경우의 행복도는 6.4점으로 가

그림 **3-10** 접촉하는 비가족 수와 행복감의 변화, 2013-2021

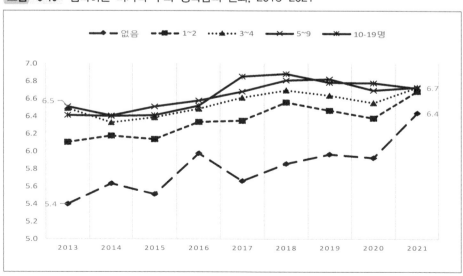

자료: 한국행정연구원(2014-2022)

족과 접촉이 없는 경우의 행복감과 유사하였다. 이들 중의 약 43%는 가족과의 접촉도 없는 것으로 보인다(별도 분석).

다. 우울할 때 대화할 사람

접촉하는 가족 수와 비가족 수는 개인이 맺는 관계의 질적인 측면에 대한 정보를 제공하지 못한다. 따라서 사회적 관계의 특성 중에서 정서적 관계를 맺고 정서적 지지를 받을 가능성이 있는 사람 수와 행복 간의 관련성을 살펴보았다. [그림 3-11]에서 보듯이 '우울하거나 스트레스를 받을 때 이야기할 수 있는 사람'이 많을수록 행복감이 높았다. 2013-2021년 기간 동안 대화할 사람의 규모별 행복감의 격차는 감소하였다. 대화할 사람이 없는 경우 해당 기간 동안 행복감의 상승폭이 가장 컸다. 우울할 때 대화할 사람 없는 집단의 경우에도 행복감이 증가한 이유는 무엇인지 향후 연구에서 면밀히 살펴 볼 필요가 있다.[2]

그림 3-11 우울할 때 대화할 사람 수와 행복감의 변화, 2013-2021

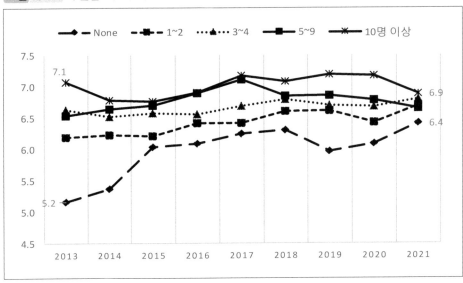

자료: 한국행정연구원(2014-2022)

---

2) 이 기간 동안 스마트폰 활용 또는 반려동물의 증가도 관련을 맺을 수 있다. 스마트폰 활용이 활발해지면서 직접 사람들과의 연결을 통하지 않고서도 세상과 연결되고, 적은 비용으로 여가시간을 보낼 수 있기 때문이다.

(9) 사람에 대한 신뢰

[그림 3-12]에서 보듯이 사람에 대한 신뢰가 높을수록 행복감이 높았다. 2021년 기준, 타인을 매우 신뢰하는 경우 행복감이 7.0점인 반면, 전혀 신뢰하지 않는 집단은 6.7점이었다. 불행한 사람은 상대적으로 사람을 더 불신하고 의심하는 경향을 보일 수 있다. 해당 기간 동안 매우 신뢰하는 집단을 제외한 다른 3개 집단에서 행복감이 일부 상승하였다. 특히 전혀 신뢰하지 않는 집단의 경우, 행복감은 5,2에서 6.7로 상대적으로 높은 상승폭을 보였다. 분석자료에는 사람에 대한 일반적인 신뢰뿐만 아니라, 특정 대상자(예: 가족, 친구)와 기관(예: 국회, 정부, 언론)에 대한 신뢰에 관한 정보도 포함되어 있다. 향후 연구에서는 다양한 대상과 기관에 대한 신뢰와 행복 간의 관련성을 탐색할 필요가 있다.

그림 3-12 사람에 대한 신뢰와 행복감의 변화, 2013-2021

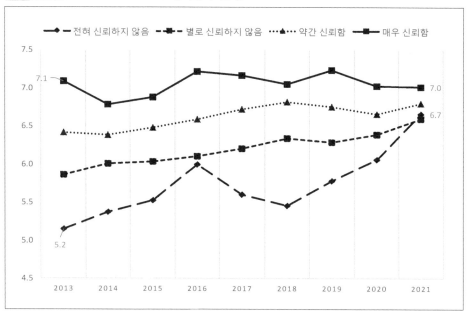

자료: 한국행정연구원(2014-2022)

(10) 정치성향

[그림 3-13]은 정치성향별로 행복감의 변화를 살펴본 것이다. 행복감은 진보,

중도, 보수의 순으로 높았다. 이는 정치성향이 연령과 관련을 맺을 수 있기 때문이다. 젊은 20-30대의 정치성향이 진보적인 경우가 많으며 이들의 행복감은 상대적으로 높다. 반대로 60대 이상의 고연령층의 경우 보수성향이 많으며 상대적으로 낮은 행복감을 보이기 때문이다.

집권 정부의 정치성향에 따라 이념성향별 집단의 행복감에 차이를 보였다. 응답자와 집권 정부의 정치성향이 일치하는 경우 상대적으로 높은 행복감을 보였다. 예를 들어 진보성향 집단의 경우 보수적인 박근혜 정부 집권 기간 동안 행복감이 감소하였다가, 2017년 이후 진보적인 문재인 정부 집권 이후 행복감이 증가하는 양상을 보였다. 반면에 보수성향 집단의 경우 2016년 이후 행복감의 등락을 거듭하였지만, 진보성향 집단에 비해 상대적으로 낮은 행복감을 보였다. 그 결과, 2017-2021년 기간 동안 진보성향과 보수성향 집단 간의 행복 격차가 벌어지는 양상을 나타냈다. 이후 코로나19 발생으로 인해 상이한 정치성향 집단 간 행복감의 격차는 다소 감소하였다.

그림 3-13 정치성향별 행복감 변화

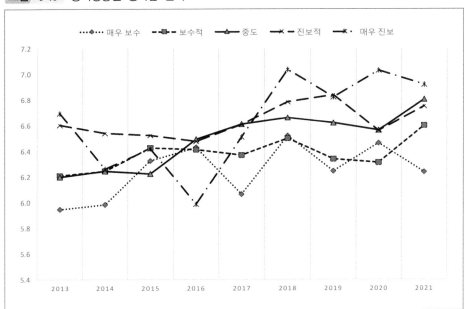

자료: 한국행정연구원(2014-2022)

참고로 [그림 3-14]는 정치성향 분포의 변화를 나타낸 것이다. 조사기간 동안 중도성향 집단이 40-50% 정도를 차지했다. 매우 진보적이거나 매우 보수적인 집단을 제외하고, 진보 또는 보수집단의 구성 분포는 약 5년을 주기로 변동하는 것으로 보인다. 보수성향 응답자의 비율은 점차 감소하였다. 2017년 19대 대통령 선거 이후 진보성향 응답자의 비율이 보수성향 응답자의 비율을 앞질렀다. 이는 진보정부 출범에 따른 기대와 자신의 정치성향이 진보적임을 드러내는 것을 꺼리지 않게 된 정치상황에서도 비롯된다.

한편 2021년에는 보수비율이 진보비율을 앞지르는 역전현상이 나타났다. 문재인 정부 후반기 국정운영에 대한 실망이 지지층인 진보성향 응답자들을 중도 또는 보수로 돌아서게 만든 것으로 여겨진다. 그 결과 20대 대통령 선거에서 윤석열 후보가 당선되었다. 이러한 정치성향의 변동은 대통령 선거를 앞두고 정치지형의 변동을 예측해 주는 주요 단서라고 할 수 있다.

그림 3-14 정치성향 분포의 변화

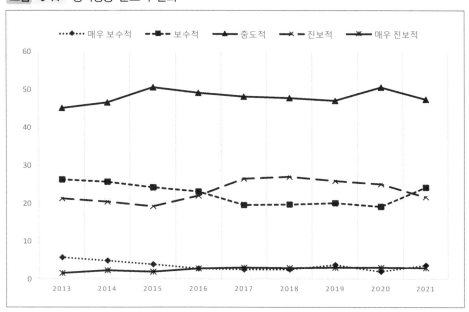

자료: 한국행정연구원(2014-2022)

행복, 우울과 관련된 요인

행복과 우울의 집단 간 차이와 관련이 있는 요인을 좀더 엄밀하게 밝히기 위해 2020년에 조사한 8,335명을 대상으로 회귀분석을 수행하였다.[3] 〈표 3-1〉은 회귀분석 결과를 나타낸 것이다. 회귀분석에 투입된 요인은 크게 인구사회학적 요인과 사회관계적 요인으로 구분할 수 있다. 인구사회학적 요인으로는 성별, 연령, 학력, 혼인상태, 건강상태, 근로유무, 가구소득, 사회적 지위, 본인의 지위 상승 가능성 등 9가지 요인을 독립변수로 활용하였다. 사회관계적 요인으로는 자유결정 정도, 하루 동안 접촉하는 가족, 비가족 수, 스트레스받을 때 대화할 수 있는 사람 수, 사람에 대한 신뢰 등 5가지 요인이다. 회귀분석에서는 이들 요인이 각각 행복, 우울과 어떠한 관련을 맺는지 살펴보았다.

분석결과, 여성에 비해 남성의 행복감이 낮았다. 우울감은 남녀 간에 차이가 없었다. 연령대별로 60대에 비해 20대의 행복감이 높았다. 60대에 비해 다른 모든 연령대의 우울감이 높았다. 소득, 사회적 지위 등을 통제한 후 60대의 우울감이 다른 연령집단에 비해 상대적으로 적은 이유는 노인들의 삶의 태도와 방식과 관련이 있기 때문이다. 이들은 다른 연령집단에 비해 직장, 가족부양과 관련된 스트레스가 적으며, 행복하지는 않지만 상대적으로 평온한 삶을 살아가기 때문이다.

행복감의 경우 교육수준에 따라 행복감에 차이가 없었다. 우울감의 경우, 초졸에 비해 중졸 응답자의 우울감이 높았다. 교육수준이 행복과 우울에 큰 영향을 미치지 않는 이유는 소득, 사회적 지위와 같은 변수들을 회귀분석에 동시에 투입하였기 때문이다. 교육수준이 소득과 사회적 지위에 영향을 미치고, 교육수준은 소득 또는 사회적 지위를 통해 행복감에 간접적으로 영향을 미칠 수 있기 때문이다. 또 다른 이유로서 교육수준은 소득, 직업과 함께 사회적 지위의 하위 범주를 구성하기 때문이다. 교육 효과가 사회적 지위의 포괄적인 효과에 흡수되어 동시에 회귀분석에 투입되면 교육이 행복감에 미치는 영향이 감소하거나 사

---

3) 2021년 자료가 가장 최근 자료이다. 그러나 이전 조사와 비교하여 학력, 사회적 지위, 소득수준이 높은 집단이 표본에 더 많이 포함되었다. 이전 연도와의 일관성을 확보하기 위해 2020년 자료를 활용하여 회귀분석을 수행하였다.

표 3-1 행복, 우울과 관련된 요인 회귀분석 (n = 8,335)

		행복			우울		
		b	s.e.		b	s.e.	
성별(여성)	남성	−0.176	0.031	**	0.045	0.044	
연령대(60대 이상)	20대	0.313	0.075	**	0.273	0.107	*
	30대	0.093	0.063		0.284	0.090	**
	40대	−0.039	0.055		0.359	0.078	**
	50대	−0.007	0.051		0.195	0.073	**
교육수준(초졸)	중졸	−0.005	0.071		0.250	0.102	*
	고졸	0.083	0.064		0.166	0.091	
	대졸 이상	0.073	0.071		0.179	0.102	
혼인상태(미혼)	결혼	0.341	0.054	**	−0.302	0.077	**
	이혼	0.055	0.095		0.187	0.135	
	사별	0.212	0.083	*	0.051	0.119	
건강상태		0.333	0.021	**	−0.532	0.031	**
근로유무(무)		−0.134	0.035	**	0.141	0.051	**
가구소득		0.008	0.008		−0.031	0.011	**
사회적 지위		0.287	0.010	**	0.029	0.015	
본인 지위상승 가능성		0.176	0.020	**	−0.171	0.028	**
자유결정		0.257	0.010	**	−0.346	0.014	**
접촉 가족 수		0.005	0.017		0.057	0.024	*
접촉 비가족 수		0.030	0.015	*	−0.021	0.022	
스트레스받을 때 대화할 수 있는 사람 수		0.087	0.020	**	−0.148	0.028	**
사람에 대한 신뢰		0.117	0.026	**	0.003	0.037	
상수		0.788	0.130	**	7.818	0.185	**
조정된 R^2		0.317			0.148		

주: 괄호 안은 더미변수에서 기준 범주를 나타냄, * $p < 0.05$ ** $p < 0.01$
자료: 한국행정연구원(2021)

라질 수 있기 때문이다.

혼인상태의 경우 미혼에 비해 결혼, 사별한 집단의 행복감이 높았다. 우울감의 경우, 결혼한 집단의 우울감이 미혼집단에 비해 낮았다. 혼인한 집단의 경우,

가족으로부터의 사회적 지지가 행복감을 높이고 우울감을 낮추는 것이다. 건강 상태가 좋을수록 행복감이 높고 우울감이 낮았다.

근로하는 집단의 경우 비근로 집단에 비해 행복감이 낮고, 우울감이 높았다. 일하는 과정에서의 과업 완수, 출퇴근, 일가정 양립 스트레스 등의 영향으로 여겨진다. 가구소득의 경우, 행복감과는 관련이 없었다. 반면에 가구소득이 높을수록 우울감이 낮았다. 앞서 교육효과와 마찬가지로 사회적 지위 인식이 소득과 함께 회귀분석에 투입되었기 때문에 소득이 행복에 미치는 직접 효과가 감소하였기 때문일 수 있다. 사회적 지위 효과를 통제하더라도 가구소득이 많을수록 우울감과 같은 부정적 정서가 감소한다는 점을 유념할 필요가 있다. 이는 기초생활보장급여, 기초연금과 같은 현금성 복지정책의 경우 우울감을 감소시키는데 효과적일 수 있음을 시사한다.

사회적 지위가 높을수록 행복감이 높았다. 그러나 사회적 지위는 우울감의 변이와는 관련이 없었다. 본인의 지위상승 가능성이 높을수록 행복감이 높고, 우울감이 낮았다. 계층이동과 같은 사회구조에 대한 인식이 행복과 우울에 영향을 미친다. 계층이동이 닫힌 사회보다는 상위로의 계층이동이 가능한 사회가 국민의 행복을 증진하는데 더 효과적이다.

자유결정의 정도가 높을수록 행복감이 높고 우울감이 낮았다. 본인이 원하는 목표를 자유롭게 설정하고 이를 추구하고 성취하는 과정에서 행복감을 느낄 수 있기 때문이다. 하루에 접촉하는 가족 수와 비가족 수와 같은 사회적 관계망의 범위와 행복, 우울 간의 관련성을 탐색하였다. 분석결과, 접촉하는 가족의 숫자는 행복감과 관련이 없었다. 반면에 접촉 가족 수가 많을수록 우울감이 높았다. 가족과의 일상적인 접촉과정에서 가사간병 등 돌봄활동의 부담이 스트레스로 작용하여 우울감을 높였을 가능성이 있다. 접촉하는 비가족 수가 많을수록 행복감이 높았지만, 우울감은 관련이 없었다. 타인과 단절되지 않고 사회적 관계를 일상적으로 맺는 사람들이 이들로부터 사회적 지지를 받을 수 있기 때문이다. 사회적 관계와 행복 간의 관련성을 면밀히 탐색하기 위해 우울하거나 스트레스받을 때 대화할 수 있는 사람의 수와 사람에 대한 신뢰 변수의 효과를 분석에 포함하였다. 대화할 수 있는 사람이 많을수록 행복감이 높고 우울감이 낮았다. 사람에 대한 신뢰가 높은 집단이 행복감도 높았다.

소 결

이 장에서는 한국인의 행복 격차의 수준이 어떠한지, 2013-2021년 기간 동안 행복 격차는 어떻게 변화하였는지를 살펴보았다. 기존 연구에서 한국인들은 연령, 교육, 소득, 직업, 종사상 지위, 고용형태 등 다양한 인구학적 속성별로 행복감에서 차이를 보이고 있다. 연령이 낮을수록, 교육수준이 높을수록, 소득이 많을수록, 사무직/관리직일수록, 피용인이 있는 자영업자일수록, 상용직일수록 상대적으로 높은 행복감을 보였다(최유석, 2018). 이러한 다양한 변수 중에서 주관적으로 측정한 사회적 지위가 행복의 변이를 가장 잘 설명하고 있다(최유석, 2018). 교육수준, 소득, 직업 등 다양한 사회경제적 요인이 집약된 사회적 지위 집단 간의 행복감의 격차가 가장 크게 나타나고 있다.

성별, 연령, 학력, 소득, 사회적 지위집단 등 다양한 영역에서 행복의 격차는 감소해 왔다. 행복 격차의 감소는 분석대상 기간 동안 증가한 소득과 보편적 복지혜택에서 비롯되었을 가능성이 있다. 외국의 경우에도 경제성장에서 비롯된 소득 증가가 행복 불평등을 감소시켰다(Clark et al., 2015). 이 기간 동안의 행복 격차 감소의 성과가 소득 증가 때문인지 아니면 다른 요인에서 비롯되었는지 향후 연구에서 깊이 있게 탐색할 필요가 있다. 이 연구에서 제외한 70대 이상의 성인과 학령기 아동/청소년의 행복의 양상도 같이 살펴볼 필요가 있다. 또한 불행한 사람은 누구인지, 어떤 특성을 지니는지 그 실태를 엄밀하게 밝힐 필요가 있다.

제4장

한국사회의 질과 행복*

경제가 성장하고 소득이 증가하면서 국민의 삶의 질과 행복에 대한 관심이 증가하고 있다(심수진, 2016). 한국사회에서는 경제성장의 과실이 불균등하게 분배되면서 경제적 불평등이 심화되어 왔다(장지연·이병희, 2013; 이병희, 2014). 포용적 성장 또는 포용적 복지의 등장은 불평등 완화 등 국내외 정책수요 변화에 부응하는 것이다. 포용적 복지는 경제성장의 혜택에서 소외된 집단에 주목하여 경제적 불평등을 완화하고, 경제발전의 성과를 고르게 누릴 수 있는 사회를 추구해야 한다는 주장에서 비롯되었다(대통령직속정책기획위원회, 관계부처합동, 2018; OECD, 2011, 2016).

유럽연합에서는 사회의 질(Quality of Society)에 높은 관심을 보였다. 이는 유럽통합 이후 각국의 사회경제적 여건의 현실이 어떠한지, 유럽연합 국가들이 공동으로 추구해야 할 바람직한 사회의 모습은 어떠한지에 대한 관심에서 비롯되었다(Beck et al., 1997; Abbott & Wallace, 2012). 사회의 질에 관한 대표적인 연구들은 사회의 질을 사회경제적 안전성, 사회적 포용성, 사회적 응집성, 사회적 역

---

* 이 장은 최유석·최창용(2020)을 일부 수정한 내용이다.

능성 등 4가지 측면 또는 조건요인으로 구분하고 지표를 개발하여 국가 간 특성을 비교하였다(Beck et al., 1997; van der Maesen & Walker, 2005; Abbott & Wallace, 2012; Lin & Li, 2017). 또한 사회의 질과 각국 국민의 삶의 질 또는 생활만족도 간의 관련성도 탐색하였다(Yuan & Golpelwar, 2013; Abbott et al., 2016).

사회의 질에 관한 이론적 논의와 경험적 분석은 한국사회에서도 이루어졌다(정진성 외, 2009; 정해식, 2013; 이재열 외, 2015). 유럽연합의 사회의 질과 관련된 개념과 지표를 발전시켜 한국사회의 질을 평가하는 작업이 다양하게 진행되어 왔다(정진성 외, 2009; 정해식, 2013; 이재열 외, 2015). 국가 간 비교에서는 엄밀한 비교를 위해 표준화된 사회의 질 지표가 유용할 수 있다. 그러나 국가별 평균은 한 국가에서 개인이 경험하는 생활여건의 편차를 충분히 고려하지 못한다. 한 국가에서 살아가는 개인의 사회경제적 지위에 따라 사람들의 생활여건은 매우 상이하고, 개인이 가진 기회와 보유한 자원과 역량도 다르기 때문이다. 따라서 개인이 인식하는 사회의 질 또한 상이할 것이다. 이러한 개인의 사회에 대한 주관적인 인식이 개인의 행복감 또는 생활만족에 영향을 미칠 수 있다.

이 장의 목적은 한국사회의 질에 대한 인식을 밝히고, 사회의 질과 관련된 요인을 규명하고, 사회의 질에 대한 인식이 생활만족과 어떠한 관련성을 맺는지를 탐색하는 것이다. 이 장에서는 먼저 국민들이 한국사회의 질을 어떻게 평가하는지에 주목하였다. 한국사회는 국민들에게 안정적인 생활여건을 제공하고 있는가? 사회적 약자를 보호하고, 인권을 보장하고 있는가? 경쟁은 공정하게 이루어지고, 개인은 자신의 역량을 충분히 발휘할 수 있는가? 이러한 질문에 대한 응답을 분석함으로써 지역 또는 국가별로 집계되고 표준화된 계량적 지표를 활용하여 사회의 질을 평가하는 작업의 한계를 보완하고자 하였다. 사회수준으로 집계된 지표가 국민들의 인식을 정확하게 반영하지 못할 수 있기 때문이다. 개인의 생활만족은 소득이나 소비와 같은 계량화가 가능한 지표뿐만 아니라 자신이 속한 사회와 현실에 대한 인식과도 관련을 맺을 수 있기 때문이다.

이 장에서는 2018년에 조사한 '혁신성장과 사회적 가치에 대한 국민인식조사' 자료를 이용하여 국민들이 인식하는 한국사회의 질을 살펴본 후, 어떠한 요인이 사회의 질에 대한 인식과 관련을 맺는지를 규명하고자 한다. 또한 한국사회의 질에 대한 인식이 개인의 생활만족과 어떠한 관련성을 맺는지를 탐색할 것이다.

사회의 질의 개념과 구성요소

사회의 질은 통합된 유럽에서 사회경제적 발전을 평가하기 위한 새로운 기준을 제시하기 위해 제안되었다(Beck et al., 2001). 사회의 질에 관한 연구는 유럽통합 이후 경제정책 우선의 전통적인 정책의 문제점에 대한 비판과 시민의 욕구와 선호를 반영하는 사회적으로 공정한 유럽을 건설하기 위한 기반을 모색하는 노력에서 출발하였다(Beck et al., 2001). 사회의 질 접근은 유럽사회의 질을 어떻게 향상시킬 수 있는가에 관심을 둔 미래지향적이고 규범적인 특성을 지닌다(van der Maesen & Walker, 2005). 유럽 각국에서 유럽연합 공통의 좋은 사회의 기준을 얼마나 충족하고 있는지, 개별 국가와 유럽연합 정책의 효과성을 평가하기 위한 기준으로 활용하고자 하였다(Beck et al., 2001).

사회의 질은 개인이 자신의 복리와 잠재력을 발휘할 수 있는 조건이 갖춰져 있어서 사회, 경제, 문화적 삶에 참여할 수 있는 정도를 의미한다(Beck et al., 1997; van der Maesen & Walker, 2005; van der Maesen & Walker, 2012; Tomlinson et al., 2016). 사회의 질이 높은 사회는 개인이 사회적 존재로서 자아실현을 이루고, 사회적 관계 속에서 사회적 정체성을 지니는 사회이다(정진성 외, 2009; van der Maesen & Walker, 2005). 좋은 사회는 개인이 다양한 삶의 영역에서 참여하는 것을 가능케 하는 조건을 갖추고, 시민들이 실제 적극적으로 참여할 수 있는 사회이다. 개인과 사회 발전이 균형을 이루고, 공식적인 사회제도와 조직뿐만 아니라, 비공식적인 지역사회, 가족, 집단에의 참여와도 균형을 이루는 사회이다(정진성 외, 2009). 이를 위해서 사람들은 상호작용할 수 있는 역량을 발휘하고, 각종 사회제도에 접근할 수 있으며, 참여에 필요한 자원을 보유하고, 사회적 정체성을 내면화하는 데 필요한 가치와 규범을 공유해야 한다(정해식, 2013; van der Maesen & Walker, 2005). 사회의 질 접근에서는 이러한 조건을 사회적 역능성, 사회적 포용성, 사회경제적 안전성, 사회적 응집성 등으로 구분하고 있다(van der Maesen & Walker, 2005).

사회의 질에 관한 연구에서는 사회의 질을 1) 사회경제적 안전성, 2) 사회적 응집성, 3) 사회적 포용성, 4) 사회적 역능성 등 4가지 조건요인으로 구성하였다(Beck et al., 2001; van der Maesen & Walker, 2005; Abbott & Wallace, 2012). 한국사회의 질에 대한 인식을 탐색하는 설문항목도 4가지 조건요인을 중심으로 구성하였다. 사회의 질의 4가지 조건요인, 세부 영역과 지표의 구성은 유럽국가의 현실을 반영한 것이다(정해식, 2013). 따라서 이 장에서 활용한 일부 설문항목은 한국의 현실을 반영하여 재구성하였다.

사회경제적 안전성(socio-economic security)은 사람들이 일상생활에서 품위있는 생활을 누리고, 자신에게 주어진 기회를 활용할 수 있도록 사회경제적 자원을 안정적으로 보유한 상태이다(이재열, 2015; van der Maesen & Walker, 2005; Abbott & Wallace, 2012; Tomlinson et al., 2016). 단지 괜찮은(decent) 임금을 받는 직장에 취업하는 것이 아니라 생애전반에 걸쳐 경제적 안전을 보장해 줄 수 있는 복지서비스에 대한 접근성을 갖는 것을 의미한다(Abbott & Wallace, 2012). 이 장에서 재구성한 설문항목에는 재난, 사고, 빈곤, 실업 등 각종 사회적 위험뿐만 아니라, 북한 등 외부 군사적 위협으로부터의 안전, 생존경쟁과 불안한 삶에 대한 인식도 포함하였다.

사회적 포용성(social inclusiveness)은 사회구성원들이 일상생활에서 다양한 사회제도, 조직, 사회적 관계에 접근할 수 있고 통합되어 있는 정도이다(이재열, 2015; van der Maesen & Walker, 2005; Abott & Wallace, 2012; Tomlinson et al., 2016). 사회적 배제와 대립되는 개념으로 사회가 제도적 장치를 통해 국민들을 얼마나 차별없이 포용하고 있는지를 나타낸다(Abbott & Wallace, 2012). 사회적 포용성은 사회구성원이 다양한 제도나 기회구조에서 배제되지 않고 평등하게 접근할 수 있어야 한다는 가치 판단에 기반을 둔 개념이다(이재열, 2015). 이 장에서는 한국의 실정을 반영하여 보건, 복지서비스의 충분성, 사회적 약자와 이민자에 대한 포용성, 정부의 인권 보호 노력 등의 항목을 설문에 포함하였다.

사회적 응집성(social cohesion)은 사회구성원 간의 통합과 신뢰, 사회적 결속과 연대감의 정도를 의미한다(Abbott & Wallace, 2012). 개인이 사회에 적극적으로 참여하고 사회가 안정되고 지속될 수 있도록 사회적 관계가 공통의 정체성과 가치규범에 기반을 둔 정도를 의미한다(이재열, 2015; van der Maesen & Walker, 2005; Tomlinson et al., 2016). 설문에서는 폭넓은 사회적 연대의 토대를 이루는 투명성, 신뢰, 공정성과 관련된 인식을 조사하였다.

사회적 역량발휘 또는 사회적 역능성(social empowerment)은 개인이 자신의 능력을 충분히 발휘할 수 있는 객관적인 조건이 마련되어 있는 정도뿐에 덧붙여 이용가능한 기회를 실제 활용하는 정도를 의미한다(이재열, 2015; Abbott & Wallace, 2012; Tomlinson et al., 2016). 이 연구의 설문에서는 개인의 능력발휘, 의사결정 참여, 민주적 의사결정 정도 등을 포함하였다.

사회의 질의 개념과 구성 영역은 선진 유럽국가의 경험을 토대로 가다듬어진 것이다(정해식, 2013; 이재열, 2015). 복지국가 발달에 따른 사회경제적 안전성, 동질성이 높은 소규모 국가의 높은 사회적 신뢰, 보편적 복지에서 보이는 사회적 포용성, 개인이 자신의 역량을 충분히 발휘할 수 있는 제도적 여건의 보장 등은 북유럽 복지국가의 역사적 경험을 반영하여 구성된 지표들이다. 이러한 역사적 배경과 기준에 비추어보면, 한국을 비롯한 아시아 국가의 사회의 질은 상대적으로 낮은 평가를 받을 수밖에 없다. 따라서 한국의 실정에 맞는 사회의 질을 개념화하는 노력이 진행되어 왔다(예: 이재열, 2015). 이 장에서는 기존의 사회의 질 연구에 기반하여 관련된 개념을 설문조사를 통해서 탐구하였다. 한국사회의 현실을 보다 정확하게 포착할 수 있는 이론틀을 구축하고, 이러한 이론에 기반을 둔 엄밀한 측정지표와 척도를 구성하는 작업은 향후 연구주제로 삼고자 한다.

사회의 질에 관한 경험적 연구

유럽에서는 사회의 질을 측정하는 표준화된 지표를 개발하는 작업이 꾸준히 진행되어 왔다(van der Maesen & Walker, 2005). 사회의 질 이론에 기반을 두고 삶의 질 지표에 상응하는 수준의 타당한 지표를 개발하는 것이 주된 연구과제였다(van der Maesen & Walker, 2005). 체계적인 사회의 질 지표개발은 유럽 14개국 연구자들의 참여로 이루어진 사회의 질 지표개발 네트워크(The European Networks on Social Quality Indicators)의 활동을 통해 본격적으로 진행되었다(van der Maesen & Walker, 2005). 이들은 사회의 질 4가지 조건요인을 18개 영역, 49개 하위영역으로 구분하고 95개 지표를 개발하여 사회의 질을 측정하는 활동을 수행하였다(van der Maesen & Walker, 2005).

사회의 질 지표는 국가, 도시, 지역사회 수준에서 집계된 정보(예: 주민 1만 명당 의사수, 공공부조 수급률)와 표준화된 설문조사 결과를 활용하였다(van der

Maesen & Walker, 2005). 이는 국가 간, 지역사회 간 비교를 용이하게 해준다. 정책당국자와 시민들이 사회의 질의 변화를 추적하고, 관련된 사회경제정책이 사회의 질에 미치는 영향을 종합적으로 평가할 수 있다는 장점이 있다(van der Maesen & Walker, 2005). 사회의 질이 상대적으로 지체된 영역을 진단하고, 각 영역의 균형적인 발전을 위해서는 어떠한 정책이 필요한지를 탐색할 수 있다.

사회의 질 지표를 활용한 경험적 연구는 크게 세 가지 유형으로 구분할 수 있다. 첫째, 사회의 질 지표를 통해 각국의 사회의 질의 수준과 양상을 밝히고 비교하는 연구이다(정해식, 2013; 정해식·안상훈, 2015; 이재열, 2015), 한국에서도 사회의 질 지표 또는 사회통합지표를 통해 한국사회의 질 또는 사회통합의 양상을 밝히는 연구가 진행되어 왔다(노대명 외, 2010; 정해식, 2013; 김미곤 외, 2014). 둘째, 사회의 질과 관련된 요인을 규명하는 연구이다. 국가 수준에서 집계된 거시적 통계자료에는 집단 간 차이가 없기 때문에 주로 설문조사를 활용하여 사회집단별로 사회의 질의 4가지 조건요인의 수준과 양상에 차이가 있는지를 분석한다(남은영, 2015). 셋째, 사회의 질의 영향 또는 효과를 밝히는 연구이다. 높은 수준의 사회의 질이 실제로 시민들의 삶의 질이나 생활만족 등과 관련을 맺는지를 규명하는 연구이다(우명숙 외, 2013; 이재열, 2015; Abbott & Wallace, 2012). 이 유형의 연구는 유럽뿐만 아니라, 아시아 국가의 사례를 통해 사회의 질의 효과를 살펴보고 있다(Yuan & Golpelwar, 2013; Abbott et al., 2016).

사회의 질 이론에 기반한 한국에서의 초기 연구에서는 사회의 질 4가지 조건요인과 관련된 국가통계와 설문조사 자료를 주로 활용하였다(정진성 외, 2009). 연구자의 관심에 따라 사회적 응집성과 관련된 신뢰와 투명성(이재열, 2009), 사회경제적 안전성과 관련된 직업안정성과 직무만족(장진호, 2009) 등 특정 영역에 초점을 맞추어 개별적으로 분석하였다. 사회의 질 분석틀이 활용되었지만 사회의 질의 각 조건 영역별로 포괄적이고 체계적인 조사는 이루어지지 않았다.

사회의 질에 대한 이론적 논의가 깊어지면서 사회의 질 구성요소 별 연구가 심화되었다(이재열 외, 2015). 사회적 위험의 관점에서 사회경제적 안전성을 진단하고(남은영, 2015), 사회통합에 초점을 맞추어 한국사회의 응집성의 양상을 다른 국가와 비교하였다(정해식·안상훈, 2015). 사회적 배제와 포용의 개념을 구체화하고 차별요인의 변화를 추적하고(정병은, 2015), 사회적 역능성 지표를 활용하여 지식기반 영역에서의 인터넷 접근, 미디어 활용 등을 국가별로 비교하였다(김주현, 2015).

이러한 사회의 질에 대한 연구들은 상당한 이론적 성취와 방법론적 발전을 이루어 왔다. 그러나 많은 연구들은 주로 객관적 통계지표를 활용하여 한국사회의 질의 다양한 모습을 묘사하는 데 초점을 맞추었다. 설문조사를 이용한 연구의 경우에도 사회의 질의 4가지 조건요인을 종합적으로 다룬 연구는 부족하였다. 사회의 질에 대한 시민들의 인식이 어떠한지, 개인 간 사회의 질에 대한 인식의 차이를 빚어내는 요인은 무엇인지를 밝히는 연구는 매우 부족하였다. 또한 한국사회의 질에 대한 인식이 생활만족과 어떠한 관련을 맺는지를 밝히는 연구도 드물었다. 이 장은 이러한 공백을 메우고자 하는 시도이다. 실제 국민들이 경험하는 한국사회의 질을 4가지 조건요인별로 포괄적으로 살펴보고, 어떠한 요인이 사회의 질에 대한 인식의 차이와 관련을 맺는지, 사회의 질에 대한 인식이 생활만족과 관련을 맺는지를 규명할 것이다.

사회의 질과 관련된 요인

한국사회의 질을 긍정적으로 또는 부정적으로 인식하는 사람들은 누구인가? 개인의 사회경제적 지위를 비롯한 인구학적 속성에 따라 사회의 질에 대한 인식은 차이가 있는가? 사회의 질에 대한 인식차이를 설명하는 요인은 매우 다양하다. 이 장에서는 인구사회학적 요인을 중심으로 사회의 질을 구성하는 4가지 조건요인과 관련된 요인을 탐색하고자 한다.

사회의 질에 대한 인식은 개인이 사회에서 차지하는 위치, 보유한 사회경제적 자원, 정치사회적 가치관과 관련을 맺을 것이다(Abbott & Wallace, 2012). 이 장에서는 성별, 연령, 결혼상태, 교육수준, 경제활동 여부, 고용형태, 주관적 계층인식, 정치성향을 독립변수로 활용하여, 각 독립변수가 4가지 조건의 사회의 질과 어떠한 관련성을 맺는지를 다음과 같이 가설적인 형태로 탐색하였다.[1]

---

[1] 설문조사에서는 응답자의 소득을 구간형태로 조사하였다. 소득은 주관적 계층의식과 높은 상관관계를 보였다. 소득과 주관적 계층의식 모두 독립변수로 활용하면 다중공선성 문제가 발생할 수 있다. 회귀분석에서는 소득을 제외하고, 응답자의 사회경제적 상황을 포괄적으로 나타내는 주관적 계층의식을 활용하여 분석하였다. 소득과 계층의식을 모두 투입하여 생활만족

먼저 성별에 따라 사회의 질 인식에 차이가 있을 것이다. 남성은 여성에 비해 한국사회의 사회경제적 안전성에 대해 긍정적으로 인식할 것이다. 남성의 경제력이 여성에 비해 상대적으로 높기 때문이다. 사회적 포용성에 대해서도 남성이 여성에 비해 긍정적으로 인식할 수 있다. 가부장적 한국사회에서 여성들은 한국사회의 사회적 약자 보호 등 사회적 포용성에 대해 상대적으로 부정적인 인식을 할 가능성이 높기 때문이다. 반면, 사회적 응집성은 성별과 관련이 없을 것이다. 사회적 역능성은 남성이 여성에 비해 높게 평가할 것이다. 남성이 여성에 비해 양질의 일자리, 승진기회 등 자아실현의 기회를 더 많이 얻고 이를 효과적으로 활용할 수 있는 위치에 있을 수 있기 때문이다. 반면에 여성의 경우 출산, 육아 등으로 취업과 경력개발에서 상대적으로 불리한 입장에 처할 수 있기 때문이다.

연령대별로는 40-50대 중년층일수록 한국사회의 사회경제적 안전성을 높게 평가할 것이다. 이들은 20대와 30대, 노인세대에 비해 경제적 자원을 상대적으로 더 많이 보유하고 있기 때문이다. 연령이 낮을수록 사회적 포용성에 대해서는 긍정적으로 인식할 것이다. 사회적 약자에 대한 복지정책을 찬성하고 이민자에 대한 포용적인 태도를 가질 수 있기 때문이다. 연령이 높을수록 사회적 응집성을 높게 인식할 것이다. 연령이 높을수록 사회에 대한 신뢰가 높은 것으로 나타났다(정해식, 2015). 한국사회에서는 아직까지 고연령층에서 사회적 결속과 연대를 중요하다고 인식할 수 있기 때문이다. 공정성에 대해서도 연령대에 따라 서로 다른 인식을 할 가능성이 높을 것이다. 사회적 역능성과 관련해서는 연령이 낮을수록 높게 평가할 것이다. 상대적으로 젊은 연령층은 자신의 역량을 발휘할 수 있는 가능성에 대해 낙관적으로 인식할 수 있기 때문이다.

결혼상태와 관련하여 미혼, 이혼, 사별 집단은 기혼자에 비해 한국사회의 사회경제적 안전성을 상대적으로 낮게 평가할 것이다. 이들 집단이 보유한 경제적 자원과 사회적 지지는 기혼자에 비해 낮을 수 있기 때문이다. 미혼, 이혼, 사별 집단은 기혼자에 비해 사회적 포용성을 낮게 평가할 가능성이 있다. 한국사회의 복지제도, 사회적 약자에 대한 보호 노력이 이들의 기대수준과 필요를 충족시키

도를 분석결과에서도 소득은 유의미한 관련성을 보이지 않았다.

지 못할 수 있기 때문이다. 미혼, 이혼, 사별 집단은 사회적 응집성도 기혼집단에 비해 낮게 평가할 것이다. 미혼집단이 기혼집단에 비해 취업기회의 공정성을 상대적으로 낮게 평가하였다(김이수, 2016). 이들은 한국사회의 신뢰, 기회 공정성에 대해 상대적으로 부정적인 인식을 할 수 있기 때문이다.

교육수준과 관련하여 학력과 사회경제적 안전성, 사회적 포용성 간의 관계는 양방향에서 모두 가능한 것으로 예상된다. 학력이 높을수록 사회경제적 자원을 더 많이 가진 점을 고려하면, 고학력일수록 사회경제적 안전성과 사회적 포용성을 긍정적으로 인식할 것이다. 그러나 학력이 높을수록 한국사회에 대한 비판적인 인식과 높은 기대수준을 가질 수 있다. 특히 고학력의 젊은 응답자들은 자신의 기대수준에 미치지 못하는 한국사회의 사회경제적 안전성과 사회적 포용성을 상대적으로 낮게 평가할 수 있다. 따라서 두 변수 간의 관련성은 경험적 검증을 통해 밝힐 필요가 있다.

학력에 따라 사회적 응집성을 상이하게 인식할 가능성이 있다. 고학력자의 경우 사회적 신뢰와 공정성에 대해 높은 기준을 가질 수 있으며, 자신의 기대수준에 미달할 경우 오히려 부정적 인식을 할 수 있다. 기존 연구에서도 학력이 높을수록 사회적 신뢰를 낮게 평가하였다(정해식, 2015). 학력과 사회적 역능성 간의 관계도 경험적으로 검증할 필요가 있다. 학력이 높을수록 사회적 역능성을 높게 평가할 수 있다. 학력이 높을수록 자신의 역량을 펼칠 기회와 자원이 많을 수 있기 때문이다. 학력이 높을수록 지식과 기술 수준이 높고, 취업 및 직업이동과 관련된 정보를 더 많이 활용하고, 안정된 일자리를 얻을 가능성이 크기 때문이다(안정옥, 2009; 오준범·이준협, 2014). 반면에 학력이 높을수록 사회적 역능성을 낮게 평가할 가능성도 있다. 고학력자일수록 노동시장에서 자신이 열망하는 지위에 대한 기대수준이 높지만, 자신의 역량을 충분히 발휘할 수 없는 사회현실에 대해 비판적일 수 있기 때문이다.

경제활동을 하는 경우, 비경제활동 집단에 비해 한국사회의 사회경제적 안전성을 높게 인식할 것이다. 경제활동 여부는 사회적 포용성, 사회적 응집성에 대한 인식과는 관련이 없을 것이다. 반면에 경제활동을 할수록 사회적 역능성에 대해 긍정적으로 인식할 가능성이 높을 것이다. 경제활동을 통해 얻은 소득과 직업활동을 통해 자신의 역량을 좀 더 효과적으로 발휘할 수 있기 때문이다(안정옥, 2009).

　고용형태와 관련하여 정규직의 경우 비정규직에 비해 한국사회의 사회경제적 안전성을 높게 평가할 것이다. 정규직 근로자의 경우 비정규직에 비해 상대적으로 안정적인 위치를 차지하기 때문이다. 정규직일수록 사회적 포용성에 대해서도 긍정적으로 인식할 것이다. 비정규직의 경우, 비정규직에 대한 차별적인 처우 등을 경험하면서 한국사회의 포용성에 대해 비판적일 수 있기 때문이다. 정규직일수록 사회적 역능성에 대해서 비정규직에 비해 긍정적으로 평가할 가능성이 높을 것이다. 정규직일수록 안정된 직장에서 자신의 역량을 충실하게 실현할 기회를 더 많이 획득할 수 있기 때문이다(안정옥, 2009).

　자신의 계층적 지위에 결합된 이해관계에 따라 한국사회를 바라보는 시각에도 차이가 생겨난다(김재우, 2019). 상위계층에 속할수록 한국사회의 질에 대해 긍정적으로 인식할 것이다. 상위계층일수록 자신이 성취한 지위에 대해 자부심을 갖고, 사회적 환경에 대해 낙관적으로 인식할 가능성이 높다(김재우, 2019). 따라서 상위계층일수록 사회경제적 안전성, 사회적 포용성을 긍정적으로 인식할 것이다. 반면에 하위계층은 불안한 경제적 지위, 부족한 사회안전망에 대한 인식에 기반하여 사회경제적 안전성, 사회적 포용성을 부정적으로 평가할 수 있다.

　상위계층일수록 사회적 응집성을 높이 평가할 것이다. 상위계층일수록 자신의 성취를 정당화하고 불평등을 용인할 가능성이 상대적으로 높을 수 있기 때문이다(김재우, 2019; Shepelak, 1987; Curtis & Andersen, 2015). 상위계층에 속할수록 삶의 기회가 공정하게 분포되어 있다고 인식하고 있으며, 취업기회의 공정성을 높게 평가하는 것으로 나타났다(김영미, 2016; 김이수, 2016; 이희정, 2018). 계층적 지위와 관련된 소득 수준이 높을수록 사회적 신뢰도 높게 나타났다(정해식, 2015). 따라서 상위계층일수록 사회적 응집성을 구성하는 사회적 신뢰와 기회와 결과의 공정성에 대해 상대적으로 긍정적인 인식을 보일 수 있다. 사회적 역능성의 경우에도 상위계층일수록 자신의 역량을 발휘할 기회를 더 많이 얻을 수 있기 때문에 긍정적으로 평가할 것이다. 반면에 하위계층의 경우, 한국사회의 공정성에 대해 부정적인 인식을 가질 수 있으며, 이는 사회적 응집성에 대한 낮은 평가로 이어질 수 있다. 하위계층일수록 기회불평등에 대해 더 민감하게 반응하는 경향을 보였다(김재우, 2019). 사회적 역능성의 경우에도 하위계층은 자신의 역량을 충분히 실현하지 못하는 현실적 장벽에 직면하여 상위계층에 비해 낮은 평가를 내릴 것이다.

정치성향도 사회의 질과 관련을 맺을 것이다. 진보적일수록 사회경제적 안전성에 대해 긍정하는 경향이 낮을 것이다. 한국사회의 빈곤이나 불평등 문제에 상대적으로 많은 관심을 갖고, 사회경제적 안전성에 대해서 비판적인 인식을 할 수 있기 때문이다. 진보적일수록 사회적 포용성에 대해 긍정적인 평가를 내릴 것이다. 진보적일수록 사회적 약자와 이민자 보호에 관심을 갖고 있으며, 정부의 역할을 긍정적으로 평가할 수 있기 때문이다. 특히 조사가 진행된 시점인 2018년 12월은 문재인 정부 초반기로서 자신의 정치성향이 진보라고 응답한 집단에서 정부의 복지제공, 사회적 약자 보호 노력을 긍정적으로 평가하였을 가능성도 있다.

진보적일수록 사회적 응집성에 대한 긍정적인 평가는 낮을 것이다. 진보적일수록 한국사회의 신뢰, 공정성에 대한 요구수준이 높을 것이다. 이러한 기대수준에 부합하지 못하는 한국사회의 현실에 대해 부정적으로 평가할 가능성이 있다. 기존 연구에서도 진보적일수록 사회적 신뢰를 낮게 평가하였다(정해식, 2015). 진보적일수록 정치활동의 공정성, 취업기회의 공정성을 낮게 평가하였다(김이수, 2016). 반면, 진보성향 응답자들은 사회적 개방성과 계층 이동에 대해 긍정적으로 인식할 것이며, 사회적 역능성에 대해서도 긍정적으로 평가할 가능성이 높을 것이다.

사회의 질에 관한 인식과 생활만족

사회의 질에 대한 인식은 개인의 생활만족도와 어떠한 관련성을 맺는가? 좋은 사회는 결국 사회 구성원의 전반적인 삶의 질과 생활만족도가 높은 사회이다. 제도에 대한 신뢰가 높고, 투명하고 공정하며, 복지제도가 잘 갖춰진 사회는 구성원의 삶의 질을 증진시킬 수 있다(우명숙 외, 2013). 개인이 번영하고 성장할 수 있는 역량구조(capability structure)를 제공할 수 있기 때문이다(Abbott & Wallace, 2012).

생활만족(life satisfaction) 또는 삶의 만족은 생활의 조건이나 삶의 질에 대한 긍정적 평가 또는 사회경제적 기준에 근거하여 자신의 삶의 조건에 대한 인지적 판단이라고 할 수 있다(Liang, 1984; Landesman, 1986; Veenhoven, 1996). 생활만족도는 개인의 자의적 인식과 평가, 특히 최근 자신이 처한 상황에 근거하여 판단하는 경우가 많기 때문에 본질적으로 주관적이고 상대적일 수밖에 없다.

이 장에서는 사회구조적 수준의 변수로서 사회의 질의 영향에 주목한다. 한 국가의 사회구조적 여건은 개인의 생활만족과 긴밀한 관련을 맺고 있다(Radcliff, 2001; Pacek & Radcliff, 2008). 개인이 사회 속에서 차지하는 위치뿐만 아니라, 이들이 바라보는 한국사회에 대한 인식은 개인의 생활만족에 영향을 미칠 수 있다. 사회경제적 안전성, 공정성, 사회적 신뢰 등의 사회구조적 속성은 국가 간 생활만족도의 차이를 가져오는 요인이다(Abbott & Wallace, 2012; Helliwell et al., 2016). 국민들의 생활만족도가 높은 사회는 사회보장제도가 잘 갖춰져 있고, 안정적인 여건에서 개인이 자신의 역량을 충분히 발휘하는 사회일 것이다(Abbott & Wallace, 2012). 따라서 사회경제적 안전성과 사회적 포용성이 높을수록 개인의 생활만족도가 높을 것이다.

또한 제도가 공정하게 적용되어 더 나은 삶을 위한 기회가 공평하게 제공되는 사회일수록 국민의 생활만족도가 높다(Bjornskov et al., 2008). 신뢰의 범위가 넓어서 타인에게 포용적이고, 제도에 대한 신뢰가 높을수록 불필요한 거래비용이 발생하지 않게 된다. 미래에 대한 불확실성이 낮은 반면 국민들의 생활만족도가 높게 된다(박희봉·이희창, 2005; 김미곤 외, 2014; 심수진, 2016; Helliwell et al., 2016). 따라서 사회적 신뢰와 응집성이 높을수록 생활만족도가 높을 것이다. 사회적 역능성도 생활만족도와 정(正)적인 관련성을 맺을 것이다. 개인이 자신의 역량을 충분히 발휘할 수 있도록 사회경제적 여건과 기회가 충분한 사회일수록 생활만족도가 높기 때문이다. 결국 네 가지 영역에서 높은 수준의 사회의 질이 국민들의 삶의 질에 긍정적인 영향을 미칠 것이다. 이 장에서 사회의 질의 다양한 조건요인과 생활만족 간의 관계에 주목하는 이유는 한국인들의 삶의 질에 부정적인 영향을 미치는 구조적 요인이 무엇인지를 폭넓게 조망할 수 있기 때문이다. 한국인들은 한국사회의 어떠한 측면을 부정적으로 인식하고 있는지를 파악하고, 부정적인 평가가 이루어지는 영역에 집중하여 어떠한 구조적인 개혁이 가능한지를 모색할 수 있다.

분석자료와 변수 측정

이 장에서 활용한 자료는 KDI 경제정보센터에서 성인 1,000명을 대상으로 수행한 '혁신성장과 사회적 가치에 대한 국민인식조사'이다. 표본은 인구센서스 비율에 맞추어 지역별, 성별, 연령별로 성인 1,000명을 층화표집하였다. 조사는 2018년 12월 5일부터 12월 28일까지 수행되었고, 조사원이 직접 설문조사를 진행하였다. 표본오차는 95% 신뢰수준에서 ±3.1% 포인트로 나타났다.

이 장에서 한국사회의 질에 대한 인식은 1) 사회경제적 안전성(안전과 위험), 2) 사회적 포용성(복지와 사회통합), 3) 사회적 응집성(공정성과 신뢰), 4) 사회적 역능성(개인의 능력과 참여) 등 크게 4가지 조건요인별로 탐색하였다.

유럽연구자들이 중심이 된 사회의 질 지표 네트워크(The European Network on Indicators of Social Quality)에서는 사회경제적 안전성을 재정자원, 주거 및 환경, 건강과 돌봄, 노동, 교육 등 5개 영역과 12개 하위영역으로 구성하였으며 24개의 지표로 측정하고 있다(Keizer et al., 2003; van der Maesen & Walker, 2005). 이 장에서 사회경제적 안전성은 '재난과 사고로부터의 안전', '북한 등 군사적 위협으로부터의 안전', '빈곤의 위험에서 안전', '실업 안전장치 마련', '사업 실패 이후 재기의 어려움', '불안한 삶', '생존경쟁' 등 7개 문항으로 구성하였다. 신뢰도 분석결과 Cronbach's α값은 0.65였다.

사회의 질 지표 네트워크에서는 사회적 포용성을 시민권, 노동시장, 서비스, 사회연결망 등 4개 영역, 13개 하위영역, 27개 지표로 구성하였다(Walker & Wigfield, 2003; van der Maesen & Walker, 2005). 이 장에서는 복지와 사회통합에 초점을 맞추었다. 사회적 포용성은 '충실한 복지제도', '충분한 보건서비스 제공', '충실한 사회적 약자 보호', '이민자 포용', '정부의 사회적 약자 통합 노력'. '정부의 충실한 인권 보호' 등 6개 문항으로 이루어져 있다. Cronbach's α값은 0.76으로 나타났다.

사회적 응집성은 신뢰, 통합적 규범과 가치, 사회연결망, 정체성 등 4개 영역, 9개 하위 영역, 19개 지표로 구성되었다(Berman et al., 2004). 이 장에서는 한국사회에서 논란이 되는 공정성과 신뢰에 초점을 맞추었다. 사회적 응집성은 '투명한 일처리', '신뢰사회', '대학진학에서 공정성', '취업에서 공정성', '공정한 세금

부과', '공정한 세금납부', '세대간 경제적 자원배분의 공정성', '공정사회' 등 8개 문항으로 구성되었다. 신뢰도 분석결과 Cronbach's α값은 0.87로 가장 높았다.

개인의 역량 및 참여와 관련된 사회적 역능성은 지식기반, 노동시장, 제도 공개와 시민 지원, 공공의 장, 개인관계 등 5개 영역, 12개 하위영역, 24개 지표로 구성되었다(Herrmann, 2003). 이 장에서 사회적 역능성은 '중요한 의사결정 참여', '지역 의사결정 참여', '민주적 의사결정', '충분한 능력발휘' 등 4개 문항으로 이루어졌다. 신뢰도 분석결과 Cronbach's α값은 0.74로 나타났다. 각 문항은 5점 척도로 이루어져 있으며, 점수가 높을수록 동의하는 태도를 나타낸다.

응답자의 생활만족도는 '귀하의 생활을 전반적으로 고려할 때 현재 삶에 어느 정도 만족하십니까?' 라는 1개 문항으로 전반적인 삶의 만족도를 5점 척도로 측정하였다. 점수가 높을수록 만족하는 태도를 나타낸다.

이후 회귀분석에서는 성별, 연령대, 교육수준, 결혼상태, 경제활동 여부, 고용형태, 사회경제적 지위, 정치성향 등 8개 변수를 독립변수로 활용하였다. 연령은 10세 단위로 구분하여, 20대, 30대, 40대, 50대, 60대 이상 등 5개 집단으로 구분하였다. 결혼상태는 기혼, 미혼, 이혼, 사별 등 4가지 범주로 조사하였다. 최종학력은 초등학교 졸업 이하, 중학교 졸업, 고등학교 졸업, 대학교 졸업, 대학원 졸업 등 5개 집단으로 구분하였다. 회귀분석에서는 고졸미만, 고졸, 대졸, 대학원졸 이상 등 4개 범주로 재분류하였다. 경제활동과 고용형태는 각각 경제활동 여부와 정규직 여부로 측정하였다. 사회경제적 지위는 최하층(1)에서 최상층(7)까지 7개 범주로 구분하였으며, 회귀분석에서는 하위계층(1-3), 중간층(4), 상위계층(5-7) 등 3개 집단으로 재분류하였다. 정치성향은 매우 보수적(1)부터 매우 진보적(5)까지 5개 범주로 측정하였다. 회귀분석에서는 보수(1-2), 중도(3), 진보(4-5) 등 3개 범주로 재분류하였다.

회귀분석에서 사회의 질 변수는 4가지 조건요인별로 문항의 평균값을 활용하였다. 각 영역의 문항 수가 다르기 때문이다. 각 조건요인에 속한 개별 문항을 활용하여 별도의 회귀분석도 수행하였다. 변수 간의 관련성을 세심하게 탐색하고, 분석결과에 대한 깊이있는 논의를 위해서였다. 아래 본문에는 조건요인별 평균값을 활용한 회귀분석 결과만을 제시하였다.

한국사회의 질에 대한 인식

(1) 사회경제적 안전성: 한국사회의 안전과 위험에 대한 인식

〈표 4-1〉은 사회경제적 안전성에 대한 응답을 나타낸 것이다. 국민들은 한국사회가 각종 사회적 위험으로부터의 안전이 보장되지 않는 사회라고 인식하고 있다. 사람들은 생존경쟁에 시달리고, 불안하고, 재기하기 어려운 삶을 살고 있다고 인식하고 있다. 이는 재난/사고, 군사적 위협, 빈곤, 실업의 위험에서 안전하지 않다는 인식과 관련이 있다.

우리 사회가 재난/사고로부터 안전하다고 응답한 비율은 24%인 반면, 안전하지 않다고 응답한 비율이 40%로 더 높게 나타났다. 북한 등 외부의 군사적 위협으로부터 안전하다고 응답한 비율은 24%였다. 반면 안전하지 않다고 응답한 비율이 38%로 더 높게 나타났다. 빈곤 위험으로부터 안전하다고 응답한 비율이 19%인 반면, 안전하지 않다고 응답한 비율은 45%로서 각종 위험 중에서 가장 높게 나타났다. 지속되는 경기침체와 은퇴 후 소득불안에 대한 걱정 등으로 국

표 4-1 사회경제적 안전성: 안전과 위험 (n = 1,000, 단위 %, 점)

	전혀 그렇지 않다	별로 그렇지 않다	보통 이다	약간 그렇다	매우 그렇다	평균 (표준편차)
우리 사회는 재난과 사고로부터 안전하다	7.5	32.2	36.6	20.6	3.1	2.8 (1.0)
우리나라는 북한 등 외부의 군사적 위협에서 안전하다	9.6	28.4	38.4	18.6	5.0	2.8 (1.0)
국민들은 빈곤의 위험에서 안전하다	10.3	34.7	36.3	15.6	3.1	2.7 (1.0)
실업에 대한 안전장치가 충실히 마련되어 있다	17.0	41.0	24.9	14.0	3.1	2.5 (1.0)
한번 사업에 실패하면 재기하기 어렵다	2.8	7.2	20.0	36.4	33.6	3.9 (1.0)
우리나라 사람들은 불안한 삶을 살고 있다	2.4	9.8	36.0	42.2	9.6	3.5 (0.9)
우리나라 사람들은 생존경쟁에 시달린다	0.4	2.9	18.7	44.7	33.3	4.1 (0.8)

자료: KDI(2019)

민들은 빈곤에 처할 위험을 상대적으로 높게 인식할 수 있다. 실업에 대한 안전 장치가 충실하다고 응답한 비율은 17%에 불과하였다. 충실하지 않다고 응답한 비율이 58%로 과반수를 넘었다. 실업 후 재취업이 쉽지 않고 실업급여 수준과 수급기간 등이 충분하지 않기 때문에 국민들은 빈곤 위험과 노동시장에 대한 불안감을 가장 크게 느낄 수 있다.

사업실패 이후 재기하기 어렵다는 인식에 대해서 거의 70%가 동의하였다. 우리 사회의 안전과 위험에 대한 국민들의 인식 결과, 우리나라 사람들은 불안한 삶을 살고 있다는 인식에 대해 과반수가 넘는 52%가 동의하였다. 우리나라 사람들은 생존경쟁에 시달린다고 인식하는 비율은 78%로 매우 높게 나타났다. 한국사회는 짧은 기간에 압축적인 경제성장을 달성하였지만, 과도한 경쟁으로 인해 삶의 전반적인 안전성이 크게 떨어지는 사회이다(이재열, 2015).

(2) 사회적 포용성: 사회보장과 사회통합에 대한 인식

〈표 4-2〉는 사회복지와 사회통합을 중심으로 살펴본 사회적 포용성에 대한 응답을 나타낸 것이다. 복지제도와 보건서비스에 대해서는 보통보다 다소 높은 수준으로 인식한 반면, 이민자 포용, 사회적 약자 보호에 대해서는 상대적으로

표 4-2 사회적 포용성: 사회보장과 사회통합 (n = 1,000, 단위 %, 점)

	전혀 그렇지 않다	별로 그렇지 않다	보통 이다	약간 그렇다	매우 그렇다	평균 (표준편차)
인간다운 생활을 위한 복지제도가 충실하게 갖추어져 있다	2.5	19.4	42.0	32.2	3.9	3.4 (0.9)
건강한 생활을 위한 보건서비스가 충분히 제공되고 있다	1.9	13.2	37.6	39.5	7.8	3.2 (0.9)
우리 사회는 사회적 약자를 충실하게 보호하고 있다	8.8	31.1	39.1	18.2	2.8	2.8 (0.9)
우리 사회는 이민자를 포용하는 사회이다	7.5	30.0	40.2	19.4	2.9	2.8 (0.9)
정부는 사회적 약자를 통합하기 위해 노력하고 있다	4.6	21.9	42.9	28.0	2.6	3.0 (0.9)
정부는 국민의 인권을 충실하게 보호하고 있다	5.8	21.4	41.9	28.7	2.2	3.0 (0.9)

자료: KDI(2019)

낮게 평가하였다.

문항별로 살펴보면, 인간다운 생활을 위한 복지제도가 충실하게 갖추어져 있다는 의견에 대해서 36%가 동의하고 있다. 무상보육, 기초연금 등 보편적 복지가 확대되고 있지만, 국민들은 아직도 복지제도가 인간다운 생활을 할 정도로 충분하지는 않다고 인식하고 있다. 복지제도가 많이 확충되었지만 보장 수준이 여전히 충분하지 않기 때문이다. 건강한 생활을 위한 보건서비스가 충분히 제공되고 있다는 진술에 대해서 47%가 동의하여 상대적으로 높은 동의비율을 보였다. 이는 전국민을 포괄하는 건강보험제도가 제공하는 양질의 건강서비스에 대한 신뢰에 기반을 둔 것으로 여겨진다.

사회적 약자를 충실하게 보호하고 있다고 인식하는 비율은 21%였다. 반면에 동의하지 않는 비율이 40%로 더 높게 나타났다. 한 사회의 품격을 가늠하는 지표는 사회적 약자에 대한 보호이다. 한국사회는 여전히 사회적 약자에 대한 충실한 보호가 부족한 것으로 나타났다. 우리 사회는 이민자를 포용하는 사회라고 응답한 비율도 사회적 약자 보호에 관한 의견과 대체로 유사하였다. 정부의 사회적 약자 통합 노력에 대해서는 31%가 동의하였다. 각종 복지정책을 통해 사회적 약자에 대한 정부의 지원이 확대되어 왔지만, 국민들은 여전히 정부의 노력이 부족하다고 인식하고 있다. 정부의 국민 인권 보호 노력에 대한 동의비율도 사회적 약자 통합 노력과 유사한 비율을 보였다.

(3) 사회적 응집성: 신뢰와 공정성에 대한 인식

〈표 4-3〉은 신뢰와 공정성을 중심으로 살펴 본 사회적 응집성에 대한 인식을 보여준다. 국민들은 한국사회의 신뢰와 공정성에 대해서 다소 부정적인 인식을 보였다. 특히 일처리의 투명성과 세금의 공정납부에 대해서는 부정적인 인식이 높게 나타났다. 먼저 일처리의 투명성과 관련하여 동의비율은 16%인 반면, 동의하지 않는 비율은 53%에 달했다. 우리 사회는 신뢰사회라고 인식하는 비율은 22%에 그친 반면, 신뢰사회가 아니라고 인식하는 비율이 44%로 두 배 가까이 높았다. 우리 사회가 경제적으로는 선진국 수준에 올랐음에도 국민들은 우리 사회가 신뢰사회라는 인식에는 동의하지 않았다. 사회수준의 신뢰와는 달리, '사람들에 대한 신뢰(대인신뢰)'와 관련하여 45%가 타인을 신뢰할 수 있다고 응답하였

표 4-3 사회적 응집성: 신뢰와 공정성 (n = 1,000, 단위 %, 점)

	전혀 그렇지 않다	별로 그렇지 않다	보통 이다	약간 그렇다	매우 그렇다	평균 (표준편차)
우리 사회에서는 일처리가 투명하게 이루어진다	12.8	40.2	31.3	14.9	0.8	2.5 (0.9)
우리 사회는 신뢰사회이다	9.1	34.9	33.9	20.6	1.5	2.7 (0.9)
공정한 경쟁을 통해 좋은 대학에 갈 수 있다	8.6	24.7	35.1	28.0	3.6	2.9 (1.0)
공정한 경쟁을 통해 좋은 일자리를 얻을 수 있다	9.7	31.2	37.3	19.9	1.9	2.7 (1.0)
세금은 공정하게 부과되고 있다	14.4	36.0	30.7	14.7	4.2	2.6 (1.0)
사람들은 세금을 공정하게 납부하고 있다	14.2	39.3	31.6	14.1	0.8	2.5 (0.9)
경제적 자원은 세대 간에 공정하게 분배되고 있다	10.8	36.7	38.4	13.1	1.0	2.6 (0.9)
우리 사회는 공정사회이다	9.9	30.4	41.0	18.0	0.7	2.7 (0.9)

자료: KDI(2019)

다(별도 분석). 사람에 대한 신뢰는 사회수준의 신뢰에 비해 두 배 가까이 높게 나타났다.

공정한 경쟁을 통해 좋은 대학에 갈 수 있다고 인식하는 비율은 32%였으며, 그렇지 않다고 인식하는 비율도 유사한 수준을 보였다. 우리 사회의 높은 교육열을 고려할 때, 대학진학의 공정성은 국민들이 높은 관심을 보이는 매우 중요한 사안이다. 이에 대한 의견이 팽팽히 맞서고 있다. 내신과 관련된 시험지 유출 사건에서 보듯이, 수시전형과 관련하여 공정성 시비가 여전히 심각한 것으로 보인다. 공정경쟁을 통한 좋은 일자리 획득에 대해서 긍정적인 의견은 22%였다. 반면 부정적인 의견은 41%로 거의 두 배에 달했다. 공기업 취업비리, 일자리 세습 논란 등으로 인해 좋은 일자리에 대한 공정한 경쟁이 이루어지지 않고 있다고 인식하고 있다.

공정한 세금 부과에 대해 긍정적으로 인식하는 비율은 19%에 불과하였고, 공정하지 않다는 의견이 50%를 차지하였다. 국민들은 상위계층에게 세금이 낮게 부과되고 있다고 인식하는 것으로 여겨진다. 공정한 세금 납부에 대해서도 긍정적인 인식이 15%인 반면, 부정적인 인식은 54%로 매우 높은 비율을 보였다. 국민들은 세금 부과에 비해 세금납부의 공정성에 대해 상대적으로 더 큰 불만을 갖고 있다. 세금부과의 적절성에 대해서는 정확한 판단을 내리기 어려운 반면, 실제 세금을 납부하는 과정에서 세금의 공정성에 대해 의문을 제기할 수 있기 때문이다.

세대 간 경제적 자원의 공정한 분배에 대한 동의비율은 13%에 불과하였다. 동의하지 않는 비율이 48%를 차지했다. 경제적 자원의 세대 간 공정한 분배에 대해서 모든 세대에서 부정적인 인식이 긍정적인 인식에 비해 높게 나타났다. 공정사회에 대한 인식의 경우 긍정적인 인식은 19%에 불과했다. 반면에 부정적인 인식이 40%였다. 전반적으로 국민들은 투명성, 신뢰, 공정한 경쟁과 세금 부과, 세대 간 자원배분 등에서 매우 부정적인 인식을 갖고 있다.

(4) 사회적 역능성: 개인의 역량 발휘에 대한 인식

〈표 4-4〉는 사회적 역능성에 대한 인식을 나타낸 것이다. 개인의 역량발휘 항목 중에서 중요한 의사결정 참여에 대한 동의비율이 44%로 가장 높았다. 지역 의사결정에 대한 적극적 참여와 관련하여 긍정적인 응답은 32%였다. 이는 지역사회의 현안과 관련된 의사결정에 참여할 기회가 부족하기 때문인 것으로 여겨진다.

표 4-4 사회적 역능성: 개인의 역량 발휘 (n=1,000, 단위 %, 점)

	전혀 그렇지 않다	별로 그렇지 않다	보통 이다	약간 그렇다	매우 그렇다	평균 (표준편차)
나의 삶에 영향을 미치는 중요한 의사결정에 참여할 수 있다	2.5	12.7	40.9	36.0	7.9	3.3 (0.9)
내가 사는 지역의 의사결정에 적극적으로 참여할 수 있다	4.0	19.9	43.5	27.7	4.9	3.1 (0.9)
우리 사회에서는 의사결정이 민주적으로 이루어지고 있다	4.3	23.4	45.4	24.8	2.1	3.0 (0.9)
우리나라에서 사람들은 자신의 능력을 충분히 발휘할 수 있다	4.5	25.1	41.8	26.7	1.9	3.0 (0.9)

자료: KDI(2019)

우리 사회에서는 의사결정이 민주적으로 이루어지고 있다는 진술에 대한 동의비율은 27%로 부정적인 인식과 유사하였다. 우리나라에서 사람들은 자신의 능력을 충분히 발휘할 수 있다는 진술에 대해서 긍정적인 인식은 29%로 부정적 인식과 유사한 비율을 보였다. 한국사회에서 사람들이 능력을 충분히 발휘하기에는 다소 제약이 있는 것으로 인식하고 있다.

사회경제적 안전성과 관련된 요인

〈표 4-5〉는 사회의 질 4가지 조건 요인별로 회귀분석을 수행하여 관련 요인을 밝힌 결과이다. 사회경제적 안전성 평균점수를 종속변수로 활용하여 회귀분석을 수행한 결과, 성별, 혼인상태, 학력, 경제활동 여부, 고용형태, 계층, 정치적 성향 등이 사회경제적 안전성과 관련을 맺었다. 남성이 여성에 비해 사회경제적 안전성을 상대적으로 높게 평가하였다. 미혼집단은 기혼집단에 비해 사회경제적 안전성을 낮게 인식하였다. 미혼집단의 경우 기혼집단에 비해 상대적으로 소득이 낮고, 직업안정성도 낮을 수 있기 때문이다. 고졸, 대졸집단은 중졸이하에 비해 사회경제적 안전성을 낮게 평가하였다. 경제활동에 참여하는 경우 사회경제적 안전성을 낮게 평가하였다. 정규직은 비정규직에 비해 사회경제적 안전성을 높게 인식하였다. 정규직은 상대적으로 안정된 직장을 갖고 있기 때문에 우리 사회의 경제적 안전성을 높게 평가했을 가능성이 있다.

계층별로 상위계층은 중간층에 비해 우리 사회의 안전성을 높게 평가한 반면, 하위계층은 낮게 평가하였다. 상위계층일수록 근무 및 주거환경에서 안전한 환경에서 지내는 경우가 많으며, 빈곤과 실업의 위험으로부터 상대적으로 안전하기 때문이다. 반면 하위계층일수록 안전한 환경에서 생활하는 비율이 낮으며, 중간층에 비해 각종 사고 위험에 노출될 가능성이 높고, 빈곤과 실업의 위험을 일상적으로 경험할 수 있기 때문이다.

정치성향과 관련하여 보수적일수록 사회경제적 안전성을 낮게 평가하였다. 세부적인 별도의 분석에 따르면 보수적일수록 중도층에 비해 북한 등 군사적 위협이 높다고 인식하고, 실업의 위험을 상대적으로 높게 평가하였다. 이는 고연령층인 보수성향 응답자의 북한의 군사적 위협에 대한 인식과 경제적 취약성을 반영하는 것으로 유추해 볼 수 있다.

사회적 포용성과 관련된 요인

사회적 포용성과 관련하여 혼인상태, 학력, 고용형태, 계층, 정치성향이 관련을 맺었다. 미혼집단은 기혼집단에 비해 사회적 포용성을 낮게 인식하였다. 미혼집단은 저출산 대책 등 복지정책과 기업복지의 혜택이 주로 기혼집단과 자녀가 있는 가정에게 집중된다고 인식할 수 있기 때문이다. 학력별로 고졸이상의 학력집단은 중졸이하 집단에 비해 사회적 포용성을 낮게 평가하였다. 학력이 높을수록 복지수준과 사회적 약자와 이민자 통합, 인권 보호에 대한 높은 기대수준을 가질 수 있다. 그러나 우리 사회와 정부의 노력이 이들의 기대수준에 미치지 못하기 때문일 수도 있다.

정규직은 비정규직에 비해 한국사회의 사회적 포용성을 높게 평가하였다. 비정규직은 상대적으로 급여인상, 승진뿐만 아니라, 사회보장 혜택에서도 배제되어 있다고 인식할 가능성이 높기 때문이다. 계층별로 상위계층은 중간계층에 비해 사회적 포용성을 높게 인식한 반면, 하위계층은 사회적 포용성을 낮게 인식하였다. 사회적 지위가 높을수록 우리 사회의 보건복지제도의 충분성, 사회적 약자, 이민자에 대한 통합노력을 긍정적으로 인식하고 있다(별도 분석). 정치성향과 관련하여 진보라고 응답한 집단이 중도집단에 비해 사회적 포용성을 높게 평가하였다. 진보집단은 보수성향에 비해 친복지적인 태도를 갖고 있으며, 문재인 정부가 추진하는 포용적 복지국가 정책에 대해서도 상대적으로 친화적인 성향을 가질 수 있기 때문이다.

사회적 응집성과 관련된 요인

사회적 응집성 평균을 종속변수로 회귀분석을 수행한 결과, 연령, 혼인상태, 학력, 고용형태, 계층, 정치성향이 사회적 응집성과 관련을 맺었다. 연령별로는 30-50대가 60대 이상에 비해 사회적 신뢰와 공정성과 관련된 사회적 응집성을 상대적으로 낮게 평가하였다. 미혼집단의 경우 기혼집단에 비해 사회적 응집성

표 4-5 사회의 질에 관한 인식과 관련된 요인

		사회경제적 안전성			사회적 포용성			사회적 응집성			사회적 역능성		
		b	s.e.		b	s.e.		b	s.e.		b	s.e.	
성별 (여성)	남성	0.101	0.036	**	−0.042	0.040		0.067	0.044		0.032	0.043	
연령 (60대 이상)	20대	0.137	0.084		0.146	0.094		−0.084	0.104		0.229	0.101	**
	30대	0.034	0.068		0.014	0.077		−0.158	0.085	*	0.059	0.083	
	40대	0.066	0.062		0.037	0.069		−0.138	0.077	*	−0.039	0.075	
	50대	0.030	0.059		−0.021	0.067		−0.136	0.074	*	−0.078	0.072	
혼인상태 (기혼)	미혼	−0.132	0.059	**	−0.122	0.067	*	−0.146	0.074	**	−0.172	0.072	**
	이혼	−0.035	0.112		0.029	0.127		−0.019	0.140		0.120	0.136	
	사별	0.038	0.108		−0.156	0.121		−0.151	0.134		0.084	0.130	
학력 (중졸 이하)	고졸	−0.181	0.070	**	−0.226	0.079	***	−0.192	0.087	**	−0.087	0.085	
	대졸	−0.162	0.075	**	−0.301	0.084	***	−0.337	0.093	***	−0.253	0.091	***
	대학원졸	−0.152	0.104		−0.255	0.117	**	−0.329	0.130	**	−0.120	0.126	
경제활동 (안함)	경제활동	−0.148	0.045	***	−0.047	0.051		−0.065	0.056		−0.030	0.054	
고용형태 (비정규직)	정규직	0.114	0.043	***	0.108	0.048	**	0.161	0.054	***	0.101	0.052	*
계층 (중간층)	하위계층	−0.063	0.038	*	−0.109	0.043	**	−0.151	0.047	***	−0.147	0.046	***
	상위계층	0.200	0.052	***	0.191	0.059	***	0.179	0.065	***	0.123	0.063	*
정치성향 (중도)	진보	−0.009	0.039		0.096	0.044	**	−0.085	0.048	*	−0.042	0.047	
	보수	−0.109	0.045	**	−0.023	0.051		−0.106	0.056	*	−0.095	0.055	*
상수		2.642	0.069	***	3.272	0.078	***	3.087	0.086	***	3.318	0.084	***
R^2		0.048			0.038			0.065			0.040		

주: 괄호 안은 더미변수에서 기준 범주를 나타냄, * $p<0.1$ ** $p<0.05$ *** $p<0.01$
자료: KDI(2019)

을 낮게 인식하였다.

교육수준별로 살펴보면, 고졸이상 집단이 고졸미만 집단에 비해 한국사회의 응집성을 상대적으로 낮게 평가하였다. 고학력 집단은 공정경쟁을 통한 취업, 세금부과 및 납부의 공정성, 사회적 신뢰 수준에 대해서 상대적으로 부정적인 인식을 보였다. 또한 학력이 높을수록 세대 간 자원분배의 공정성에 대해서 부

정적으로 인식하였다(별도 분석). 이들은 상대적으로 젊은 층으로서 세대 간 자원배분의 불균형과 기성세대의 기득권 점유에 대해 비판적인 시각을 갖고 있으며 공정성에 대한 높은 기준을 요구하고 있는 것으로 여겨진다.

근로자 중에서 정규직은 비정규직에 비해 사회적 응집성을 상대적으로 높게 평가하였다. 비정규직과는 달리 기회의 공정성과 사회적 신뢰에 대해서 상대적으로 긍정적인 평가를 하였다. 상위계층은 중위계층에 비해 사회적 응집성을 높게 평가한 반면, 하위계층은 사회적 응집성을 낮게 평가하였다. 하위계층의 경우 각종 의사결정에서 배제될 가능성이 높고 자신의 영향력을 발휘할 기회가 부족하기 때문이다. 이러한 사회적 배제가 취업경쟁의 공정성, 사회적 신뢰에 부정적인 인식으로 이어질 수 있다. 이는 하위계층일수록 세금부과와 납부의 공정성에 대해서 부정적으로 인식하는 비율이 높은 것과도 관련이 있다(별도 분석).

정치성향별로는 진보집단과 보수집단이 중도집단에 비해 사회적 응집성을 상대적으로 낮게 평가하였다. 구체적으로 신뢰사회, 세금부과와 납부, 세대 간 분배, 공정사회 인식 등의 문항에서 정치성향별 차이가 관찰되었다(별도 분석). 응답자들은 정치성향과 무관하게 대학진학과 취업경쟁의 공정성을 부정적으로 인식하였다. 세부적으로 분석해 보면, 진보집단과 보수집단의 부정적 인식은 문항별로 다소 차이를 보였다. 진보집단은 세금부과와 납부, 세대 간 자원배분의 공정성에 대해서 중도집단에 비해 상대적으로 부정적인 인식을 하고 있다. 반면에 보수집단은 세금부과, 세대 간 분배의 공정성뿐만 아니라, 일처리의 투명성, 공정사회에 대한 인식에 대해서 중도집단에 비해 부정적인 평가를 내리고 있다(별도 분석). 이는 보수집단의 경우 진보 성향 정부의 정책방향과 실행과정을 비판적인 시각으로 바라보기 때문인 것으로 해석할 수 있다.

사회적 역능성과 관련된 요인

사회적 역능성에 관한 회귀분석 결과, 연령, 혼인상태, 학력, 고용형태, 계층, 정치성향이 사회적 역능성과 통계적 관련성을 보였다(〈표 4-5〉 참조). 20대는 60대에 비해 사회적 역능성이 높았다. 20대의 경우 고연령층에 비해 의사결정 참여와 능력발휘에 자신감이 많고, 미래의 가능성에 대해서 낙관적이기 때문이다.

미혼집단은 기혼집단에 비해 사회적 역능성에 대한 인식이 낮았다. 대졸집단은 중졸이하에 비해 사회적 역능성에 대한 인식이 낮게 나타났다.

정규직의 경우 비정규직에 비해 사회적 역능성을 높게 평가하였다. 비정규직은 불안정한 고용계약으로 인해 자신의 역량과 자율성을 충분히 발휘하지 못하고 있다고 인식할 수 있기 때문이다. 상위계층은 중위계층에 비해 사회적 역능성을 높게 평가한 반면, 하위계층은 사회적 역능성에 대한 동의비율이 낮았다. 하위계층은 경제활동과 같은 삶의 중요한 영역에서 의사결정 과정에 참여할 가능성이 상대적으로 낮고, 경제적 여력이 부족하기 때문에 지역사회의 의사결정에 적극적으로 참여하지 못할 수 있다. 설령 참여하더라도 권한의 범위가 협소하기 때문에 의사결정이 민주적이지 않다고 인식할 수 있다. 보수성향 집단은 중도집단에 비해 사회적 역능성을 낮게 평가하였다. 보수집단은 문재인 정부에서 자신의 역량을 발휘하는 데 제약이 있다고 인식할 수 있기 때문이다.

사회의 질 인식과 생활만족 간의 관계

한국인의 사회의 질에 대한 인식과 생활만족은 어떠한 관련성을 맺는지를 밝히기 위해 서열로짓분석을 수행하였다. 〈표 4-6〉은 분석결과를 나타낸 것이다. 모델1은 인구학적 변인만을 투입한 결과이고, 모델2는 인구학적 변인에 사회의 질 4가지 조건요인을 독립변수로 투입한 결과이다.

분석결과, 사회의 질과 관련된 4가지 조건요인 중에서 사회적 응집성에 대한 인식을 제외한 3가지 조건요인 모두 생활만족도와 정적인 관련성을 맺었다.[2] 한국사회의 사회경제적 안전성이 높다고 인식할수록, 복지와 사회통합으로 측정한 사회적 포용성이 높다고 인식할수록 생활만족도가 높았다. 또한 개인의 역량 발휘와 참여가 보장된 사회적 역능성이 높다고 인식할수록 생활만족도 역시 높았다. 이러한 분석결과는 개인의 삶의 만족이 한국사회의 질에 대한 개인의 인식과 관련이 있음을 보여준다.

---

2) 사회의 질 변수 4개를 각각 따로 투입하여 분석한 경우에는 사회적 응집성도 생활만족도와 정적인 관련성을 맺었다. 상관분석 결과 사회적 응집성은 사회적 포용성을 비롯하여 다른 사회의 질 변수와 중간 정도의 상관관계를 나타냈다. 4가지 변수가 모두 동시에 회귀분석에 투입됨에 따라 사회적 응집성의 직접효과가 감소하여 통계적 유의도가 낮게 나타났을 가능성이 있다. 향후 연구에서는 사회의 질 변수 간의 관련성을 좀더 면밀하게 탐색할 필요가 있다.

표 4-6 사회의 질 인식과 생활만족도

		모델1			모델2		
		b	s.e.		b	s.e.	
성별(여성)	남성	−0.136	0.126		−0.214	0.128	*
연령(60대 이상)	20대	0.177	0.297		−0.074	0.304	
	30대	−0.279	0.241		−0.382	0.245	
	40대	−0.123	0.218		−0.205	0.222	
	50대	−0.128	0.209		−0.120	0.211	
혼인상태(기혼)	미혼	−0.478	0.215	**	−0.292	0.218	
	이혼	−0.438	0.399		−0.565	0.410	
	사별	−0.002	0.403		−0.016	0.396	
학력(중졸 이하)	고졸	0.013	0.245		0.305	0.248	
	대졸	0.312	0.264		0.710	0.270	***
	대학원졸	0.743	0.374	**	0.993	0.376	***
경제활동(안함)	경제활동	−0.177	0.161		−0.034	0.163	
고용형태(비정규직)	정규직	0.215	0.154		0.058	0.156	
계층(중간층)	하위계층	−0.658	0.137	***	−0.562	0.139	***
	상위계층	0.671	0.184	***	0.440	0.189	**
정치성향(중도)	진보	0.043	0.138		0.023	0.141	
	보수	0.064	0.160		0.174	0.162	
사회의 질	사회적 안전성				0.670	0.136	***
	사회적 포용성				0.384	0.129	***
	사회적 응집성				−0.031	0.121	
	사회적 역능성				0.474	0.113	***
상수1		−3.911	0.307		0.378	0.517	
상수2		−2.094	0.258		2.291	0.502	
상수3		0.297	0.247		4.876	0.521	
상수4		2.767	0.280		7.464	0.554	
Log Likelihood		−1191.5			−1138.3		
유사 R^2		0.0375			0.0805		

주: 괄호 안은 더미변수에서 기준 범주를 나타냄, * $p<0.1$ ** $p<0.05$ *** $p<0.01$
자료: KDI(2019)

인구학적 요인 중에서 성별, 결혼상태, 학력, 주관적 계층의식이 생활만족도와 통계적 유의성을 보였다. 이러한 분석결과는 기존 연구결과(박희봉·이희창, 2005; 심수진, 2016; 정해식·우선희, 2017)와 대체로 유사하다. 남성이 여성에 비해 생활만족도가 낮았다(모델2). 미혼집단이 기혼집단에 비해 생활만족도가 낮았다(모델1). 미혼집단은 기혼집단에 비해 상대적으로 소득이 적고, 배우자 등 가족의 지지가 적을 수 있기 때문이다. 이러한 결과는 기존 연구(박희봉·이희창, 2005; 심수진, 2016; 정해식·우선희, 2017; 김재우, 2019)와 맥을 같이한다.

대졸 이상 집단이 중졸 이하 집단에 비해 생활만족도가 높았다(모델2). 학력이 높을수록 안정적인 직업과 소득을 갖고 자아성취감이 높을 수 있기 때문이다(오준범·이준협, 2014; 심수진, 2016). 계층적 지위에 따른 생활만족도에도 차이가 나타났다. 상위계층은 중간계층에 비해 생활만족도가 높은 반면, 하위계층은 중간계층에 비해 생활만족도가 낮았다. 계층이 높을수록 사회경제적 자원이 풍부하고, 자신의 삶에 대한 통제력이 많으며, 자아성취감이 높기 때문이다(오준범·이준협, 2014).

모델1과 비교할 때 모델2에서는 성별, 미혼, 학력, 계층의 회귀계수 값이 변화한 점을 볼 수 있다. 예를 들어 사회의 질 변수가 투입된 결과, 계층의식의 회귀계수는 절대값 기준으로 감소하였다. 이는 사회의 질에 대한 인식이 계층의식이 생활만족도에 미치는 영향을 일부 매개하였을 가능성을 의미한다. 사회의 질 변수는 계층인식의 영향을 받는 내생변수의 성격을 띤다. 계층별로 우리 사회의 기회구조에서 차지하는 위치와 점유하는 자원의 차이가 사회적 안전성과 같은 사회의 질에 대한 개인의 인식에 영향을 미치고, 이러한 사회의 질에 대한 인식이 생활만족도에 영향을 미쳤을 가능성이 있다.

논의와 결론

한국사회는 성장한 경제에 걸맞은 좋은 사회가 되었는가? 성장의 양적 측면에 가려 사회구성원의 행복감은 오히려 감소하지 않았는가? 사회가 유지되고 발전할 수 있는 기초로서 사회구성원 간 연대와 통합에 대한 인식과 그 수준은 어떠한가? 이 연구에서는 이러한 문제의식을 갖고 국민들의 한국사회의 질에 관한 인식을 사회경제적 안전성, 사회적 포용성, 사회적 응집성, 사회적 역능성 등 4가지 조건요인에서 살펴보았다.

분석결과 국민들은 다음과 같이 인식하고 있다. 첫째, 사회경제적 안전성과 관련하여 과반수가 넘는 국민들은 각종 위험으로부터 안전하지 않으며 불안한 삶을 살고 있다고 인식하였다. 국민들이 한국사회를 불안하다고 인식하는 원인은 다양하다. 노동시장에서 안정된 정규직 일자리 부족, 노동시장 퇴출 위험 등 실직가능성에 대한 높은 불안이 그 원인으로 작용한다(남은영, 2015). 은퇴 후의 삶이 연장되면서 노후 대비가 되어 있지 않은 상황도 사회적경제적 안전성에 대한 부정적 인식과 관련이 있을 것이다. 또한 열 명 중 여덟 명은 일상적인 생존경쟁에 시달리고 있다고 응답하였다. 생존경쟁이 치열한 사회에서 국민들 간의 통합이 원활하게 이루어질 것이라고 기대하긴 어렵다. 사회경제적 위험에 대응하여 복지영역에서 안전망이 확대되어 왔다. 그러나 복지영역의 보장수준은 인간다운 생활을 하기에 부족한 실정이다. 그 결과 국민들은 여전히 가족 중심의 안전망에서 벗어나지 못하고 있다.

고용관계의 불안정과 같은 일자리 불안은 한국사회의 사회경제적 불안정의 핵심적인 영역이다. 정부정책이 포용적 복지국가를 표방하더라도 복지정책, 노동시장정책, 사회정책 등으로 파편화되어서는 정책의 실효성을 기대하기 어렵다. 예컨대, 대내외 경쟁에 직면한 기업이 비용절감을 위해 비정규직 채용을 선택하는 현실에서 기업의 비정규직 선호와 정부의 포용적 노동정책 간에는 괴리가 있을 것이다. 사회경제적 안전성을 저해하고 나아가 사회 신뢰까지 훼손하는 노동시장 분절화의 원인에 대한 진단을 바탕으로 산업정책, 노동시장정책, 사회정책간의 보완성을 고려하여 정책 간 연계와 포괄성의 수준을 제고해야 할 것이다.

둘째, 사회적 포용성과 관련하여 국민들은 아직 한국사회의 포용성이 부족하다고 인식하고 있다. 정부의 사회적 포용성을 증진하기 위한 노력에도 후한 점수를 주진 않았다. 국민들은 정부가 사회적 약자, 이민자, 국민의 인권을 보호하기 위해 더 많은 노력을 수행하기를 기대하고 있으며, 인간다운 생활을 위해 복지제도가 좀더 충실해져야 한다고 인식하였다. 정부는 교육, 취업기회, 사회보장 등 다양한 영역에서 사회적으로 배제된 집단이 누구인지 관심을 기울이고, 이들을 포괄하기 위한 정책대안을 모색해야 할 것이다(Lord, 2019). 근본적으로 사회적 포용성 증진은 타인의 고통에 공감하고 사회적 약자에 대한 책임의식을 지닌 사회구성원의 실천을 통해서 가능할 것이다(박명규, 2018; 강수택, 2019). 따라서 포용적 심성을 길러낼 수 있도록 가정과 학교에서 시민적 덕성을 증진할 수 있는 교육개혁이 병행되어야 할 것이다(박명규, 2018).

셋째, 신뢰와 공정성으로 측정한 사회적 응집성과 관련하여 국민들은 한국사회에 사회적 신뢰와 투명성, 공정성이 부족하다고 인식하였다. 한국사회는 여전히 높은 사적 신뢰와 낮은 공적 신뢰의 문제를 갖고 있다(이재열, 1998, 2018). 국민들은 자신의 노력이 정당하게 보상받지 못하고 있다고 인식하고 있다. 사회적 신뢰와 공정성의 중요한 지표라고 할 수 있는 조세정의와 세대 간 경제자원의 공정한 분배에 대해서 매우 부정적인 인식을 보였다. 분배정의를 실현하기 위한 정부의 노력은 복지정책에 국한되어서는 한계가 있다. 고용, 승진, 과세의 공정성 등이 제고될 때 사회적·제도적 신뢰도 증가할 수 있기 때문이다(박병진, 2007; 정해식·안상훈, 2015). 기업의 고용관행, 하청관계 등 생산현장에서 당사자 간의 공정한 거래와 노력에 대한 충분한 보상이 이루어질 수 있도록 불공정 관행과 제도를 개선할 필요가 있다. 또한 대학입시, 취업, 병역 등과 같이 국민들이 민감하게 인식하는 영역에서 공정성을 증진하는 것은 제도적 신뢰 형성에 중요한 요인으로 작용할 것이다(박병진, 2007).

넷째, 사회적 역능성과 관련하여, 삶에 영향을 미치는 중요한 의사결정에 참여할 수 있는지에 대한 긍정적인 응답은 절반이 채 안되었다. 특히 지역의 의사결정에 적극적으로 참여할 기회가 적다고 인식하고 있다. 사회적 역능성을 강화하기 위해서는 지역사회의 사업 및 예산편성 등의 현안에 지역주민이 직접 참여하는 기회를 증진할 필요가 있다. 지역의 문제해결에 참여하고, 실제 자신의 의견이 반영되는 성과를 체험함으로써 지역사회에 대한 소속감과 책임감도 증진할 수 있기 때문이다(Lord, 2019).

자신의 능력을 충분히 발휘할 수 있다고 인식하는 비율도 전체 응답자의 30% 수준에 머물렀다. 특히 20-30대에서 부정적인 인식이 높았다(별도 분석). 이는 청년들이 취업을 위한 노력과 투자에 비해 실제 취업할 수 있는 기회가 적고, 취업한 이후에도 본인의 능력을 충분히 발휘하지 못하는 여건과 관련이 있다.

　사회적 역능성에 대한 부정적인 인식은 한국사회의 혁신과 창조적인 활동을 가로막을 수 있다. 청년들이 새로운 도전보다는 안정적인 일자리를 찾는 데 더 많은 자원을 투입해야 하는 현실에서 청년세대에 의한 혁신과 창조적인 활동이 나올 사회적 기반은 취약할 것이다. 정부는 청년들이 창의력을 발휘하여 새로운 도전을 할 수 있고 실패해도 재기할 수 있도록 사회경제적 지원을 강화해야 할 것이다.

　회귀분석 결과, 사회의 질과 관련된 요인으로 혼인상태, 학력, 고용형태, 계층인식이 밀접한 관련성을 맺었다. 해당 집단별로 사회경제적 여건이 다르고, 상이한 기회구조에 직면하고 있기 때문에 한국사회에 대한 인식에 차이가 생겨날 수 있다. 미혼집단, 비정규직, 하위계층일수록 각각 기혼, 정규직, 중간계층에 비해 한국사회의 질을 낮게 인식하였다. 이들은 상대적으로 불안정한 사회경제적 지위를 차지하여 실업 등의 사회적 위험에 직면할 가능성이 높으며, 사회적으로 배제되어 자신의 역량을 충분히 발휘할 수 없다고 인식할 수 있기 때문이다. 따라서 정부의 포용적 사회정책은 이들 집단에 좀더 초점을 맞추어 집중적으로 지원할 필요가 있다.

　사회의 질에 대한 4가지 조건요인 중에서 사회경제적 안전성, 사회적 포용성, 사회적 역능성이 높을수록 생활만족도가 높았다. 이는 유럽연합 27개 국가를 대상으로 한 연구결과와 유사한 결과이다(Abbott & Wallace, 2011). 이러한 결과는 앞서 미혼, 비정규직, 하위계층에 대한 집중적인 정책적 지원의 필요성을 뒷받침해준다. 전반적인 사회의 질의 수준을 높이는 것보다는 사회의 질 인식이 낮은 집단을 포용하여 안정적인 사회경제적 환경에서 자신의 역량을 충분히 발휘할 수 있도록 지원하는 것이 국민의 생활만족도를 높이는 데 효과적이기 때문이다. 또한 하위계층을 비롯한 사회적으로 배제된 집단이 자신의 삶에서 중요한 의사결정에 참여할 수 있는 기회를 확대하고, 한국사회 전반에서 제도적 투명성, 공정성, 신뢰를 증진할 필요가 있다. 이러한 사회의 질 개선노력은 하위계층을 비롯한 사회적 약자의 삶의 질을 개선할 수 있다는 점에서 바람직한 것이다.

　이 장에서는 국민들이 한국사회의 질에 대해 어떠한 인식을 하는지를 살펴보았다. 국민들은 전반적으로 한국사회의 질을 구성하는 각 영역에서 부정적이고 비판적인 인식을 보였다. 후속 연구를 통해 이러한 부정적인 평가가 실제 사회의 질을 구성하는 영역의 절대적 수준이 낮기 때문인지, 아니면 사회경제적 수준의 향상에 따라 국민들의 사회의 질에 대한 기대수준이 높은 데서 비롯된 것인지를 엄밀히 살펴볼 필요가 있다.

향후 연구에서는 사회의 질을 구성하는 4가지 조건요인 간의 관련성을 탐색할 필요가 있다. 사회경제적 안전성, 포용성, 응집성, 역능성 등은 서로 보완적인 조건인 것처럼 보이지만, 실제로는 상충될 수도 있다. 좋은 사회는 모든 조건요인에서 높은 수준을 보일 수 있지만, 정책적 차원에서 보면 재정적 제약으로 인해 모든 영역을 높은 수준으로 향상시키기 어려운 측면이 있다. 예를 들어 사회경제적 안전성과 사회적 포용성은 상충될 수 있다. 복지정책에서 선별적 복지와 보편적 복지 간의 논쟁도 안전성과 포용성 간의 상충관계와 관련이 있다. 예산제약 하에서 정책수요가 가장 높은 집단에 우선순위를 두는 선별적 정책방향과 대상자의 포괄범위를 확대하는 보편적 복지정책방향이 서로 충돌할 수 있기 때문이다.

후속 연구에서는 거시적 수준의 사회의 질이 미시적 수준의 개인의 심성 또는 태도와 어떠한 관련성을 맺는지도 밝힐 필요가 있다. 사회적 포용성이 향상되기 위해서는 미시적 수준의 포용적 심성이 뒷받침되어야 할 것이다. 본인과 가족의 생존에 급급하여 포용적인 마음을 갖기 어려운 상황에서 사회적 포용성의 증진은 어떻게 가능할 것인가? 포용성을 증진하려는 정책적 노력이 개인의 가치관, 선호와 이해관계에 미치는 영향을 면밀히 고려해야 한다. 그렇지 않은 경우, 수많은 정책적 노력에도 불구하고 사회적 포용성을 증진하기 위한 정책효과가 충분히 나타나지 않을 수 있기 때문이다.

이 장에서 활용한 설문에서는 구체적인 '상황'을 예로 한 질문(예: 공정한 경쟁을 통해 좋은 대학에 갈 수 있다)과 사회의 질에 대한 '전반적인 인식'을 묻는 질문이 혼재되어 있었다. 또한 사회의 질을 구성하는 주요 조건영역별로 관련을 맺는 요인이 상이함에도 동일한 독립변수를 활용하여 회귀분석을 수행한 한계가 있다. 후속 연구를 통해 사회의 질에 대한 이론적 틀을 보다 정교하게 구축하고, 각 조건영역과 직결된 변수를 조사하여 사회의 질에 대한 인식의 차이를 좀 더 충분하게 탐색할 필요가 있다.

이 장에서는 사회의 질 변수와 인구학적 변수가 생활만족에 독립적인 영향을 미치는 것으로 가정하였다. 실제로는 사회의 질 변수가 인구학적 변수와 생활만족 간의 관계를 매개할 가능성이 있다. 예를 들어 계층인식이 사회의 질 인식에 영향을 미치고, 사회의 질 인식이 다시 생활만족에 영향을 미칠 수 있다. 한편 사회의 질 변수가 인구학적 변수와 생활만족 간의 관계를 조절할 가능성도 있다. 계층인식과 생활만족 간의 관계가 사회의 질 인식의 정도에 따라 달라질 수 있다. 향후 연구에서는 사회의 질 변수의 매개효과와 조절효과를 엄밀하게 탐색할 필요가 있다.

이 연구에서는 생활만족도를 단일 문항으로 측정한 한계가 있다. 삶의 여러 영역에서 개인이 인식하는 만족도는 상이할 수 있다. 향후 연구에서는 다양한 영역(예: 일, 여가, 가족관계, 사회적 관계 등)에서 개인의 생활만족도를 측정할 필요가 있다. 기존 연구에서는 개인의 성격, 건강상태, 자유선택의 정도, 사회적 지지 등이 생활만족과 관련성을 맺었다(Layard, 2011; Helliwell et al., 2020). 그러나 조사자료의 한계로 인해 생활만족도에 영향을 미치는 다양한 요인을 충분하게 조사하여 분석하지 못한 한계가 있다. 이후 연구에서는 생활만족도와 긴밀한 관련성을 맺는 변수를 분석에 포함할 필요가 있다.

후속 연구에서는 방법론적 한계를 넘어서 한국사회에서 사회의 질을 구성하는 핵심요소와 가치가 무엇인지에 대한 이론적 논의를 발전시킬 필요가 있다(구혜란, 2015). 정책목표로서 사회의 질의 증진을 명시적으로 제시하기 위해서는 좋은 사회의 규범적 가치에 대한 활발한 토론과 국민적 합의가 필요하다. 이에 기반하여 한국사회의 질과 관련하여 각종 사회경제정책의 효과성을 평가할 필요가 있다. 이러한 연구와 정책을 통해 사회의 질의 향상이 궁극적으로 국민의 삶의 질 증진으로 이어질 수 있을 것이다.

제5장

한국인의 행복 불평등*

우리는 얼마나 행복한가? 한국은 국가별 행복도 순위에서 경제적 역량에 비해 상대적으로 낮은 순위를 차지하고 있다. 2023년에 발간한 유엔의 행복보고서에 따르면 핀란드와 덴마크 등 북유럽 국가들이 상위권에 속하는 반면, 한국은 전체 156개 국가 중에서 57위에 머무르고 있다(Helliwell et al., 2023). 이러한 국가 간 행복 순위는 큰 변화없이 매우 안정적인 패턴을 보이고 있다. 수십년 간 진행되어 온 경제성장의 눈부신 성과에도 불구하고, 소득 불평등의 심화, 불안정한 일자리, 극한경쟁은 국민들의 행복감을 낮추는 주된 요인으로 작용하고 있다(이재열, 2015).

행복에 관한 국가 간 비교연구에서는 주로 국가 간에 행복수준의 차이를 빚어내는 요인이 무엇인지를 밝히는 데 주목하였다. 그러나 국민들의 평균적인 행복 수준뿐만 아니라, 국민들 간의 행복 격차 또는 행복 불평등도 중요한 정책적 관심이 될 필요가 있다. 예를 들어, 2016년에 한국과 일본 국민들의 평균 행복도는 10점 만점에 각각 5.8, 5.9로 대체로 유사하였다. 그러나 행복의 표준편차

---

* 이 장은 최유석(2018) 연구를 일부 수정한 것이다.

는 한국이 2.2, 일본은 1.9로 다소 차이를 보였다(Helliwell, Layard and Sachs, 2016a). 일본인은 한국인에 비해 상대적으로 더 동질적인 행복감을 느끼는 것으로 나타나고 있다. 어느 국가의 국민이 더 행복한가뿐만 아니라, 한 국가 내에서 행복이 얼마나 평등하게 분포되어 있는가 하는 점도 중요한 관심의 대상이 될 수 있다.

소득에 빗대어 설명하면 국민들이 소득수준뿐만 아니라, 소득 불평등의 정도에 관심을 갖는 것과 마찬가지이다. 소득 불평등에 상당한 관심을 기울이는 이유는 우리 사회가 추구하는 평등이라는 중요한 가치와 관련되어 있기 때문이다. 또한 과도한 불평등이 국민들 간의 통합을 저해하고 소득계층 간의 갈등을 심화시킬 수 있기 때문이다. 심화된 양극화로 인한 중산층의 소멸은 안정적인 민주주의의 기반을 허물어뜨리고 있다(Bartels, 2008). 지난 수십 년간 심화된 경제적 불평등은 수요를 위축시킴으로써 경기변동의 주기를 재촉하고, 대규모 경제위기의 주된 요인으로 작용하고 있다(Reich, 2010). 따라서 소득 불평등 완화, 양극화 해소는 정부가 해결해야 할 중요한 과업 중의 하나로 지속적으로 제기되어 왔다.

불평등의 구조와 양상과 관련하여 행복 불평등에 관한 연구는 아직 초기 단계에 있다. 소득 불평등에 관한 연구와 비교하면 그 사실을 분명히 알 수 있다. 불평등의 일종으로서 소득 불평등에 관한 연구에서는 분석자료의 객관성, 경험적 측정방법에서 상당한 연구성과가 축적되어 왔다. 정책당국자와 전문가는 소득 불평등을 비롯한 불평등의 다양한 양상에 깊은 관심을 보여왔다. 소득 불평등의 심화는 저소득층의 불만과 절망으로 이어져서 사회통합을 저해하고 있다. 불평등이 심각한 사회는 국민들의 행복감을 낮출 수 있기 때문이다(이양호·지은주·권혁용, 2013).

반면에 행복이 누구에게 치우쳐 있는지, 행복 불평등에는 상대적으로 낮은 관심을 보였다. 일부 연구에서는 국가 간에 행복 불평등의 정도가 어떠한지, 어떠한 변화가 있는지를 주로 서술하였다(Stevenson and Wolfers, 2008; Helliwell et al., 2016a). 그러나 어떠한 요인이 행복 불평등과 관련을 맺는지에 관한 연구는 매우 부족하였다.

이 장에서는 불평등의 구조와 다양한 양상에 관한 학계와 정책당국의 뜨거운 관심과 비교할 때, 행복 불평등에 대해서는 상대적으로 낮은 관심을 보인 점에 주목하였다. 이 글은 행복이 국민들 간에 어떻게 분포되어 있는지, 어떠한 요인이 행복 불평등과 관련을 맺는지를 살펴보는 시도이다. 이 장에서는 6차 세계가치관조사 자료를 이용하여 1,200명의 한국인을 대상으로 한국사회에서 행복 불평등의 양상과 관련요인을 탐색하였다. 어떤 집단이 더 행복한지뿐만 아니라, 어떤 집단이 유사한 수준의 행복을 더 고르게 경험하는지를 밝힐 것이다. 국가 간 행복 불평등의 수준과 관련 요인에 관한 비교분석은 제8장에서 시도할 것이다.

행복과 행복 불평등

행복은 우리가 인생을 살아가면서 추구하는 궁극적인 목적이다. 행복은 삶의 만족처럼 삶의 질을 나타내는 최종적인 척도이다. 우리는 일상적으로 마주하는 가족, 친구, 동료 등 삶의 다양한 관계에서 행복감을 느끼고, 만약 행복하지 못하면 그 이유가 무엇인지 끊임없이 고심한다. 수많은 정부정책과 제도의 성과는 결국 국민이 얼마나 행복해졌는가 하는 지표로 평가할 수 있다.

행복은 개인의 주관적 인식을 측정한다는 점에서 소득에 관한 측정과는 상당한 차이가 있다. 이 점이 정부정책에 관한 평가에서 행복지표를 섣불리 활용하지 못하는 이유일 수 있다. 국민의 행복 증진은 국가의 책임으로 헌법에 명시되어 있다. 그러나 그동안 정부는 국민의 행복도를 정부 활동의 최종적인 성과지표로 활용하지는 않았다. 정책성과지표로서 행복을 객관적으로 측정하는 것이 쉽지 않기 때문이다.

연구자들은 주로 설문조사를 통해서 행복에 대한 응답자의 주관적 인식을 측정한다. 이러한 개인의 주관적 평가를 집계한 행복에 관한 인식을 정부활동을 평가하는 객관적인 지표로 활용할 수 있는가 하는 문제가 발생한다. 소득 자료와 같이 통계청 등 국가기관에서 산출한 자료가 아닌 각종 서베이를 통해 측정한 자료에 근거하여 정책성과를 평가하는 것이 과연 적절한가 하는 문제이다.

행복을 정책성과 기준으로 채택하지 못하는 또 다른 이유는 행복에 영향을 미치는 요인이 매우 다양하기 때문이다. 각종 정책과 제도 등 정부가 통제할 수 있거나 영향을 미치는 요인 이외에 매우 다양한 요인이 개인의 행복감에 영향을 미치기 때문이다. 예를 들어 개인 성향, 기대수준의 차이 등에 따라 개인마다 행복의 기초선(set point)의 차이가 존재한다(Layard, 2011). 문화적 요인도 많이 작용한다. 한국, 일본 등은 브라질, 멕시코 등의 남미 국가에 비해 행복수준이 낮다. 남미 국민들의 낙천적인 성격도 작용하지만, 자신의 행복감을 잘 드러내지 않는 자기절제와 외재적 가치를 강조하는 한국과 일본의 집단주의 문화와도 관련이 있다(구재선·서은국, 2015).

한편 행복 불평등은 무엇을 의미하는가? 행복 불평등은 행복에 대한 인식과 정서적 감정이 사람들 또는 사회집단 간에 고르게 분포되어 있지 않은 상태이다. 이는 두 가지 형태로 나타나는데, 첫째, 높은 수준의 행복(또는 불행)이 특정 집단에게 두드러지게 나타나거나, 둘째, 평균 행복도를 기준으로 국민들 간에 행복의 편차 또는 분산이 클수록 행복 불평등이 높은 상태라고 할 수 있다(Kalmijn and Veenhoven, 2005).

이러한 두 가지 형태의 행복 불평등은 다음과 같이 두 가지 방식으로 측정할 수 있다. 첫째, 집단별로 행복수준의 평균값을 산출하고, 평균 행복도의 격차(gap)을 활용하여 행복 불평등을 측정할 수 있다. 예를 들어 남성과 여성 간의 평균 행복도의 차이를 측정하고, 그 격차가 큰 경우 성별 행복 불평등이 심각하다고 할 수 있다. 이러한 집단 간 행복의 격차를 활용한 행복 불평등 연구는 상당히 진행되어 왔다. 실제로 누가 더 행복한가에 관한 연구는 일종의 행복 격차에 관한 연구이다. 행복수준을 종속변수로 활용한 회귀분석을 통해 집단 간 행복수준의 차이와 관련된 요인을 밝히는 방법은 어떤 집단이 행복한가 또는 불행한가를 경험적으로 보여준다는 점에서 매우 유용하다. 이 접근법을 통해 제3장에서는 집단 간 행복수준의 격차와 관련 요인을 살펴보았다.

둘째, 행복의 분산 또는 표준편차를 활용하여 행복 불평등을 측정하는 방법이다(Helliwell et al., 2016a). 특정 국가 또는 집단에 속한 개인들 간에 행복도가 평균을 중심으로 밀집되어 있는지, 아니면 넓게 퍼져 있는지를 살펴보는 방식이다(Helliwell et al., 2016a). 각 집단별로 행복의 분산을 측정하고 이를 비교하는 방법이다.

집단내 분포의 모양을 고려하는 행복 불평등은 분산 이외에도 다른 방식으로 측정할 수 있다. 소득 불평등처럼 지니계수(Gini coefficient), 타일지수, 변이계수

(Coefficient of Variation), 범위, 사분위 범위(interquartile range) 등 다양한 방법이 있다(Kalmin and Veenhoven, 2005). 행복은 소득과는 달리 개인 간 이전이 어려우며, 개인별로 합산하여 총량의 개념으로 측정하는 방식은 적합하지 않다.[1] 또한 행복은 소득과는 달리, 비율변수가 아닌 특성을 지닌다(Kalmin and Veenhoven, 2005). 따라서 지니계수, 타일지수, 변이계수는 행복 불평등을 측정하는 적합한 방법이 아니다. 가상적인 자료를 이용한 시뮬레이션과 실제 행복자료를 이용한 분석에서 표준편차는 행복 불평등을 측정하는 데 적합한 지표인 것으로 나타났다(Kalmin and Veenhoven, 2005).

이 장에서는 행복 불평등을 측정하는 방법으로 분산을 활용하였다. 행복 불평등을 측정하는 지표로서의 적합성뿐만 아니라, 분석모형과의 적합성도 뛰어나기 때문이다. 이후에 살펴 볼 이분산회귀분석을 통해 이 연구에서는 평균모델을 통해 집단 간 행복수준의 격차를 분석하고, 분산모델을 통해 그동안 주목받지 않았던 행복의 분산이 집단별로 어떠한 차이가 있는지를 밝힐 것이다.

소득 불평등에 관한 상당한 관심과 비교하면, 정작 국민들에게 가장 중요한 행복이 어떻게 분포되어 있는가에 관한 학문적 관심은 매우 적었다. 행복 불평등은 소득, 자산, 기회의 불평등과 같은 각종 불평등의 최종적인 결과지표이다(Helliwell et al., 2016a). 또는 각종 불평등을 아우르는 포괄적인 불평등 지표라고 할 수 있다(Goff et al., 2016). 이 글에서 행복 불평등에 초점을 맞추는 이유는 최종적인 불평등인 행복 불평등에 대한 연구관심을 증진시키기 위함이다. 또한 소득 불평등을 비롯한 각종 불평등 지표의 측정범위를 행복 불평등으로 확대함으로써 불평등 연구의 범위를 확장하기 위함이다(Helliwell et al., 2016a). 이 글은 그동안 간과되었던 행복 불평등의 수준과 양상, 어떠한 집단에 속한 사람들에게 행복이 더 균등하게 또는 불균등하게 분포되었는가를 탐구하는 시도이다.

---

1) 소득 불평등을 측정하는 지니계수의 경우, 소득수준에 따라 대상자를 정렬하고 누적소득을 산출한다. 그러나 개인별로 행복을 합산한 누적행복을 산출하는 방법은 적합하지 않다. 행복도는 온도와 밀도처럼 강도(强度, intensity)를 나타내는 변수이다. 예를 들어 동일한 양의 30도와 40도의 물을 섞으면 질량은 두 배가 되지만, 온도는 70도가 아닌 35도가 된다. 마음의 온도로서 행복은 합산하게 되면 가중평균값을 갖게 된다(Kalmin and Veenhoven, 2005).

행복수준과 행복 불평등과 관련된 요인

행복에 영향을 미치는 요인들은 다양한 층위에서 살펴 볼 수 있다. 인구학적 특성, 개인의 가치관, 사람들과 맺는 관계, 사회제도와 구조 등 다양한 요인들이 행복수준과 행복 불평등과 관련을 맺고 있다. 이 장에서는 기존 연구에서 밝혀진 행복과 관련을 맺는 다양한 요인들을 몇 가지 유형으로 구분하고, 이 요인들이 행복과 행복 불평등과 어떠한 관련을 맺는지를 탐색하였다.

선행 연구에서는 행복 또는 삶의 질 향상을 위한 요인으로서 경제적 자원, 관계적 자원, 심리적 자원을 언급하고 있다(김의철·박영신, 2006; 박영신·김의철, 2009). 첫째, 경제적 자원으로 개인 또는 가구의 소득과 자산 등의 경제력은 행복한 삶의 기본적인 조건으로 작용한다. 둘째, 가족을 포함한 타인과의 원만한 인간관계와 같은 관계적 자원이 행복을 증진하는 데 중요한 요인으로 작용한다. 가족, 친구, 동료와의 원만한 관계를 통해서 도구적·정서적 지원이 이루어지기 때문이다(박영신·김의철, 2008, 2009). 셋째, 개인의 심리적 자원으로서 자기효능감, 자기조절능력, 통제감 등도 행복과 긍정적인 관련성을 맺는다(김의철·박영신, 2006).

이 장에서 다루는 주요 변수들은 넓게 보면 행복과 관련된 관계적 자원과 심리적 자원의 속성을 띠고 있다. 이 장에서는 관계적 자원의 양상을 파악하기 위해 1) 신뢰와 공정성에 대한 인식, 2) 인생의 각 영역의 중요성 인식 등의 변수를 포함하였다. 심리적 자원에 속하는 변수로는 1) 삶의 의미와 목적에 대한 인식, 2) 삶에 대한 자율성과 통제력, 3) 일의 독립성, 4) 성격 및 삶의 가치관 변수를 포함하였다. 마지막으로 상황적 요인으로 실직과 재취업에 대한 걱정, 자녀교육에 대한 걱정 등을 포함하였다.

이 글에서는 분석에 활용한 주요 변수들이 행복수준과 행복의 분산과 어떠한 관련을 맺는지를 살펴 볼 것이다. 기존 연구에서는 주로 행복의 수준과 관련된 이론적 논의가 이루어졌다. 행복의 분산으로 측정된 행복 불평등과 관련된 이론적 논의는 거의 이루어지지 않았다. 아래에서는 가설적 형태로 특정 변수가 행복 수준 및 행복의 분산과 어떤 관련성을 맺을지를 논의할 것이다. 그러나 행복의 분산과 관련된 논의의 일부는 경험적 검증의 문제로 남겨두었다.

먼저 관계적 자원의 첫 번째 속성으로 타인에 대한 신뢰가 높을수록 높은 수준의 행복감을 보일 것이다. 타인에 대한 신뢰는 행복과 관련을 맺는 것으로 나타났다(Helliwell, Huang and Wang, 2016b). 행복한 사람은 타인을 신뢰하는 경향이 높다. 덴마크, 노르웨이 등 높은 수준의 신뢰성향을 지닌 노르딕 국가에서 행복도가 높게 나타났다. 반면에 타인을 신뢰하지 않을수록 행복감이 낮을 것이다. 불행한 사람들은 타인을 불신하는 성향이 강하다. 가족의 경계를 넘어서 다른 사람을 깊이 신뢰하지 못하는 불신의 감정이 개인의 행복을 낮출 수 있기 때문이다. 또는 타인에 대한 신뢰가 배신으로 돌아온 뼈아픈 경험이 스트레스로 작용하여 행복감을 낮출 수 있다.

한편 타인에 대한 신뢰가 행복의 분산과 어떠한 관련을 맺을지는 경험적으로 탐색할 필요가 있다. 타인을 신뢰하는 사람들이 높은 수준의 행복감을 유사하게 느낄지, 타인을 불신하는 사람들이 낮은 수준의 행복 또는 불행감을 유사하게 경험할지는 쉽게 예상하기 어렵기 때문이다.

타인이 자신을 공정하게 대한다고 생각할수록 행복할 것이다(Bjornskov, Dreher, Fischer and Schnellenbach, 2009). 타인에 대한 신뢰와 마찬가지로 행복한 사람은 타인이 자신을 이용하기 보다는 자신을 공정하게 대한다고 생각하는 경향이 높을 것이다. 반면 타인이 자신을 이용하려 든다고 인식하는 사람들은 실제 이용당한 경험을 갖거나, 이용당할 것이라는 피해의식을 가질 수 있다. 이는 일상적인 불안감 또는 스트레스로 작용하여 행복감을 낮출 수 있다. 한편 공정한 대우에 대한 인식이 높은 사람들이 더 유사한 수준의 행복감을 느낄 것이지, 타인이 자신을 이용하려 든다고 인식하는 사람들이 더 유사한 수준의 불행감을 느낄지는 경험적으로 검증할 필요가 있다.

가족, 친구, 여가시간, 정치, 일, 종교 등 인생의 6가지 영역에서 중요시하는 정도가 높을수록 행복감이 높을 것이다. 행복한 사람은 자신의 삶을 구성하는 일상적인 생활영역에 대한 애착이 강하고 이를 중요시하기 때문이다. 예를 들어 가족은 우리가 행복을 가장 빈번하게 느끼는 영역이다(구재선·김의철, 2006; Ryff, 1997). 한국인은 가장 빈번하게 행복을 경험하는 상황으로 가정의 화목을, 그 다음으로는 자녀의 성장과 성취를 꼽았다(구재선·김의철, 2006). 이처럼 가족 영역에서 자주 행복을 느끼기 때문에 가족을 삶에서 매우 중요한 영역으로 판단할 수 있다. 따라서 삶의 다양한 영역의 중요성을 높이 평가할수록 높은 수준의 행복감을 유사하게 느낄 것이다. 중요성을 높게 평가하는 영역에서 행복을 경험하는 빈도가 많으며 안정적으로 장시간 동안 행복을 느낄 수 있기 때문이다(구재선·김의철, 2006).

위에서는 개인이 지닌 관계적 자원의 다양한 속성이 행복수준과 행복의 분산과 어떠한 관련성을 맺는지를 살펴보았다. 아래에서는 개인의 심리적 자원을 주로 살펴 볼 것이다. 삶의 의미와 목적에 대한 인식, 자유로운 선택과 통제력, 업무의 독립성, 성격 및 가치관 유형과 관련된 변수를 논의할 것이다. 먼저 삶의 의미와 목적을 빈번하게 생각할수록 행복도가 높을 것이다. 행복한 사람은 인생의 의미, 특히 긍정적인 경험을 소중하게 여기고, 자신이 고단한 과정을 극복하고 이룩한 성취를 더 자주 떠올릴 가능성이 있다(김경미·류승아·최인철, 2011). 반면 불행한 사람은 자신의 인생을 실패로 규정하고 삶의 의미와 목적을 생각하길 회피할 가능성이 높기 때문이다.

행복의 분산과 관련하여 삶의 의미와 목적을 더 자주 생각할수록 높은 행복감을 더 유사하게 경험할 가능성이 있다. 삶의 의미를 빈번하게 생각할수록 이들은 자신의 삶에 대해서 좀더 안정적인 의미를 부여할 가능성이 높기 때문이다(김경미 외, 2011; Baumeister, 1991). 자신의 삶을 의미있다고 여길수록 이들은 높은 수준의 행복감을 유사하게 느낄 수 있다.

반면 삶의 의미를 거의 생각하지 않는 이들도 낮은 수준의 행복감 또는 불행의 감정을 유사하게 느낄 가능성이 있다. 실패한 인생이라는 인식으로 인해 삶의 의미를 떠올리는 것을 회피할 수도 있다. 이들은 낮은 행복감에 고착되어 유사한 경험을 할 수 있기 때문이다. 따라서 삶의 의미와 목적에 대한 인식이 행복의 분산과 어떠한 관련을 맺을지는 경험적으로 검증할 문제이다.

자신의 삶에서 자유로운 선택과 통제가 가능할수록 행복감이 높을 것이다(박영신·김희철, 2009; Verme, 2009). 행복한 사람은 주어진 여건에서 자신의 삶을 주도할 수 있는 자아효능감이 높기 때문이다(박영신·김의철, 2009). 자신의 삶을 주도하지 못하고, 타인에 의해 자신의 삶이 휘둘린다고 느낄 때 사람들은 상당한 스트레스를 경험하고 불행감을 느끼기 때문이다.

한편 자유선택이 높을수록 그렇지 않은 경우에 비해 행복의 분산이 더 적을

지는 경험적으로 검증해 볼 필요가 있다. 자유롭고 통제 가능한 삶을 살아갈수록 안정적으로 높은 수준의 행복을 경험할 수 있다. 그러나 자유로운 선택이 불가능하고, 자신이 통제할 수 없는 절망 상태에 처한 사람들도 낮은 수준의 행복 상태에 고착되어 있을 가능성이 있기 때문이다.

일의 성격과 관련하여 독립적일수록 높은 수준의 행복감을 나타낼 것이다. 독립적으로 자신이 일을 주도할수록 더 큰 보람을 느끼고 이는 행복감으로 이어지기 때문이다. 앞서 자유선택과 통제력이 행복감에 미치는 효과와 마찬가지이다. 반면 자신의 일을 통제하지 못하는 상황은 스트레스로 작용하고 행복감을 감소시킨다. 한편 일의 성격과 행복의 분산 간의 관련성이 어떠할지는 좀더 탐색할 필요가 있다.

성격 유형은 요인분석을 통해, 1) 도전창의형, 2) 규범순응형, 3) 자기중심형 유형으로 구분하였다. 도전창의형 속성이 높을수록 행복감도 높을 것이다. 일을 통한 성취감은 많은 사람들이 경험하는 행복의 중요한 차원이다(구재선·김의철, 2006; 박영신·김의철, 2009). 새로운 도전을 통해 성취감과 보람을 느끼고 이는 행복한 감정으로 이어질 수 있기 때문이다.

규범순응적인 성향이 높을수록 행복감도 높을 것이다. 이들은 새로운 것을 추구하는 모험을 회피한다. 주어진 현실에서 안정된 삶을 추구하고, 불필요한 스트레스를 경험하지 않는다. 이러한 안정된 생활에서 느끼는 편안함은 한국인이 느끼는 행복의 중요한 구성요소이다(구재선·김의철, 2006).

자기중심형 성향이 높을수록 상대적으로 낮은 수준의 행복감을 경험할 것이다. 자기중심적 성향을 구성하는 물질주의적 가치관(예: 부와 값비싼 물건 획득을 중시)은 행복과 부적인 관련성을 맺고 있다(이민아·송리라, 2014). 한편 불행한 사람들일수록 개인의 이익을 과도하게 추구하는 경향이 있다. 자신의 불행한 상황을 개선하기 위해 돈과 성공을 추구하고, 타인으로부터 인정받는 것을 중요시할 수 있기 때문이다. 자기중심적 성향은 낮은 소득 등 자신의 지위를 개선하기 위해 선택하는 행위일 수 있다. 한편 세 가지 가치관 유형이 행복의 분산과 어떠한 관련성을 맺을지는 경험적으로 검증할 필요가 있다.

상황적 요인으로 실직, 재취업에 대한 염려, 자녀에게 좋은 교육을 제공해 주지 못하는 상황에 대한 염려도 행복과 관련을 맺을 것이다. 경제적 안정성은 행복한 삶을 추구하는 데 필요조건이다. 실직의 두려움, 재취업이 어려울 것 같은 걱정이 많을수록 경제적 안정성을 위협함으로써 개인의 행복감을 낮출 것이다. 성인들은 직업활동을 통해서 자신의 능력을 발휘하고 성취감을 얻을 수 있다. 직업에서의 성취감은 행복을 증진시키는 중요한 요인이다(박영신·김의철, 2009). 실직 또는 재취업의 어려움으로 인해 성취감을 느낄 수 있는 기회를 얻지 못하는 것은 지속적인 스트레스로 작용하여 행복감을 낮출 것이다.

자녀에게 좋은 교육을 제공해 주지 못하는 상황에 대한 걱정도 행복감을 낮출 것이다. 학벌주의 사회에서 자녀교육을 위해 막대한 사교육비 지출을 감수하는 것이 우리의 현실이다. 한국의 부모는 자녀의 교육적 성취를 통해 대리적인 성취감을 경험한다(박영신·김의철, 2009). 부모는 자녀에게 좋은 교육을 제공해 주고, 자녀가 부모의 뜻에 순응하여 학업에 전념하는 모습을 보면서 부모는 행복감을 느낀다(박영신·김의철, 2008, 2009). 따라서 경제적 여건 등으로 자녀에게 좋은 교육을 제공해주지 못하는 상황은 부모의 행복감을 낮추는 요인으로 작용할 것이다. 한편 실직 및 재취업, 자녀교육에 대한 걱정이 행복의 분산과 어떠한 관련성을 맺을지는 경험적으로 탐색할 필요가 있다.

이분산회귀분석: 행복 불평등과 관련된 요인의 탐색

집단 간 행복 불평등은 두 가지 방법으로 탐색할 수 있다. 첫 번째 방법은 집단별로 행복수준의 평균값을 비교하는 것이다. 행복 평균값의 집단 간 격차가 크면 집단 간에는 행복이 고르지 않게 분포되어 있는 것으로, 더 나아가 집단 간 행복의 불평등이 존재하는 것으로 볼 수 있다. 이러한 접근은 t검증, 분산분석(ANOVA), 회귀분석 등 평균 비교방식을 통해 검증할 수 있다.

두 번째 방법은 집단별로 행복 분포의 양상, 특히 분산값을 비교하는 것이다. 앞서 평균 비교와 관련된 통계적 유의도 검증에서 어느 정도 분산(또는 표준편차)의 특성이 고려되는 것이 사실이다. 그러나 이 방법에서는 그동안 많은 분석에서 등한시되어 왔던 산포도(dispersion)에 초점을 맞춘다.

어떤 변수가 종속변수에 영향을 미치는 과정에서 해당 변수는 종속변수의 분포를 변화시킨다. 이러한 분포의 변화는 평균뿐만 아니라 분산의 변화를 통해서 포착할 수 있다. 예를 들어 최저임금 인상의 정책효과를 살펴보자. 최저임금 인상은 최저임금 미만 근로자의 임금수준을 향상시킴으로써 취업 근로자 평균 임금을 향상시키는 결과를 가져온다.[2] 실제 이 효과는 임금분포 하단에 위치한 저임금 근로자의 소득수준이 상향 이동하여 근로자 임금분포의 분산이 감소하고 평균 임금이 증가하는 두 가지 형태의 변화를 통해서 발생한다. 최저임금 인상의 효과는 평균 임금수준과 임금분포의 분산 두 가지 측면의 변화를 관찰하여 평가할 수 있다.

한편 어떤 변수는 종속변수의 평균에는 미미한 영향을 미치지만 분산에는 상당한 영향을 미칠 수 있다. 예를 들어 소셜미디어서비스(SNS)와 종합편성방송이 정치의 양극화에 미치는 영향은 정치성향의 평균값보다는 특정 정치성향을 가진 집단의 분산을 감소시키는 효과를 통해서 파악할 수 있다. 종합편성방송은 특정 방송을 시청하는 이들의 정치적 결속력을 강화하고, 확증편향을 강화하는 영향력을 행사할 수 있다. 이러한 효과는 평균이 아니라 분산의 변화 정도를 확인하여 발견할 수 있는 효과이다.

이 연구에서 활용하는 이분산회귀분석(heteroskedastic regression analysis)은 특정 변수가 종속변수의 평균과 분산에 미치는 영향을 동시에 분석할 수 있는 장점을 지닌다(최유석, 2011; Alvarez and Brehm, 1998). OLS 회귀분석 방법은 종속변수의 평균과 관련된 요인을 분석할 수 있지만, 종속변수의 분산과 관련된 요인을 분석하기에는 한계가 있다. 따라서 이분산회귀분석을 활용하여 어떠한 요인이 집단간 행복수준의 차이와 관련이 있는지, 집단간 분산의 차이와 관련을 맺는지를 동시에 분석할 수 있다.

분석자료와 변수 측정

이 장에서는 6차 세계가치관조사(WVS, World Value Survey) 자료를 이용하였다. 6차 세계가치관조사는 2011년부터 2014까지 62개 국가를 대상으로 조사를 진행하였다. 이 연구에서는 2010년에 조사한 한국인 1,200명에 대한 설문조사

---

2) 최저임금 인상으로 인해 고용주가 고용을 축소(또는 시간 단축)하는 경우가 발생할 수 있다. 따라서 최저임금 인상의 후생효과는 최저임금 미만 근로자의 실직, 근로시간 단축과 같은 부정적 효과를 포함하여 종합적으로 면밀하게 탐색할 필요가 있다.

자료를 이용하였다.

이분산회귀분석에서 종속변수는 응답자의 주관적 행복감을 '매우 행복', '다소 행복', '별로 행복하지 않음', '전혀 행복하지 않음' 등 4점 척도로 측정하였다. 숫자가 높을수록 행복한 것으로 측정하였다.

독립변수로는 먼저 인구학적 속성으로 성별, 연령, 학력, 결혼상태, 소득계층, 건강상태 등을 활용하였다. 연령은 10세 단위로 구분하여 20대, 30대, 40대, 50대, 60대 이상 등 5개 집단으로 구분하였다. 학력은 무학부터 대졸까지 9가지 범주로 구분하였으며, 숫자가 높을수록 고학력을 나타낸다. 혼인상태는 동거/결혼, 별거/이혼, 사별, 미혼 등 4가지 범주로 구분하였다. 소득계층은 10개 계층으로 구분하여 응답자가 자신이 속한 소득계층을 선택하도록 하였다. 숫자가 높을수록 소득이 높도록 측정하였다. 건강상태는 '매우 좋음', '좋음', '괜찮음', '나쁨' 등 4가지 범주로 측정하였다.

개인의 가치관은 다음과 같은 다양한 항목을 통해 탐색하였다. 먼저 인생에서 중요한 6가지 항목에 대한 태도를 물었다. 가족, 친구, 여가시간, 정치, 일, 종교 등 6가지 항목이 자신의 삶에서 얼마나 중요한지를 4점 척도로 측정하였다. 점수가 높을수록 중요하게 인식하는 것을 의미한다. 요인분석 결과, 6가지 항목은 2가지 요인으로 구분되었다. 가족, 친구, 여가, 일이 하나의 요인, 정치, 종교가 다른 하나의 요인으로 분류되었다. 이분산회귀분석에서는 2가지 요인을 독립변수로 활용하였다.

신뢰는 '대부분의 사람을 신뢰할 수 있는가'에 대해 '신뢰할 수 있다'(1), '주의해야 한다'(0)로 측정하였다. 신뢰와 유사한 질문으로 타인이 자신을 공정하게 대하는지, 아니면 자신을 이용하려 드는지를 10점 척도로 물었다. 점수가 높을수록 사람들이 자신을 공정하게 대하는 것을 의미한다.

삶의 의미와 목적을 얼마나 빈번하게 생각하는지를 4점 척도로 측정하였다. 숫자가 높을수록 빈번하게 생각하는 것을 나타낸다. 자신의 삶을 자유롭게 선택하고 통제할 수 있는지를 10점 척도로 측정하였다. 점수가 높을수록 자유선택과 통제력이 높은 것을 의미한다.

응답자가 가진 근심 2가지를 측정하였다. 1) 일자리를 잃거나 일자리를 찾지 못하는 것에 대한 염려, 2) 자녀에게 좋은 교육을 제공해 주지 못하는 상황에 대한 걱정이다. 각각 4점 척도로 측정하였으며, 점수가 높을수록 해당 사안에 대한 걱정이 많은 것을 나타낸다.

성격 특성은 10개 진술에 대해서 6점 척도로 측정하였다.[3) 점수가 높을수록 응답자의 성향과 유사한 것으로 역코딩하였다. 요인분석 결과, 10개 문항은 3가지 유형으로 구분되었다. 세 가지 유형을 각각 1) 도전창의형, 2) 규범순응형, 3) 자기중심형으로 명명하였다. 뒤의 〈부록 표 5-1〉은 10가지 문항이 각각 어떠한 요인으로 분류되는지를 보여주는 요인분석 결과이다. 일의 특성과 관련하여 자신의 업무가 얼마나 독립적인지를 10점 척도로 측정하였다. 점수가 높을수록 독립적 과업을 수행하는 것을 의미한다.[4)

응답자의 특성

〈표 5-1〉은 6차 세계가치관조사에 참여한 한국인 1,200명 응답자의 특성을 나타낸 것이다. 한국인의 대다수는 행복한 것으로 나타났다. 90% 이상이 행복하거나 매우 행복하다고 응답하였다. 남성과 여성은 유사한 비율을 보였으며, 대졸 학력인 응답자는 44%를 차지했다. 결혼하여 배우자가 있는 경우는 63%였으며, 80%의 응답자가 건강상태가 좋거나 매우 좋다고 응답하였다.

가족, 친구, 여가 등 삶의 6가지 영역에서 중요성을 인식하는 정도는 가족이 매우 중요하다고 응답한 비율이 90%를 넘어섰다. 한국인들은 6가지 영역 중에서 가족을 가장 중요시하는 것으로 나타났다. 가족 다음으로는 일, 친구의 순으

---

3) 10개 항목은 다음과 같다. 1) 새로운 아이디어를 생각하고 창조적이며, 자신의 방식으로 일하는 것은 중요하다. 2) 부유해지고, 많은 돈과 값비싼 물건을 갖는 것은 중요하다. 3) 안전한 환경에서 살고, 위험한 것을 피하는 것은 중요하다. 4) 좋은 시간을 갖는 것, 하고 싶은 대로 맘껏 하는 것은 중요하다. 5) 사회에 유익한 일을 하는 것은 중요하다. 6) 성공하는 것, 사람들이 나의 성취를 인정하는 것은 중요하다. 7) 모험과 위험을 감수하는 것, 흥미진진한 삶을 사는 것은 중요하다. 8) 언제나 적절하게 행동하는 것, 올바르지 않은 행동을 하지 않는 것은 중요하다. 9) 환경을 돌보는 것, 자연과 생명 자원을 돌보는 것은 중요하다. 10) 종교, 가족을 통해 대대로 전해지는 전통과 관행을 따르는 것은 중요하다. 이후 요인분석은 주성분분석 (principal factor analysis) 방법을 이용하였다.

4) 다른 설문문항에서는 일의 특성과 관련하여, 1) 지식노동/육체노동, 2) 창조적 과업/일상적 과업의 정도를 10점 척도로 측정하였다. 점수가 높을수록 지적노동, 창조적 과업을 수행하는 것을 의미한다. 또한 업무상 다른 사람을 감독하는 역할을 수행하는지 여부를 측정하였다. 별도의 분석에서는 이러한 일의 특성과 관련된 다른 변수의 효과를 분석하였으나 개인의 행복감과 관련이 없는 것으로 나타났다.

표 5-1 응답자의 속성(n = 1,200)

	빈도 (평균)	%(표준 편차)		빈도 (평균)	%(표준 편차)
행복감			가족의 중요성		
전혀 행복하지 않음	12	1.0	전혀 중요하지 않음	5	0.4
행복하지는 않음	111	9.3	중요하지 않음	6	0.5
다소 행복함	889	74.1	다소 중요함	96	8.0
매우 행복함	187	15.6	매우 중요함	1,092	91.0
무응답	1	0.1	무응답	1	0.1
성별			친구의 중요성		
여성	608	50.7	전혀 중요하지 않음	4	0.3
남성	592	49.3	중요하지 않음	41	3.4
연령대			다소 중요함	560	46.7
20대 이하	250	20.8	매우 중요함	592	49.3
30대	261	21.8	무응답	3	0.3
40대	274	22.8	여가시간의 중요성		
50대	194	16.2	전혀 중요하지 않음	11	0.9
60대 이상	221	18.4	중요하지 않음	106	8.8
학력			다소 중요함	721	60.1
무학	9	0.8	매우 중요함	356	29.7
초등학교 중퇴	11	0.9	무응답	6	0.5
초등학교 졸업	47	3.9	정치의 중요성		
중등학교(실업계) 중퇴	26	2.2	전혀 중요하지 않음	99	8.3
중등학교(실업계) 졸업	67	5.6	중요하지 않음	405	33.8
중등학교(인문계) 중퇴	36	3.0	다소 중요함	518	43.2
중등학교(인문계) 졸업	316	26.3	매우 중요함	166	13.8
대학 중퇴	162	13.5	무응답	12	1.0
대학 졸업	526	43.8	일의 중요성		
혼인상태			전혀 중요하지 않음	35	2.9
결혼	752	62.7	중요하지 않음	65	5.4
동거	10	0.8	다소 중요함	391	32.6
이혼	23	1.9	매우 중요함	700	58.3
별거	7	0.6	무응답	9	0.8
사별	52	4.3	종교의 중요성		
미혼	348	29.0	전혀 중요하지 않음	212	17.7

	빈도 (평균)	%(표준 편차)		빈도 (평균)	%(표준 편차)
무응답	8	0.7	중요하지 않음	324	27.0
소득집단	(5.0)	(1.8)	다소 중요함	338	28.2
건강상태			매우 중요함	317	26.4
나쁨	13	1.1	무응답	9	0.8
괜찮음	210	17.5	타인에 대한 신뢰		
좋음	795	66.3	매우 조심해야 함	846	70.5
매우 좋음	172	14.3	대부분 사람들은 신뢰할 수 있음	354	29.5
무응답	10	0.8			
공정한 처우	(6.7)	(2.0)	업무의 독립성	(5.7)	(2.4)
인생의 의미와 목적			가치관 특성		
전혀 생각하지 않음	31	2.6	창조적, 자기 방식의 일	(3.7)	(1.3)
거의 생각하지 않음	78	6.5	부유함, 소유	(2.6)	(1.4)
가끔 생각함	615	51.3	안전한 환경, 위험회피	(4.1)	(1.8)
자주 생각함	472	39.3	좋은 시간 갖기	(3.9)	(1.7)
무응답	4	0.3	사회에 유익한 일	(3.6)	(1.5)
자유의지, 삶의 통제력	(6.8)	(2.0)	성공, 성취 인정받기	(3.9)	(1.7)
실직, 재취업에 대한 걱정			모험, 위험 감수, 흥미로운 삶	(3.6)	(1.8)
전혀 없음	32	2.7	언제나 적절히 행동하기	(4.3)	(1.6)
거의 없음	176	14.7	환경, 자연, 생명 돌보기	(4.0)	(1.4)
상당히 걱정	441	36.8	전통, 관행 따르기	(3.4)	(1.5)
매우 걱정	516	43.0			
무응답	35	2.9			
자녀가 좋은 교육을 받지 못 할까봐 걱정					
전혀 없음	33	2.8			
거의 없음	146	12.2			
상당히 걱정	533	44.4			
매우 걱정	448	37.3			
무응답	40	3.3			

자료: Inglehart et al.(2014)

로 중요성을 높이 인식하였다.

타인에 대한 신뢰의 경우 71%가 매우 조심해야 한다고 응답하였다. 한국은 여전히 저신뢰 사회에 머물러 있다. 대부분 사람들을 신뢰할 수 있다고 응답한 비율은 30% 정도에 불과하였다. 타인이 자신을 공정하게 대우하는지, 이용하려 드는지를 묻는 문항의 평균은 6.7점(10점 만점)으로 공정하게 대우하는 편으로 기울었다.

인생의 의미와 목적을 생각하는 빈도는 39%가 자주 생각한다고 응답하였다. 자유의지를 갖고, 자신의 삶에 통제력을 행사하는 정도의 평균은 6.8점이었다. 실직, 재취업을 매우 걱정하는 비율은 43%였다. 상당히 걱정하는 비율을 포함하면 걱정하는 비율이 80%에 달했다. 과도한 경쟁에 직면한 한국인에게 실업과 재취업 문제는 매우 심각한 걱정거리로 나타났다. 자녀가 좋은 교육을 받지 못할까봐 걱정하는 비율도 80%를 넘었다. 경쟁에서 한번 낙오되면 다시 일어서기 어려운 현실에서 일자리와 교육문제는 한국인들에게 여전히 큰 근심거리이다. 업무의 독립성은 5.7점으로 나타났다.

한국인들이 중시하는 성향 또는 가치관 중에서 '언제나 적절하게 행동하기'가 가장 높은 평균값을 나타냈다. 다음으로는 '안전한 환경에서 사는' 것을 중요시했다. 반면에 부유해지는 것에 대해서는 중요도를 상대적으로 낮게 평가하였다. 전반적으로 한국인들은 사회생활의 기본적인 규범을 지키고, 안전한 환경의 기반 위에서 원하는 일을 하고 성취감을 얻는 것을 선호하는 것으로 나타났다.

이분산회귀분석 결과

(1) 행복 평균과 관련된 요인

〈표 5-2〉는 이분산회귀분석 결과를 나타낸 것이다. 왼쪽 패널은 행복의 평균과 관련된 요인을 나타낸 것이다. 분석결과, 성별, 연령, 혼인상태, 소득수준, 건강상태 등은 행복수준과 관련을 맺었다. 남성에 비해 여성이 더 행복하였다. 연령대별로는 40대에 비해 30대가 더 행복한 것으로 나타났다. 미혼인 경우에 비해 기혼자가 더 행복하였다. 높은 소득계층에 속할수록 더 행복하였으며, 건강상태가 좋을수록 행복하였다. 반면 교육수준은 행복과 관련이 없었다.

표 5-2 이분산회귀분석 결과(n=1,999)

		평균 관련요인			분산 관련요인		
		b	s.e.		b	s.e.	
성별(여성)	남성	−0.058	0.026	**	0.045	0.086	
연령대 (40대)	20대 이하	0.073	0.050		0.103	0.170	
	30대	0.069	0.038	*	0.135	0.131	
	50대	−0.034	0.039		0.171	0.135	
	60대 이상	0.008	0.046		0.382	0.150	**
교육수준		−0.001	0.010		−0.023	0.032	
혼인상태 (미혼)	결혼/동거	0.089	0.041	**	0.038	0.139	
	이혼/별거	−0.071	0.078		−0.489	0.294	*
	사별	0.124	0.086		0.174	0.264	
소득집단		0.024	0.008	***	0.021	0.026	
건강상태		0.237	0.022	***	−0.104	0.074	
인생의 중요 영역	가족,친구,여가,일	0.027	0.012	**	−0.136	0.027	***
	정치,종교	0.030	0.012	***	−0.113	0.029	***
신뢰		0.104	0.029	***	0.308	0.094	***
공정한 처우 받음		0.031	0.007	***	−0.062	0.023	***
삶의 의미		0.060	0.019	***	0.144	0.062	**
자유선택/통제력		0.017	0.007	**	0.004	0.024	
걱정	실업, 재취업	0.008	0.018		0.158	0.061	***
	자녀교육	−0.037	0.019	*	−0.049	0.065	
업무 독립성		0.013	0.006	**	0.001	0.018	
성격	도전모험형	0.018	0.010	*	0.081	0.035	***
	규범순응형	0.028	0.012	**	−0.131	0.036	***
	자기중심형	−0.015	0.009		0.021	0.034	
상수		1.655	0.147	***	−1.978	0.489	***
Log likelihood		−721.495					

주: * p<0.1 ** p<0.05 *** p<0.01, 괄호 안은 더미변수에서 기준 범주를 나타냄
자료: Inglehart et al. (2014)

개인의 가치관도 행복과 관련이 있었다. 중시하는 삶의 영역, 신뢰, 공정한 대우, 인생의 의미부여, 자유선택, 자녀교육에 대한 근심, 독립적인 일, 개인의 성격 등의 변수는 행복과 관련을 맺었다. 자신의 삶에서 가족, 친구, 여가시간, 일 등을 중요하다고 인식할수록 행복감도 높았다. 행복한 사람들은 삶의 여러 영역에서 관계맺는 사람들과 일을 소중하게 생각하기 때문이다. 또한 정치와 종교를 중요시할수록 행복감이 높았다, 행복한 사람은 인생의 공적·사적인 관계를 모두 소중히 여기고, 다양한 영역에 관심을 기울이며 애정을 쏟기 때문이다.

타인을 신뢰하지 않는 경우에 비해 타인을 신뢰하는 사람들이 상대적으로 더 행복하였다. 다른 사람이 자신을 공정하게 대우한다고 인식할수록 높은 수준의 행복감을 나타냈다. 행복한 사람들은 타인에 대한 신뢰가 두텁다. 이들은 타인이 자신을 공정하게 대우한다고 인식한다. 반면에 불행한 사람들은 타인이 자신을 이용하려 든다고 인식하고, 이러한 피해의식으로 인해 많은 스트레스를 경험할 수 있기 때문이다.

행복은 자신의 삶을 어떻게 바라보는가 하는 관점과도 관련이 있었다. 인생의 의미와 목적을 빈번하게 생각할수록 행복감이 높았다. 인생에서 자유로운 선택이 가능하고, 자신의 삶을 통제할 수 있다고 여길수록 높은 수준의 행복감을 보였다. 행복한 사람들은 자신의 인생이 의미있다고 여긴다. 또한 자신의 삶에서 자유로운 선택이 가능하다고 생각한다. 이와 반대로 불행한 사람들은 자신의 인생이 큰 의미가 없으며, 자유로운 선택이 가능하지 않다고 여긴다.

생활상의 걱정과 관련하여 실직, 재취업에 대한 근심은 행복과 관련이 없었다. 반면 자녀가 좋은 교육을 받지 못할 것 같은 걱정이 많을수록 행복감이 낮은 것으로 나타났다. 경쟁적인 입시교육체제에서 부모의 자녀교육에 대한 높은 관심과 자녀의 인생에 대한 걱정에서 비롯된 현상이다. 한편 일의 특성과 관련하여, 독립적인 일을 할수록 행복감이 높은 것으로 나타났다. 앞서 자율적인 선택과 통제력이 행복과 정적인 관련을 맺는 것과 맥을 같이 한다.

성격 특성은 도전창의형, 규범순응형, 자기중심형 등 세 가지 유형으로 구분하였다. 도전창의적 성향과 규범순응적 성향이 높을수록 행복한 것으로 나타났다. 반면 자기중심적 성향은 행복과 관련이 없었다. 새로운 일에 도전하고 창조적일수록 자신의 삶에 만족하고 행복한 것으로 나타났다. 한편 주어진 여건에

순응하여 살아가는 사람도 행복한 것으로 나타났다. 주위의 시선을 지나치게 의식하지 않고 자신이 처한 여건에 만족하며 살아가는 것도 행복을 높이는 방안이다.

(2) 행복의 분산과 관련된 요인

〈표 5-2〉의 오른쪽 패널에는 어떠한 요인이 행복의 분산과 관련이 있는지를 보여준다. 행복의 분산과 관련된 요인은 필요한 경우 평균과의 관련성과 함께 설명할 것이다. 분산과 관련된 요인을 살펴보면, 60대 이상은 40대에 비해 행복의 분산이 큰 것으로 나타났다. 60대 이상 노인들에게 행복감은 40대에 비해 더 불균등하게 분포되어 있다. 이혼/별거인 응답자는 미혼인 응답자에 비해 행복의 분산이 적었다. 미혼인 경우에 비해 이혼/별거 중인 응답자는 행복과 관련하여 분산이 상대적으로 적은 동질적인 속성을 띠었다.

가족, 친구 등 자신의 사적인 관계에 중요성을 부여할수록 행복이 밀집되어 분포되어 있었다. 평균에 관한 분석과 관련지어 설명하면, 가족, 친구, 여가, 일 등에 더 많은 중요성을 부여할수록 행복하고, 이들은 행복과 관련하여 분산이 상대적으로 적은 동질적인 모습을 보였다. 높은 수준의 행복을 안정적으로 경험하기 위해서는 가족, 친구 등의 관계를 중요시하고, 일과 여가시간을 균형있게 모두 중시해야 함을 시사한다. 마찬가지로 정치와 종교 등 사회적 관계에 높은 중요성을 부여할수록 행복의 분산이 적었다. 이들은 높은 수준의 행복을 경험하였으며, 행복의 차이는 상대적으로 적은 양상을 보였다.

타인을 신뢰하는 사람들은 타인을 조심해야 한다는 사람들에 비해 행복의 분산이 상대적으로 크게 나타났다. 좀더 경험적으로 검증할 필요가 있지만, 타인을 신뢰하는 사람들의 경우에도 타인에 대한 신뢰가 확고하지 않을 수 있다. 이들은 타인이 자신의 신뢰에 대한 기대를 저버리고 실망스러운 행동을 할 가능성을 염두에 둘 수 있다. 이러한 반신반의하는 태도가 행복의 분산을 상대적으로 크게 할 가능성이 있다. 한편 타인을 신뢰하는 사람들이 더 행복한 점을 고려하면, 타인을 신뢰하지 않는 사람들의 행복수준이 상대적으로 낮으며 이들은 분산이 상대적으로 적은 동질적인 속성을 띤다고 할 수 있다. 한편 공정성 인식은 분산과 관련하여 신뢰와 정반대의 양상을 보였다. 타인이 나를 공정하게 대한다고 인식할수록 행복의 분산이 낮게 나타냈다. 자신을 공정하게 인식하는 사람들은 높은 수준의 행복을 느끼는 상대적으로 동질적인 속성을 지닌 집단의 모습을 보이고 있다.

삶의 의미와 목적을 빈번하게 생각할수록 상대적으로 높은 수준의 행복의 분산을 보였다. 이는 삶의 의미를 빈번하게 떠올릴수록 과거의 사건과 현재의 상황을 재해석하는 과정에서 다양한 내면의 감정이 표출될 수 있기 때문이다. 기쁨과 울분의 감정이 교차하는 과정에서 행복의 정도도 일관되지 않은 넓은 스펙트럼을 보일 수 있다. 한편 삶의 의미를 별로 생각하지 않는 사람들은 상대적으로 낮은 수준의 행복을 경험하였으며, 이들은 낮은 수준의 행복에 밀집되어 분포된 것으로 나타났다.

실직할 가능성에 대한 걱정이 많을수록, 그렇지 않는 사람들에 비해 행복의 분산이 높았다. 실직, 재취업 걱정이 많은 사람들은 그렇지 않은 사람들에 비해 행복의 차이가 상대적으로 더 넓게 분포되어 있는 것으로 났다.

성격 특성과 관련하여 도전창의적 성향이 강할수록 높은 수준의 분산을 보였다. 도전창의적 성향이 높은 사람들은 높은 행복감을 보이지만 이들 간의 편차는 도전창의적 성향이 낮은 사람들에 비해 상대적으로 큰 것으로 나타났다. 이를 바꾸어 해석하면, 도전창의적 성향이 낮을수록 상대적으로 행복수준이 낮고, 이들은 상대적으로 동질적인 속성을 보였다. 도전창의적 성향이 높을수록 창조적으로 새로운 과업에 도전하고 성취를 얻음으로써 행복을 증진시킬 수 있다. 그러나 모험과 위험을 감수하는 과정에서 경험하는 불안감은 개인마다 다르고, 이러한 상이한 불안경험이 행복의 분산을 상대적으로 크게 하는 것으로 여겨진다. 규범순응적일수록 분산이 낮게 나타났다. 규범순응적 성향이 클수록 상대적으로 높은 행복감을 보이고, 이 집단은 행복과 관련하여 동질적인 성향을 보였다. 자기중심적 성향은 행복의 분산과 관련이 없었다.

논의 및 결론

행복에 관한 기존 연구에서는 집단 간 행복수준의 차이에 주목하여 왔다. 행복한 사람들은 누구인지, 불행한 사람들은 어떤 속성을 갖는지에 관한 상당한 연구가 진행되었다. 이 장에서는 이분산회귀분석을 통해 어떠한 요인이 행복의 평균뿐만 아니라, 행복의 분산과 관련맺는지를 밝혔다. 특정 집단은 행복감이 높을 뿐만 아니라, 집단내 차이가 적을 수 있다. 이들은 행복과 관련하여 동질적인 집단이라고 지칭할 수 있다. 이 분석을 통해서 행복에 관한 인식에서 차이가 발생하는 집단들의 속성을 더 정확하게 파악할 수 있었다.

이 장에서는 행복 불평등에 초점을 맞추었다. 행복의 분산을 이용하여 행복 불평등을 측정하고, 어떤 집단이 해당 집단의 평균 행복도를 중심으로 더 밀집되었는지를 탐색하였다. 이를 통해 집단별 평균적인 행복수준을 넘어서 행복의 구조를 새롭게 조망하였다. 높은 수준 또는 낮은 수준의 행복감을 유사하게 경험한다는 점은 특정한 요인이 행복에 체계적인 영향으로 작용할 수 있음을 의미한다. 낮은 수준의 행복감을 유사하게 느끼는 사람들은 누구인지, 왜 이러한 낮은 수준의 행복에 고착되어 있는지를 탐색할 필요가 있다.

분석결과, 연령, 혼인상태, 삶의 가치관, 관계 경험, 성격 등이 행복의 수준뿐만 아니라, 행복의 분산과도 관련을 맺었다. 연령과 관련하여 60대 이상 노인이 40대에 비해 행복의 분산이 큰 점은 노인들의 삶이 순탄하지 않음을 보여준다. 노인세대는 자신의 생애 동안 축적한 자산의 규모와 소득의 편차가 크고, 이는 행복의 분산에 영향을 미칠 가능성이 있다. 서구 노인들이 상대적으로 높은 행복을 느끼는 것은 연금제도를 통한 경제적 안정성에서 비롯된다. 서구와는 달리 국민연금과 같은 사회보장제도가 완전히 성숙되지 못하고, 연금수준이 낮아서 노인들이 안정적인 소득을 얻지 못한 점이 노인들의 행복도가 높지 않고, 행복의 분산이 큰 점과 관련이 있을 것이다. 또한 가족간 교류와 지원이 약화되어 노인이 되어서도 여전히 생존문제에 시달려야 하고, 충분한 경제적·정서적 지원을 받지 못하는 노인들의 복잡한 심경이 행복의 편차가 크게 나타난 배경이다.

이혼 또는 별거한 경우 미혼에 비해 행복수준이 낮고 행복의 분산이 적게 나타났다. 이혼과 별거는 개인의 인생에서 커다란 스트레스를 야기하는 대표적인 사건이다. 이혼해서 자녀를 키우는 부모에게 생계를 위해 취업을 해야 하고, 양육비를 정기적으로 받아내는 일은 만만치 않은 일이다. 생계유지와 자녀양육을 전담해야 하는 과중한 역할부담은 이들의 행복도를 낮추고, 대부분 낮은 행복수준에 고착된 양상으로 나타날 수 있다.

가족, 친구, 여가, 일 등 삶의 다양한 영역에서 중요성을 인식할수록 높은 수준의 행복감을 느꼈으며, 이들 간에 행복의 차이는 적은 매우 유사한 양상을 보였다. 이는 관계적 자원에 대한 투자와 정서적 지원이 개인의 행복에 중요한 요인으로 작용하기 때문이다(박영신·김의철, 2009). 특히 가족, 친구 등의 사회적 관계 경험은 한국인의 행복과 불행을 구성하는 중요한 요소이다(구재선·김의철, 2006).

반면에 낮은 수준의 행복감을 느끼는 사람들은 삶의 여러 영역에서 중요성을 낮게 평가하고 열의를 갖지 못하는 것으로 나타났다. 그 이유는 불행한 사람들의 경우 가족, 친구 등의 일상적인 관계로부터의 도구적·정서적 지원이 단절되었기 때문일 수 있다. 불행한 사람들이 여가와 일의 중요성을 상대적으로 낮게 평가하는 것도 이들이 삶의 여유를 넉넉하게 누리지 못하고, 일에서도 만족감을 얻지 못할 수 있기 때문이다.

이를 좀더 확대 해석하면, 한국사회의 1인 가구 증가, 저출산 등의 인구학적 구조변동은 한국인의 행복감이 크게 증가하지 못하는 구조적 요인으로 작용할 가능성이 있다. 가족을 중요시하고 가족관계에서 생겨나는 경험(예: 자녀출산/성장, 결혼)에서 행복을 느끼는 기회가 점차 감소할 수 있기 때문이다(구재선·김의철, 2006). 향후 연구에서는 행복감이 높지 못한 사람들을 대상으로 가족, 친구, 동료 등 사회적 관계의 양상을 좀더 깊이 살펴 볼 필요가 있다.

타인을 신뢰하지 않는 사람들은 낮은 수준의 행복감을 유사하게 경험하였다. 이들은 불행한 측면에서 매우 동질적인 사람들이다. 반면에 타인이 자신을 공정하게 대우한다고 인식하는 사람들은 높은 수준의 행복감을 유사하게 경험하였다. 한국인의 행복이 크게 증진되지 못하는 이유는 무한경쟁으로 인해 가족의 경계를 넘어서 타인을 쉽게 신뢰하지 못하는 저신뢰 사회에서 그 원인을 찾을 수 있다. 공적인 제도를 통한 공정한 처우에 대한 인식이 그다지 높지 않은 점도 작용한다. 과도한 경쟁을 완화하고, 사회제도의 투명성과 공정성을 증진함으로써 국민들의 행복을 증진시킬 수 있을 것이다.

선택이 자유롭고 자신의 삶에 대한 통제력이 높을수록 행복한 점은 자아효능감이 행복과 관련을 맺는 것과 맥을 같이 한다(박영신·김의철, 2009). 사람들이 학업, 직업, 결혼, 출산 등을 자유롭게 선택할 수 있도록 우리 삶의 기본적인 생

활여건을 개선하는 것이 필요하다. 안정적인 생활여건이 갖추어져야 새로운 도
전과 모험에 전념할 수 있기 때문이다. 자신의 적성과 소질을 생애 전체기간 동
안 개발할 수 있도록 직업훈련과 평생교육을 강화할 필요도 있다. 입시위주의
교육이 아니라, 자신의 고유한 가치를 깨닫게 하고 삶의 의미를 찾을 수 있는
교육을 강화해야 한다.

한국인의 행복은 향상되어 가고 있는가? 어떠한 요인이 행복을 증진시키는
핵심적인 요인인가? 이러한 근본적인 질문을 제기하면서 정부는 정책의 최종적
인 지표로서 행복을 명시적으로 활용할 필요가 있다. 정부는 정책대상집단에 대
한 행정적·재정적 지원을 통해 평균적인 행복을 증가시킬 수 있다. 정부는 각
종 포용적인 정책을 통해 행복의 분포를 평균을 중심으로 좀더 밀집된 형태로
변화함으로써 행복 불평등을 완화할 수도 있다. 지난 문재인 정부의 '포용국가'
라는 정책적 관심이 국민의 행복을 증진하고, 행복 불평등을 실질적으로 줄였는
지도 평가해 볼 필요가 있다.

이 장에서는 6차 세계가치관조사에 포함된 변수를 중심으로 분석하였다. 자
료의 한계로 인해 행복을 경험하는 맥락 등 행복수준과 행복 불평등과 관련이
있는 다양한 변수를 포함하지 못하였다. 예를 들어 관계적 자원이 행복에 영향
을 미치는 과정에서 도구적·정서적 자원의 교류 양상은 중요한 요인으로 작용
할 수 있다(박영신·김의철, 2009). 그러나 도구적·정서적 자원 교류가 실제로
어떻게 이루어지고 있는지를 밝히지 못하였다. 이후 연구에서는 도구적·정서적
자원 교류의 양상이 행복 및 행복 불평등과 어떠한 관계가 있는지를 경험적으
로 탐색할 필요가 있다.

또한 이 연구에서는 개인 수준을 넘어서 국가 수준 변수의 영향을 살펴보지
못한 한계가 있다. 이 글에서 6차 세계가치관조사 자료를 활용한 이유는 향후
행복 불평등에 관한 국가 간 비교연구를 수행하기 위한 분석과 논의의 기반을
마련하기 위해서였다. 향후 연구에서는 국가 간 비교연구를 통해 각국의 교육시
스템, 노동시장정책과 사회보장정책 등 국가 수준의 사회구조적 요인이 행복 불
평등과 어떠한 관련성을 맺는지를 살펴 볼 필요가 있다.

[부록]

표 5-1 성격 특성 요인분석 결과

문항	요인1 (도전창의형)	요인2 (규범순응형)	요인3 (자기중심형)	고유값
새로운 아이디어를 생각하고 창조적이며, 자신의 방식으로 일하는 것은 중요하다.	0.7370	−0.0153	0.1580	0.4316
부유해지고, 많은 돈과 값비싼 물건을 갖는 것은 중요하다.	0.0823	−0.1501	0.7997	0.3312
안전한 환경에서 살고, 위험한 것을 피하는 것은 중요하다.	−0.0093	0.4790	0.6417	0.3587
좋은 시간을 갖는 것, 하고 싶은대로 맘껏 하는 것은 중요하다.	0.4915	0.0935	0.5457	0.4519
사회에 유익한 일을 하는 것은 중요하다.	0.5629	0.4286	0.1627	0.4730
성공하는 것, 사람들이 나의 성취를 인정하는 것은 중요하다.	0.4715	0.2514	0.4566	0.5060
모험과 위험을 감수하는 것, 흥미진진한 삶을 사는 것은 중요하다	0.8546	0.1104	0.0087	0.2575
언제나 적절하게 행동하는 것, 올바르지 않은 행동을 하지 않는 것은 중요하다.	0.1342	0.6968	0.1187	0.4824
환경을 돌보는 것, 자연과 생명 자원을 돌보는 것은 중요하다.	0.2754	0.7594	−0.0701	0.3425
종교, 가족을 통해 대대로 전해지는 전통과 관행을 따르는 것은 중요하다.	−0.0670	0.7360	0.0445	0.4519

주: 요인분석은 주성분분석(principal factor anlaysis), varimax 방식을 이용하였음
자료: Inglehart et al. (2014)

제 6 장

불평등 중첩사회와 행복

불평등의 누적과 중첩

이 장의 목적은 두 가지이다. 첫째, 한국사회의 격차 또는 불평등이 누적되고 중첩되는 양상과 메카니즘을 밝히는 것이다. 둘째, 격차의 중첩이 한국인의 행복에 미치는 영향은 어떠한 것인지를 탐색하는 것이다. 한국사회에서는 경제, 교육, 지역 등 다양한 분야에서 격차가 심화되고 있다(전병유 · 신진욱, 2016). 대기업과 중소기업, 정규직과 비정규직, 특목고/자사고와 일반고, 수도권 대학과 지방대, 수도권과 비수도권, 강남과 비강남 등 우리 사회에서 차이를 보이는 영역은 매우 다양하다. 이러한 격차가 서로 엇갈린다면 최종적인 격차의 정도는 어느 정도 완화될 것이다. 비수도권에 살지만 안정적인 정규직 직장을 가지면 수도권에서 비정규직으로 생활하는 것을 그렇게 부러워하진 않을 것이다.

문제는 영역별로 격차가 심화될 뿐만 아니라 격차가 중첩되어 증폭된다는 점이다. 격차의 중첩은 수도권을 중심으로 집중되어 나타난다. 서울의 명문대를 나온 전문직 고수입 정규직과 그렇지 않은 비수도권 거주자 간의 격차는 더욱 커지는 양상을 보인다. 이는 대기업과 중소기업 간의 차이가 정규직과 비정규직 간의 격차와 중첩되면서 더 큰 격차를 보이는 것과 마찬가지이다.

기존 연구에서는 경제, 사회, 교육, 건강 등 다양한 영역별로 격차의 존재와 격차를 빚어내는 요인을 개별적으로 탐색하여 왔다(김낙년, 2013; 정이환, 2007; 김경근, 2005; 김진영, 2007; 남인숙, 2011). 각 영역에서 격차의 정도가 어떠한지, 어떠한 요인이 이러한 격차를 유발하는지를 밝히는 데 주력하였다. 그러나 이러한 격차가 중첩된 양상을 밝히는 연구는 일부 연구(예: 전병유·신진욱, 2016)를 제외하고는 매우 부족하였다.

이는 분석방법과도 관련이 있다. 예를 들어 회귀분석 기법은 각 영역별로 개별적인 요인의 영향력을 색출하는 데 효과적이기 때문이다. 따라서 새로운 분석을 통해 격차가 중첩된 현실의 모습은 어떠한지, 중첩된 격차를 가져오는 요인이 무엇인지를 탐색할 필요가 있다. 이 연구에서는 먼저 격차의 누적과 중첩 메카니즘에 대한 이론적 논의를 기반으로 다양한 영역 중에서 생산물시장과 노동시장에서의 격차가 어떻게 발생하고 중첩되어 있는지를 밝힐 것이다. 생산물시장과 노동시장의 격차를 분석하는 이유는 이 두 가지 영역이 삶의 질에 중요한 영향을 미치는 1차적인 소득분배에 영향을 미치기 때문이다. 기업의 영업이익, 산업 특성, 규모뿐만 아니라, 근로자의 고용형태, 학력, 직업 특성 등은 소득격차를 낳는 1차적인 요인으로 작용한다. 생산물 시장과 노동시장에서의 격차의 정도가 어떠한지, 지난 20여년간 격차는 심화되었는지 아니면 완화되어 왔는지를 탐색할 것이다.

다음으로는 격차의 중첩이 행복으로 측정한 국민들의 삶의 질에 어떠한 영향을 미치는지를 탐색할 것이다. 기존 연구에서는 주로 소득, 자산, 주거 등 삶의 조건에서의 격차에 주된 관심을 보였다. 이 연구에서는 다양한 격차의 중첩이 자신의 삶의 조건에 대한 인식을 반영한 행복감에 영향을 미치는지를 밝힐 것이다.

이론적 논의: 격차 심화의 메카니즘

(1) '다중격차' 연구의 확장

이 연구와 유사한 연구로 '다중격차(multiple disparities)'에 관한 연구가 있다 (황규성, 2016; 정준호·전병유, 2016; 신진욱 외, 2016). 다중격차는 각 영역별 불평등이 병존함과 동시에 체계적으로 중첩되어 있는 상태를 나타내는 개념이다(황규성, 2016). 불평등이 단순히 중첩될 뿐만 아니라 다양한 영역의 불평등 또는 격차가 서로에게 영향을 미치면서 강화되는 현상을 지칭한다(황규성, 2016).

다중격차의 개념은 각 영역별로 불평등의 양상과 원인을 탐색해 온 기존 연구의 한계를 극복하기 위한 이론적 도구이다(황규성, 2016; 신진욱 외, 2016). 다중격차 연구자들은 한국사회의 불평등이 다양한 영역에서 어떻게, 얼마나 중첩되어 있으며, 상호 간에 어떠한 영향을 미치고, 어떻게 독특한 체계로 발현되어 확대재생산하는지, 그 양상과 메카니즘을 밝힐 필요가 있음을 주장한다(황규성, 2016; 신진욱 외, 2016). 또한 여러 불평등의 차원 중에서 핵심적인 불평등의 영역이 무엇인지, 각 차원의 불평등이 응축되어 어떤 집단이 가장 열악한 지위를 차지하고, 불평등 체제로 인해 손해를 보는지를 파악할 필요성을 제기한다(신진욱 외, 2016).

이 연구에서는 이러한 다중격차 연구의 개념과 분석영역을 확장하고자 한다. 기존의 다중격차 연구에서는 주로 소득, 자산, 주거, 교육 등을 핵심 범주로 삼아서 각 영역별로 격차가 중첩된 양상을 밝히고, 주요 범주를 결합하여 지표화하는 등 한국사회 불평등 구조의 본질을 밝히고자 하였다(황규성, 2016; 정준호·전병유, 2016). 그러나 불평등의 구조에 초점을 맞춤으로 인해 누가 이익을 보고 손해를 보는지, 행위자에 대한 관심은 상대적으로 부족한 측면이 있었다.

이 연구는 이러한 한계를 일부 보완하고, 분석의 영역을 행복으로 확장할 것이다. 기존 연구에서 소득, 자산, 주거에 초점을 맞춘 이유는 이러한 변수들이 삶의 질의 주요 조건을 좌우하기 때문이다. 그동안 정책개입의 우선순위도 개인의 삶의 질의 측면에서 소득에 주로 초점을 맞추어 빈곤층, 저소득층에 주목하여 왔다. 이 연구에서는 행복에 초점을 맞출 것이다. 다양한 격차가 삶의 조건과 이에 대한 개인의 인식과 정서를 나타내는 행복감에 어떠한 영향을 미치는지를 밝힐 것이다.

집단이 지닌 다양한 속성(또는 범주) 간의 차이로 인해 각 범주가 결합된 집단 간에는 행복수준에 차이가 있을 수 있다. 이 연구에서는 교육, 소득, 계층 등의 범주가 결합된 결과, 행복의 정도에서 어떠한 집단이 더 높은 수준의 행복감을 누리고, 어떠한 집단이 더 불행한지를 예시적으로 탐색할 것이다. 각 집단이 지난 다양한 속성의 중첩에 따른 행복수준의 분포를 전반적으로 파악하고, 집단 간 행복의 격차가 어떻게 변화해 왔는지를 탐색하는 것은 향후 연구로 남겨둘 것이다.

(2) 격차의 누적

집단 간 격차가 심화되는 메카니즘에는 상이한 수준과 영역에서 다양한 요인이 작용한다. 이 글에서는 주로 이익과 손실이 시간이 지남에 따라 생애주기에 걸쳐서 어떻게 심화되어 집단 간의 격차가 누적되는지를 살펴볼 것이다.

격차심화의 첫 번째 메카니즘으로 이득의 누적(cummulative advantage)을 꼽을 수 있다(DiPrete and Eirich, 2006). 초기의 작은 이득이 시간에 따라 증가하는 경향을 보인다. 그 결과 초기의 작은 격차가 지속적으로 확대된다. 이러한 이득의 누적에 따른 격차심화의 메카니즘은 마테효과(조혜선, 2007), 경로의존적 보상 증가(Arthur, 1994), 평판효과(Gould, 2002), 누적적 차별(Blank et al., 2004), 선도자 이점(first mover advantage) (Kerin et al., 1992), 수확체증 등 다양한 개념으로 표현되었다.

Rosen(1981)의 수퍼스타 모델에 따르면 초기의 작은 품질의 차이는 제품 또는 기업의 시장점유율을 증가시킴으로써 장기적으로 상당한 시장가격의 차이를 낳게 된다. 기업 CEO와 같은 상위 직급 임원진에게 직원 급여의 수십 배에 달하는 높은 수준의 보상을 제공하는 것은 최고의 재능을 가진 사람들이 회사를 효과적으로 관리하고 고급 제품과 서비스를 제공하도록 하기 위한 유인장치이다(Rosen, 1981). 이러한 '승자독식시장'의 형성은 국가별로 차이는 보이는데, 주로 영미식 자유주의 시장경제에서 더 많이 나타난다.

이득의 누적 메카니즘은 다양한 수준에서 작동한다. 먼저 산업수준에서 산업구조의 변화에 따른 승자독식 구조의 확대는 기업 간 경쟁구도의 변화와도 관련이 있다(Autor et al., 2017). 미국뿐만 아니라 한국에서도 일부 기업이 산업 전체에서 차지하는 비중(매출액, 고용인 기준)이 급격히 증가하는 양상을 보인다. 예를 들어 삼성전자뿐만 아니라, 네이버, 카카오와 같은 정보기술 분야의 플랫폼 기업, 메신저 서비스 기업은 광범위한 네트워크 효과로 인해 시장지배력이 강화되고 있다. 카카오톡의 시장점유율은 97%에 달한다. 이러한 기업의 집중 현상은 시장지배적 대기업의 인건비 비중을 낮추어 노동소득분배율을 악화시킴으로써 소득 불평등을 더욱 심화시키는 결과를 초래하였다(Autor et al., 2017).

기업의 규모와 형태의 차이에 따른 이득의 누적은 장기적인 영향을 미치게 된다. 노력 또는 우연한 기회로 대기업 또는 공기업에 입사한 경우, 상대적으로 높은 소득을 장기간의 직업활동 기간 동안 얻게 되고 이들은 은퇴 후에도 여유로운 생활을 하게 된다. 이는 입직 초기에 비정규직 직장을 전전하는 근로자와 생애 전반에 걸쳐서 확연한 차이를 낳게 된다.

기업내부의 인사관리정책도 이득의 누적과 관련을 맺는다. 호봉제로 운영되는 회사에서 입사 시기에 높은 호봉을 받는 경우, 그 효과가 경력 기간 내내 높은 급여수준으로 이어진다. 생애기간의 평균임금을 끌어올림으로써 은퇴 후에도 높은 수준의 연금혜택을 얻을 수 있다. 성과급제로 운영되는 회사에서도 이득의 누적 메카니즘이 작용할 수 있다. 개인의 생산성과 성과를 절대적으로 측정하는 일은 용이하지 않다. 동료와의 비교를 통한 상대적 생산성에 따른 보상을 제공하는 관행이 승진과 같은 토너먼트 시스템과 결합되어 승자에게 더 큰 보상을 제공하게 된다(Frank & Cook, 1995). 초기에 뛰어난 성과를 통해 이득을 얻은 사람들은 더욱 주목을 받아 승진하게 되고, 이들에게는 더 많은 성과를 얻을 수 있는 업무수행 기회가 주어지게 된다. 이는 이득의 누적을 더욱 강화하는 역할을 수행한다.

(3) 격차의 중첩

격차가 심화되는 두 번째 원인은 다양한 영역에서 이익 또는 불이익이 중첩되기 때문이다. 이익 또는 불이익의 증가율은 다른 요인에 따라 달라질 수 있다. 예를 들어 정규직과 비정규직 간의 임금격차가 존재하는 상황에서 기업의 규모 요인이 정규직/비정규직 임금격차를 심화 또는 완화시키는 역할을 수행한다. 대기업과 중소기업 간의 격차가 존재하는 상황에서 어느 기업에 속하는가 하는 점이 정규직과 비정규직 간의 임금격차를 심화 또는 완화하게 된다. 같은 정규직 중에서도 대기업 정규직의 경우, 재직기간에 따른 임금상승률이 중소기업에 비해 높은 양상을 보일 수 있다. 고용형태의 차이가 기업 규모의 차이와 중첩되면서 대기업 정규직과 중소기업 비정규직 간의 임금격차가 더욱 심해지거나 약해지는 결과를 낳는다(정준호·남종석, 2019). 이러한 특성은 일종의 상호작용 효과라고 할 수 있다. 이러한 상호작용 효과가 발생하면서 초기의 격차가 지속적으로 확대되거나 감소할 수 있다.

대기업/중소기업, 정규직/비정규직, 고학력/저학력, 수도권/비수도권 등 다양한 영역에 존재하는 집단 간 차이가 중첩되는 경우, 생애 전반에 걸쳐서 격차가 더욱 심화되는 현상이 빚어질 수 있다. 다소 극단적인 경우로 수도권 대학에 진학하여 대기업 또는 공기업에 정규직으로 취업하고, 수도권 아파트를 분양받은 경우와 지방대에 진학, 중소기업에 취업하고 비수도권에 거주한 경우 생애전반의 소득과 자산 수준은 상당한 차이를 보일 것이다. 반면에 집단 간 격차가 교차하는 경우, 종합적인 격차는 완화될 것이다. 따라서 최종적인 격차의 심화 또는 완화 정도는 각종 격차의 결합분포의 양상에 따라 달라질 것이다.

격차가 중첩되어 심화되는 배경에는 집단 간 이동이 점차 제한되는 현실도 관련이 있다. 격차의 정도뿐만 아니라 더 나은 지위로 진입하는 장벽의 높이도 격차누적사회가 공고화되는 데 영향을 미칠 수 있다. 예를 들어 정규직과 비정규직 간에 격차가 있어도 집단 간 이동이 활발하게 이루어진다면 격차가 심화되는 상황이 완화될 것이다. 처음에 비정규직 일자리를 잡았어도 1-2년 후에 정규직으로 전환되거나, 다른 정규직 일자리를 잡게 되면 생애 전반의 임금격차는 감소될 수 있기 때문이다. 그러나 이러한 고용형태, 기업규모, 직종 등에서 전환이 어려워질수록 격차가 고착되어 심화되는 양상을 보일 수 있다. 다음 절에서는 기업, 노동시장, 지역별로 격차의 양상과 그 원인을 개략적으로 살펴볼 것이다.

생산물시장과 노동시장에서의 격차

(1) 상장기업 상위 10개 종목의 집중화

최근 일반인에게도 주식투자와 코인투자의 열풍이 일고 있다. [그림 6-1]은 KOSPI와 KOSDAK에 상장된 상위 10개 종목의 시가총액과 전체 상장기업에서 상위 10개 종목의 시가총액이 차지하는 비율을 연도별로 나타낸 것이다.[1] 상위

---

1) 분석내용은 시가총액 상위 10개 기업이 아니라 상위 10개 '종목'이다. 삼성전자의 경우 보통주와 우선주로 구분되어 2022년말 기준 각각 시가총액 1위, 3위를 차지하고 있다. 시계열 분

그림 6-1 시가총액 상위 10대 종목 추이

(단위: %, 조원)

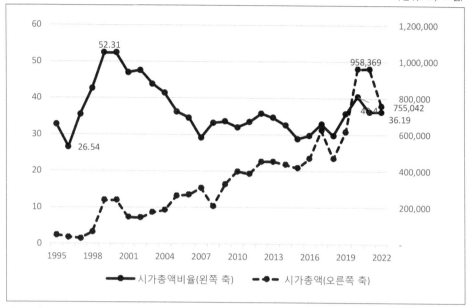

자료: 한국거래소 (2023)

10개 종목의 시가총액은 1995년말 46조원에서 2020년말 958조원까지 증가하였다. 상위 10개 종목 시가총액은 2020년말에 KOSPI 지수가 거의 3,000포인트까지 도달하면서 2019년말 615조원에서 958조원으로 불과 1년 사이에 56%가 급증하였다. 이후 주가지수가 하락하면서 2022년말에는 755조원 수준을 보였다.

2022년말 한국거래소에 상장된 기업은 2,411개, 종목은 2,531개였다. 상장기업 전체 시가총액은 약 2,372조원이었다(한국거래소, 2023). 상위 10개 종목의 시가총액이 전체 주식시장에서 차지하는 비율은 2020년말 36.2%에 달했다. 조사기간 동안 이 비율은 1996년이 26.5%로 가장 낮았으며, 1999년에는 52.3%로 가장 높은 비율을 보였다. 2015년 이후 증가추세를 보였지만 최근 들어 상위 기업으로의 집중은 완화되는 경향이 나타나고 있다.

상위 10개 종복을 좀더 세부적으로 살펴보면, 상위 1-3위 종목의 시가총액비

석의 편의상 종목을 기준으로 분석하였다. 기업 단위의 분석은 다소 차이를 보일 수 있지만, 전반적인 양상은 큰 차이가 없었다. 2022년말 시가총액 상위 10대 종목은 삼성전자, LG에너지솔루션, 삼성바이오로직스, SK하이닉스, LG화학, 삼성전자(우), 삼성SDI, 현대차, NAVER 순으로 나타났다(한국거래소, 2023).

그림 6-2 시가총액 상위 3개 종목의 시가총액비율

(단위: %)

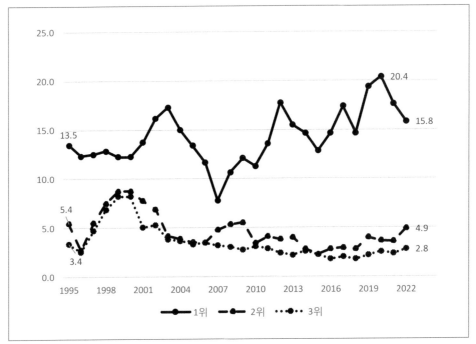

자료: 한국거래소 (2023)

율은 2007년 이후 1위 종목과 2, 3위 종목 간에 점차 확대되는 것으로 나타났
다([그림 6-2]). 2022년말 기준 1위 종목(삼성전자) 시가총액비율은 15.8%로 2위
종목(LG에너지솔루션) 4.9%에 비해 약 3.2배에 달하였다.

시가총액을 기준으로 상위 대기업으로의 집중현상은 심화되었다가 2021년 이
후 주식시장 침체로 인해 완화되고 있다. 이른바 '선도기업'과 대기업, 중소기업
간의 시가총액, 매출액, 영업이익 등 격차의 심화는 노동시장에서의 소득 불평
등이 발생하는 1차적인 요인이다. 이 선도기업들의 성과는 어떠한가?

〈표 6-1〉은 2022년말 기준 시가총액 상위 9개 기업의 매출액, 영업이익 등의
영업실적을 나타낸 것이다. 9개 기업 대부분은 매출액 기준 해당 산업의 선도기
업이다. 9개 기업 중에서 삼성전자가 매출액 211조, 영업이익 25조, 직원수 12
만 1천명으로 가장 큰 규모를 보이고 있다. 선도기업의 영업이익률은 산업 평균
영업이익률을 대부분 상회하는 모습을 보인다. 영업이익률은 삼성바이오로직스

표 6-1 시가총액 상위 9개 기업의 2022년 영업실적

(단위: 명, 백만원, %)

회사명	직원수	매출액	영업이익	영업이익률	직원 1인당 매출액	직원 1인당 영업이익
삼성전자	121,000	211,867,483	25,319,329	12.0	1,751	209
현대자동차	72,688	65,308,350	2,828,569	4.3	898	39
SK하이닉스	31,944	37,878,699	7,660,947	20.2	1,186	240
LG에너지솔루션	11,078	10,581,787	−676,510	−6.4	955	−61
LG화학	14,573	23,403,601	1,070,050	4.6	1,606	73
삼성SDI	11,934	17,458,294	1,010,874	5.8	1,463	85
삼성바이오로직스	4,532	2,437,286	968,051	39.7	538	214
NAVER	5,074	5,512,586	1,553,795	28.2	1,086	306
기아	35,802	46,409,721	3,000,886	6.5	1,296	84

자료: 한국거래소 (2023)

가 39.7%로 가장 높았으며, 네이버, SK하이닉스 순으로 높았다.

직원 1인당 매출액도 삼성전자가 17억5천1백만원으로 가장 높았으며, 다음으로는 LG화학, 삼성SDI 순으로 높았다. 직원 1인당 영업이익은 네이버가 3억6백만원으로 가장 많았으며, SK하이닉스, 삼성바이오로직스 순으로 높았다. 삼성전자, SK하이닉스를 비롯한 전통적인 대규모 자본집약적 제조업뿐만 아니라, 네이버와 같은 지식정보경제의 플랫폼 기업은 적은 인력으로 매우 높은 부가가치를 생산하고 있다.

산업구조의 일부가 지식정보산업으로 재편되면서 전통적인 제조업 기업의 직원 간 상대적으로 적은 임금격차는 사라지고 있다. 뛰어난 인적자본을 유치하기 위한 유인장치로 높은 수준의 임금과 보너스가 제공된다. 이러한 보상구조가 기업간 임금격차를 심화하는 요인으로 작용한다. 또한 대기업 중심의 노동조합은 기업별 교섭의 제약으로 인해 조직 내부 근로자들의 처우개선과 임금인상에 집중함으로써 결과적으로 기업간 임금격차를 심화시켰다. 다음 절에서는 좀더 구체적으로 대기업과 중소기업 간 임금격차의 변화를 살펴볼 것이다.

(2) 대기업과 중소기업 간 임금격차의 심화

대기업과 중소기업 간의 임금격차는 매우 심각한 수준이다. [그림 6-3]은 대기업과 중소기업의 월평균 임금 수준과 대기업 대비 중소기업 임금 비율의 변화를 나타낸 것이다. 2021년 기준 대기업의 월평균 임금은 약 563만원인 반면, 중소기업의 월평균 임금은 약 266만원으로 대기업 임금의 47.2%에 불과하였다 (통계청, 2023b). 대기업과 중소기업 간의 임금격차는 2017년 이후 감소하다가 최근 들어 다시 벌어진 것으로 나타났다.

그림 6-3 대기업 대비 중소기업 평균임금 비중 변화

(단위: 만원, %)

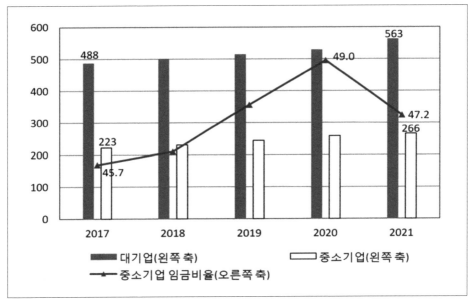

자료: 통계청(2023b)

대기업과 중소기업에 근무하는 근로자의 속성에도 차이가 있었다. 중소기업에 근무하는 근로자의 연령이 상대적으로 높았으며, 이러한 연령별 차이는 지난 20년 간 확대되었다(노민선, 2021: 10).[2] [그림 6-4]에서 보듯이 평균 근속기간에도

---

2) 대기업에 근무하다가 퇴직 이후 중소기업으로 이직하기 때문에 중소기업 근로자의 평균 연령이 높을 수 있다. 그러나 전반적으로 중소기업에 새롭게 취직하는 청년들의 규모가 감소하기 때문에 중소기업 재직자의 평균연령이 높아지는 양상을 보인다.

그림 6-4 기업규모별 평균 근속기간 변화

(단위: %)

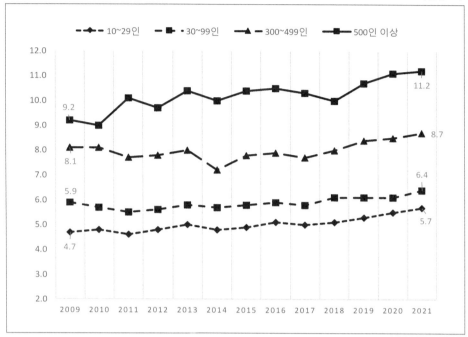

자료: 고용노동부(2023)

변화가 있었다. 500인 이상 사업체 근로자의 근속년수가 10-29인 사업체의 거의 2배에 달했다. 500인 이상 사업체 근로자의 평균 근속년수는 2009년 9.2년에서 2021년 11.2년으로 약 2년 증가한 반면, 10-29인 중소기업 근로자의 근속년수는 2009년 4.7년에서 2021년 5.7년으로 1년 증가하는 데 그쳤다. 그 결과 지난 13년 동안 대기업과 중소기업 간 근속년수 격차는 4.5년에서 5.5년으로 확대되었다.

대기업 근로자들은 중소기업 근로자에 비해 상대적으로 젊고 더 많은 급여를 안정적인 환경에서 더 오랜 기간 동안 받고 있다. 따라서 입직 시점에서 중소기업 또는 대기업으로의 입사 선택은 생애주기 전반에 걸쳐서 누적적인 보상의 격차를 초래하고 있다.

임금격차에 관한 기존 연구는 주로 공급 측면의 요인(예: 인적자본)과 수요 측면의 요인(예: 기업경영실적, 자본구조)에 주목하였다(문영만, 2019: 44). 기업규모에 따른 임금격차는 크게 대기업의 혁신과 효율성을 강조하는 설명과 대기업의 시장지배력을 이용한 경제적 지대 추구를 강조하는 설명으로 구분할 수 있다

(Autor et al., 2017). 대기업의 효율성을 강조하는 시각에서는 대기업의 높은 임금수준은 직원들의 고학력과 높은 생산성에서 비롯된다고 주장한다. 대기업은 생산성이 뛰어난 인적자원에 대한 높은 보상을 통해 지속적으로 효율성과 혁신을 추구할 수 있었다는 주장이다(Autor et al., 2017). 실제로 대기업과 중소기업 근로자의 학력과 생산성은 일부 차이를 보인다. 대기업 근로자의 평균 교육년수는 14.9년인 반면, 중소기업 근로자의 평균 교육년수는 13.6년이다(문영만, 2019).

두 번째 시각에서는 대기업의 시장지배력과 협력기업에 대한 착취를 통한 경제적 지대 추구행위를 강조한다. 대기업의 시장지배적 지위를 이용한 가격설정 능력에서 비롯된 높은 지불능력, 협력기업에 대한 불공정한 협력관행을 통한 납품단가 통제 등의 경제적 지대 추구가 대기업의 높은 임금수준의 배경이라는 것이다. 대기업은 협력기업의 종속적 지위를 이용하여 납품단가를 통제하여 국제 경쟁력을 유지하고, 제품 수요 감소 등 시장의 위험을 협력기업에게 분담 또는 전가하는 방식으로 협력관계를 유지하여 왔다(남종석, 2022).

이 두 가지 시각은 효율성과 권력이라는 측면에서 서로 대립되지만 모두 일면의 진실을 담고 있다. 대기업과 중소기업 간 실질임금 격차를 요인분석한 결과, 대기업에 비해 중소기업의 노동생산성과 자본심화 정도가 하락하였다. 또한 중소기업의 노동소득분배율도 감소한 것으로 나타났다(김원규, 2017).

중소기업 노동생산성과 노동소득분배율이 감소한 이유는 무엇인가? 대기업으로의 경제력 집중으로 인해 중소기업이 창출하는 부가가치의 총액이 감소하였기 때문일 수 있다. 지난 30여년 간 대기업의 구조조정을 통한 효율화, 핵심사업의 집중과 선택, 플랫폼 기업의 등장 등 승자독식 산업구조로의 변화로 인해 대기업으로의 집중화 경향은 더욱 심화되고 있다(Autor et al., 2017). 대기업으로의 경제력 집중으로 인해 상대적으로 중소기업의 부가가치 총액이 감소하고 이를 노동자 수로 나눈 노동생산성도 감소하였을 가능성이 있기 때문이다.[3]

---

3) 실제로 중소기업 노동자들의 생산성이 대기업 노동자들에 비해 감소한 것일 수 있다. 그러나 많이 활용되는 노동생산성 지표인 노동자 1인당 부가가치 생산액은 기업이 창출한 부가가치 총액을 노동자 수로 나눈 것이다. 이 지표는 실제 노동자의 생산성뿐만 아니라 기업의 산업별 특성(노동집약적/자본집약적)과 기업규모를 반영한다. 기업의 규모가 커질수록 대규모 설비투자를 통해 인건비 지출과 같은 노동비용의 비중을 낮추고, 시장점유율을 높여서 상대적으로 높은 부가가치를 창출할 수 있다(Autor et al., 2017). 노동생산성 지표는 이미 규모의 경제 효과, 자본집약적 투자에 따른 인건비 절감효과를 반영한 것이다. 1인당 부가가치 생산

(3) 정규직과 비정규직 간 임금격차의 심화

정규직과 비정규직 간의 임금격차도 여전히 심화되고 있다. [그림 6-5]는 정규직과 비정규직 월평균 임금수준의 변화를 나타낸 것이다. 비정규직에 비해 정규직의 임금수준이 더 가파르게 상승하고 있다. 최근 조사에 따르면 비정규직 근로자의 월평균 임금은 2022년 8월 기준 188만원으로 정규직 근로자 348만원의 54% 정도 수준이었다(통계청, 2023c). 이 수치는 2004년 65.2%에서 더 낮아진 것이다(통계청, 2023c). 정규직과 비정규직 간의 초기 격차는 시간이 흐름에 따라 확대된다. 정규직의 경우 호봉제/성과급제가 적용되는 사업장이 많은 반면, 비정규직의 경우 일종의 직무급제가 적용되기 때문이다. 무기계약직의 경우 해당 직무를 수행하는 기간 동안 아무리 경력이 쌓여도 동일한 금액의 급여가 제공되기 때문이다. 또한 대기업 정규직과 중소기업 비정규직 간의 격차는 증폭되

그림 6-5 정규직, 비정규직 월평균 임금수준 변화, 2004-2022

(단위: 만원)

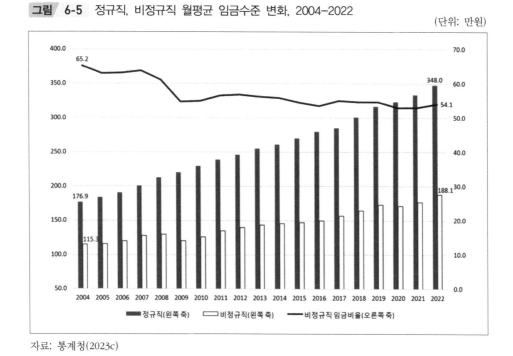

자료: 통계청(2023c)

액인 노동생산성 지표를 활용하여 대기업의 노동생산성이 더 높다고 주장할 때 그 의미를 좀 더 명확하게 따져볼 필요가 있다.

어 나타날 가능성이 있다.

더 심각한 문제는 정규직과 비정규직 간의 이동이 원활하지 않다는 점이다. 비정규직에서 정규직으로의 전환은 점차 감소하고 있다. 이는 격차를 심화시키는 요인으로 작용한다. [그림 6-6]은 기간제 근로자의 전환 유형을 2010년부터 추적한 결과이다(통계청, 2023c). 기간제 근로자의 정규직 전환율은 2012년 27.9%에서 지속적으로 감소하여 2020년 상반기에는 6.6%까지 떨어졌다. 2014년 비정규직법이 시행되면서 기간제 계약종료 비율도 2010년 37.8%에서 2015년에는 74.3%로 크게 증가하였다. 가장 최근인 2020년 상반기에도 계약종료율은 78.1%에 달했다. 기간제에서 정규직으로의 전환이 감소하면서 정규직과 비정규직 간의 격차는 더욱 심화되고 있다.

대기업/중소기업, 정규직/비정규직 간의 급여수준 격차, 낮은 정규직 전환율로 인해 청년들은 안정적인 직장을 얻으려고 졸업 후에도 대기업, 공무원, 공기업 시험을 준비한다. 더 많은 시간과 노력을 투자해서 대기업에 취업하고 공무원, 공기업 직원이 되는 것이 은퇴 이후까지 생애 전반의 경제적 수준을 향상시

그림 6-6 기간제 근로자의 전환 유형 추이

(단위: %)

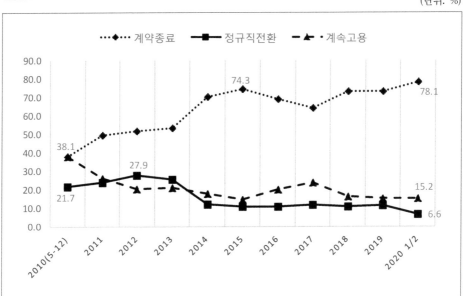

자료: 통계청(2023c)

킬 수 있기 때문이다.

(4) 격차누적사회의 폐쇄성과 경쟁구조의 변화

격차가 누적되고 중첩되면서 더 나은 직장과 지위를 얻기 위한 경쟁은 더 격화된다. 이범(2020)의 주장처럼 현재의 경쟁은 부모세대의 지위로부터 하락하는 것을 방지하는 경쟁이다. 예전의 부모세대보다 더 나은 삶을 위한 경쟁이 더 이상 아니다. 그래서 더 필사적이다. 부모로부터 물려받은 경제력에 걸맞은 사회적 지위를 유지하기 위해서, 부모와 같은 지위의 계층사다리에 매달려 있기 위해서 부모와 자식이 모두 힘겨운 입시경쟁과 취업경쟁을 치른다. 청년들의 스트레스는 점차 증가하고 국민소득 3만5천 달러 시대에도 우리는 좀처럼 마음의 여유를 갖지 못한다.

그렇다면 누적격차사회의 폐쇄성은 어떻게 만들어지는 것일까? 자녀로의 지위세습은 어떻게 가능한 것일까? 핵심적인 장치는 교육과 취업이다(전병유·신진욱, 2016). 자녀에 대한 지속적인 투자를 통해 명문대 진학이 가능하게 된다. 대학입시에서 수시와 정시 모두 부모의 재력과 정보력에 기반하여 효과적인 입시전략을 수립하고, 자녀교육에 집중한 결과 명문대 진학이 가능해진다. 입학사정관제 등 수시전형이 확대되고 명확한 가이드라인이 부족했던 시절, 제도의 헛점을 이용하여 다양한 전형을 통해 명문대 입학이 가능하기도 하였다. 대학입시제도 자체가 고위층/상류층의 입김에 영향을 받은 것이다.

취업도 마찬가지다. 대기업은 신입사원 채용을 줄이고 경력사원으로 대체해 나간다. 그나마 줄어든 대기업과 금융권 신입사원의 채용에서도 부모의 연줄이 영향을 미친다. 공정할 것으로 여겨졌던 공기업의 경우에도 부모의 인맥과 청탁이 취업에 작용하기도 하였다. 예를 들어 2013년 강원랜드 하이원 취업자 518명 중에서 49%인 239명이 국회의원과 임원진의 청탁을 통해 취업한 것으로 나타났다(연합뉴스, 2020). 아무리 스펙을 쌓아도 연줄 없이는 입사하지 못하는 현실이다. 이러한 상황에서 동원할 인맥이 부족한 청년은 좌절하고, 그나마 공정한 공무원 시험에 몰입하는 상황이다.

이러한 경쟁과 격차의 심화로 인해 사람들의 행복감의 격차는 더욱 심화될 가능성이 있다. 행복의 변이를 다루는 기존 연구에서는 변수 중심의 접근으로 인해 행복의 차이를 빚어내는 요인들을 개별적으로 분석하였다. 이로 인해서 격차의 심화로 인해 행복 또는 생활만족도가 낮은 집단은 누구인지를 살펴보는 노력이 등한시되었다. 다음 절에서는 격차누적사회에서 한국인의 행복은 어떠한 변화를 보였는지, 격차의 중첩으로 인해 집단 간 행복의 격차는 어떠한 변화를 보이는지를 살펴볼 것이다.

격차누적사회와 한국인의 행복

격차의 누적과 중첩으로 인해 개인의 삶에서 경쟁은 생애주기의 이른 시기부터 시작된다. 취학연령 이전에 이미 사교육에 대한 투자가 이루어진다. 고등학교까지 진행된 대입경쟁은 취업경쟁으로 이어지고, 입사 후엔 승진경쟁이 기다리고 있다. 이러한 격차누적사회에서 살아가는 한국인의 삶은 어떠한가?

(1) 경제적 어려움의 완화

먼저 경제적 어려움을 경험하는 국민의 비율을 살펴보았다. [그림 6-7]은

그림 6-7 경제적 어려움 경험 여부

(단위 %)

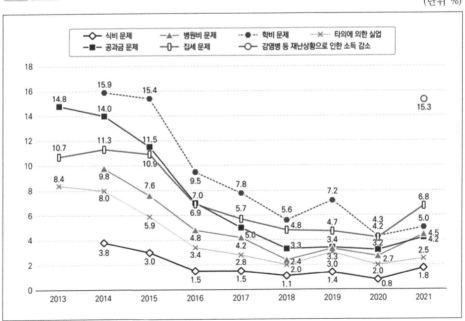

자료: 한국행정연구원(2022)

2021 사회통합실태조사결과로서, 식비, 병원비, 학비, 실업, 공과금, 집세 문제 등 일상적인 생활에서 주로 경제적 문제로 인해 어려움을 겪는 비율의 변화를 보여준다(한국행정연구원, 2022). 2021년에는 코로나19로 인해 소득이 감소한 비율이 15.3%로 가장 높았다. 그러나 2013년 이후 경제적 한계상황을 경험하는 국민의 비율은 급격히 감소하는 양상을 보였다. 예를 들어 학비문제를 경험한 비율은 2014년 15.9%에서 2020년 5.0%로 급감하였다. 식비, 병원비 등 다른 문제도 큰 폭으로 감소하였다(한국행정연구원, 2022).

경제적 어려움의 해소는 2009년 세계적 금융위기 이후에도 한국경제가 꾸준히 성장했을 뿐만 아니라 복지정책이 확대되었기 때문이다. 저소득층을 위한 기초생활보장이 확대되고, 기초연금 확대, 건강보험 보장성 강화, 고등학교 무상교육, 대학 국가장학금, 차상위계층까지 확대된 취약계층 지원정책 등의 성과라고 할 수 있다.

(2) 격차의 중첩과 행복감 차이의 심화

행복한 사람들과 불행한 사람들은 누구일까? 어떠한 속성을 갖고 있을까? 〈표 6-2〉는 행복한 집단(8-10)과 불행한 집단(0-4)에 속한 사람들의 프로파일을 나타낸 것이다. 행복한 사람들은 대졸 이상, 근로활동, 고소득, 높은 사회적 지위,

표 6-2 행복한 사람들과 불행한 사람들의 프로파일

(단위: %)

		행복 (8–10)	불행 (0–4)			행복 (8–10)	불행 (0–4)
학력	초졸 이하	8.1	21.5	직업	관리자	2.6	3.0
	중졸	4.9	12.1		전문가 및 관련 종사자	5.9	4.2
	고졸	39.0	37.0		사무 종사자	30.0	14.8
	대졸 이상	48.1	29.5		서비스 종사자	18.5	22.1
					판매 종사사	19.1	21.0
근로활동	근로	68.5	60.9		농림어업 종사자	5.4	7.6
					기능원 및 관련 기능종사자	8.8	11.8
가구소득	100만원 미만	5.6	16.3		장치, 기계조작 및 조립종사자	4.0	2.8
	100~200만원 미만	8.0	18.5		단순노무 종사자	5.6	12.9
	200~300만원 미만	14.2	17.5			0.1	

구분		
300~400만원 미만	20.6	16.7
400~500만원 미만	16.7	11.2
500~600만원 미만	15.0	10.5
600만원 이상	20.0	9.3
사회적 지위		
0	0.5	4.5
1	0.8	3.9
2	1.0	9.4
3	3.9	21.7
4	4.7	22.0
5	30.4	26.0
6	17.4	7.4
7	24.3	4.1
8	15.0	1.0
9	1.6	
10	0.5	
거주지역		
서울	8.2	9.8
부산	11.1	5.2
대구	4.1	5.3
인천	6.1	8.3
광주	4.0	1.3
대전	5.1	3.4
울산	6.0	1.4
세종	1.9	1.8
경기	7.8	15.7
강원	2.9	7.9
충북	5.5	3.8
충남	5.3	7.3
전북	5.5	5.9
전남	7.2	5.8
경북	6.4	4.6
경남	9.9	7.7
제주	3.1	4.9

구분		
직장 지위		
임금근로자	70.0	62.2
고용원이 있는 자영업자	3.6	4.6
고용원이 없는 자영업자	22.6	29.3
무급가족종사자	3.9	3.9
고용형태		
상용근로자	82.8	66.3
임시근로자	13.7	21.9
일용근로자	3.5	11.9
직장 유형		
정부	5.1	3.7
공기업	3.4	1.8
민간기업	70.5	65.0
비영리기관	2.0	3.2
해당없음	19.0	26.3
거처 종류		
단독 주택	24.2	33.5
아파트	58.5	45.3
연립·다세대 주택	16.7	20.8
기타	0.7	0.4
점유형태		
자기 집	73.7	66.1
전세	15.8	16.8
보증금 있는 월세	8.0	13.6
없는 월세(사글세)	0.4	0.6
무상	2.1	3.0
도농		
도시(동부)	79.5	76.3
농어촌(읍면부)	20.5	23.7

자료: 한국행정연구원(2021)

사무직, 상용직, 자가 아파트, 도시지역 거주자에 더 많이 분포되어 있다. 반면에 불행한 사람들은 초졸 이하, 저소득, 낮은 사회적 지위, 경기/강원지역, 단순노무직, 임시/일용직, 보증금 월세, 농어촌 거주자에 상대적으로 많았다. 이러한 한국사회의 격차를 빚어내는 다양한 요인이 중첩되면서 행복 집단과 불행 집단 간의 차이를 더욱 심화시킬 수 있다.

학력, 연령, 직업, 소득, 종사상 지위, 고용형태 등 개인의 특성별로 집단 간 행복의 차이를 보였다. 이 중에서 학력, 소득, 사회적 지위가 결합되면 행복에 어떠한 영향을 미칠까? 〈표 6-3〉에서 보듯이 초등학교 졸업 집단과 대학교 졸업 집단 간의 행복감 평균은 각각 5.8, 6.7로 나타났다. 가구소득 200만원 미만의 저소득층과 600만원 이상 중상류층의 행복감도 각각 5.9, 6.7이었다. 낮은 사회적 지위집단(0-3)의 행복감은 5.3인데 비해, 높은 사회적 지위집단(8-10)의 경우 7.9로 확연히 높은 행복감을 보였다. 이러한 3가지 속성이 결합되어 초졸학력의 가구소득 200만원 미만의 낮은 사회적 지위집단의 행복감은 5.1로 더 낮은 양상을 보인다. 반면에 대졸학력의 600만원 이상, 높은 사회적 지위집단의 행복은 8.2로 나타나, 두 집단 간의 격차는 더욱 확대되었다. 이와 같이 집단 간 격차가 중첩되면서 행복의 격차도 더 커질 수 있다.

표 6-3 학력, 소득, 지위별 행복감의 격차

	평균(표준편차)		평균(표준편차)
초졸	5.8(1.8)	대졸	6.7(1.5)
가구소득 200만원 미만	5.9(1.8)	가구소득 600만원 이상	6.7(1.5)
낮은 사회적 지위 (0-3)	5.3(1.9)	높은 사회적 지위(8-10)	7.9(1.2)
초졸, 200만원 미만, 낮은 사회적 지위 결합	5.1(2.0)	대졸, 600만원 이상, 높은 사회적 지위 결합	8.2(1.0)

자료: 한국행정연구원(2021)

결론을 대신하여

불평등은 이제 우리가 직면한 구조적 현실이 되었다. 그동안 불평등의 양상과 본질에 대한 연구는 매우 다양하게 진행되었으며, 사회복지정책의 영역에서도 복지정책의 소득재분배 효과를 다루는 연구는 많았다(구인회, 2021; 김교성,

2017). 연구자들의 관심은 각종 복지정책의 도입 또는 개혁의 결과 불평등이 얼마나 완화되었는지를 엄밀하게 분석하는 데 초점을 맞추었다(김진욱, 2004; 여유진, 2009; 홍경준, 2011). 그러나 불평등 시스템을 유지함으로써 누가 이득을 보는지, 불평등 구조의 확대재생산의 메카니즘을 엄격하게 다루는 연구는 많지 않았다.

O'Conner(2002)는 미국의 리버럴 학자들의 빈곤연구를 성찰하면서 연구자의 관심이 계량적인 정책분석에 지나치게 치중한 점을 한계로 꼽기도 하였다. 수십 년 동안의 연구 노력이 빈곤정책 평가에 치중함으로써, 빈곤문제 해결을 위한 혁신적인 아이디어나 아젠다를 제시하는 데는 소홀했다는 비판이다(O'Conner, 2002).

한국의 불평등 연구도 이러한 한계가 있었던 것은 아닐까? 불평등의 양상을 다양한 영역에서 그려내고 있지만, 이러한 불평등의 심화와 불평등 체제의 유지를 통해 누가 이익을 얻고 손해를 보는지에 대한 연구는 상대적으로 적었다. 시장경제에서의 승자독식의 스타시스템을 운용함으로써 누가 이득을 얻는지, 극한 경쟁 시스템은 국민들에게 어떠한 메시지를 전달하는지를 살펴보는 작업이 요청된다.

한국사회에서 국민들이 체감하는 불평등의 정도가 큰 것은 격차가 누적되고, 계층이동의 가능성이 약화되고 속도가 느려지기 때문이다. 최근 부동산, 주식, 코인투자의 열풍은 과거 안정된 직장에서 받은 월급을 저축하고, 아파트를 분양받아서 중산층의 지위를 유지하는 시스템이 청년층에게는 더 이상 작동하지 않는다는 인식에서도 비롯된다. 불평등을 완화하고, 저소득층의 삶의 질을 증진하려는 정부의 노동시장, 부동산 정책의 실패도 관련이 있다. 정부정책에 대한 신뢰의 부족이 개인과 가족의 각자도생의 생존주의를 더욱 부채질하고 있는 것이다.

이 장에서는 자료의 제약으로 인해 교육, 지역, 자산 격차와 이러한 격차가 행복에 미치는 영향을 밝히지 못했다. 핵심적인 격차의 영역이 실제로 중첩되는지 교차되는지, 주요 영역에서 각종 격차를 낳는 범주들이 결합되어 분포된 양상을 전반적으로 포착하는 데는 한계가 있었다. 격차의 결합분포의 양상을 좀더 포괄적으로 분석함으로써 이 글에서 가설적으로 제시하였던 격차의 누적과 중첩이 과연 존재하는지, 아니면 격차의 교차로 인해서 불평등이 완화되는지를 밝힐 수 있을 것이다.

격차의 결합분포와 행복 또는 생활만족도 간의 관련성을 탐색할 필요도 있다. 격차의 중첩으로 인해 불이익 또는 불행을 경험하는 집단의 비중이 어떠한지, 시대에 따라 그 비중은 증가하였는지, 감소하였는지를 밝히는 것도 한국사회 불평등의 구조를 이해하는 데 기여할 수 있을 것이다. 이는 향후 연구에서 좀더 본격적으로 다루어야 할 일이다.

제 7 장

지위상승 가능성, 중산층 인식과 행복

이 장에서는 제6장에 이어서 불평등 인식과 관련된 지위상승 가능성, 중산층 인식에 주목하였다. 불평등의 심화는 집단 간 소득과 자산 격차의 심화뿐만 아니라 지위변동의 가능성이 낮아지고 변화의 속도가 감소하는 것에서도 비롯된다. 지위상승 가능성이 차단되는 상황에서 국민들은 심각한 절망과 불안을 경험하고 있다. 상승이동의 사다리가 좁아지면서 극심한 지위경쟁이 벌어지고 있다. 지위유지 또는 지위하락을 방지하기 위한 경쟁은 더욱 격렬한 양상을 보이고 있다. 한국 고유의 가족주의로 인해 중산층 부모는 자신의 지위를 자녀세대에게 물려주려고 안간힘을 쓰고 있다. 적어도 자녀들이 지위하락의 위험에서 벗어날 수 있도록 자녀교육과 부동산 투자 등에 전력을 다하고 있다. 이 장에서는 한국 사회에서 지위상승 가능성이 어떻게 변하였는지, 한국인의 열망인 중산층은 어떻게 변하였는지, 이러한 구조변동이 한국인의 행복에 어떠한 의미를 갖는지 살펴보았다.

지위상승 가능성의 약화

국민들의 불평등에 대한 인식에 영향을 미치는 요인 중의 하나는 지위상승 가능성에 대한 인식이다. 불평등이 심하더라도 계층이동의 기회가 열려있어서 지위상승 가능성이 높은 사회에서는 불평등에 대한 부정적 인식이 낮을 수 있다 (Hirshman and Rothschild, 1973). 그 결과 불평등이 행복에 미치는 영향이 상대적으로 적을 수 있다. 우리 사회에서 지위상승 가능성에 대한 인식에는 어떤 변화가 있었을까? [그림 7-1]은 사회통합실태조사 자료를 이용하여 2013-2021년 기간 동안 지위상승 가능성에 대한 인식을 본인과 자녀의 경우로 살펴본 결과이다.

전반적으로 응답자들은 본인과 자녀의 지위상승 가능성을 긍정적으로 바라보고 있었다. 본인의 경우 2021년 기준 긍정적 응답('매우 그렇다', '약간 그렇다' 합산)이 54.8%로 부정적 응답('전혀 그렇지 않다', '별로 그렇지 않다' 합산) 48.9%에 비해 높았다. 응답자들은 본인보다는 자녀의 지위 상승 가능성이 더 높다고 평

그림 7-1 지위상승 가능성

(a) 본인의 지위상승 가능성

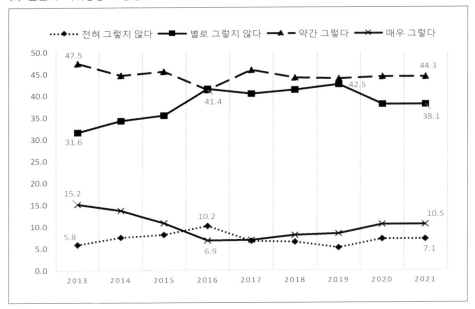

자료: 한국행정연구원(2014−2022)

(b) 자녀의 지위상승 가능성

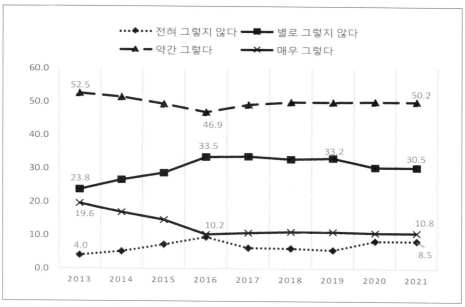

자료: 한국행정연구원(2014 – 2022)

가하였다. 본인의 경우 지위상승 가능성에 긍정적인 응답이 54.8%인 반면, 자녀의 경우 61.0%에 달했다. 이는 본인의 경우 연령, 학력과 직업 등으로 이미 지위상승의 기회와 가능성이 자녀세대에 비해 더 차단된 상황에서 비롯된다. 자녀의 지위상승에 대한 높은 열망과 기대가 반영된 결과이기도 하다.

　지위상승 가능성에 대한 긍정적 인식은 조사기간 동안 감소하는 양상을 보였다. 본인의 경우 긍정적 인식은 2013년 62.7%에서 2021년 54.8%로 약 8%p 정도 감소한 반면, 부정적 응답은 36.4%에서 48.9%로 12.5%p 정도 증가하였다. 좀더 구체적으로 살펴보면, 본인의 경우 약간 그렇다는 응답이 47.5%에서 44.3%로 소폭 감소한 반면, 별로 그렇지 않다는 응답은 31.6%에서 38.1%로 더 높은 상승률을 보였다. 특히 2016년에는 별로 그렇지 않다는 응답이 41.4%에 달했다. 전혀 그렇지 않다는 응답은 2013년 5.8%에서 2016년 10.2%로 거의 2배 가까이 치솟았다. 조사시점(2016년 9-10월) 기준으로 당시는 이른바 '최순실 국정농단' 사건이 발생하기 시작한 시점이었다. 국민들은 대통령과 연결된 특수한 인맥이 각종 특혜수수와 자녀의 대학입학에까지 영향을 미치는 현실을 목격하였다. 국민들이 경험한 좌절감이 지위상승 가능성에 대한 부정적 인식에 영향을 미쳤을 가능성이 있다. 이러한 지위상승 가능성의 변화양상은 자녀의 경우에도 유사한 모습을 보였다.

사회경제적 지위상승 가능성에 대한 인식은 불평등에 관한 인식에도 영향을 미칠 수 있다(황선재·계봉오, 2018). 불평등의 정도가 심하다고 인식하는 배경에는 집단 간 격차의 크기뿐만 아니라 격차의 변화에 대한 인식도 작용한다. 격차가 존재하지만, 집단 간 이동이 활발하게 이루어지는 경우 불평등의 정도가 심하지 않다고 인식할 수 있다. 노력에 따른 지위상승 가능성이 높은 사회에서는 비록 불평등 수준이 높다고 하더라고 불평등에 대한 인식이 상대적으로 부정적이지 않을 수 있다. 지위상승 가능성이 열려 있기 때문에 본인과 자녀의 노력에 따라 더 나은 사회경제적 지위를 얻을 수 있다고 기대할 수 있기 때문이다.

그러나 지위상승 가능성이 닫힌 사회의 경우, 불평등에 관한 부정적 인식이 심화될 수 있다(황선재·계봉오, 2018). 아무리 노력해도 지위상승이 어려운 사회에서는 불평등 체제의 공정성에 대한 불만과 좌절이 증폭되어 나타날 수 있기 때문이다. 따라서 불평등 수준에 대한 인식에 영향을 미치는 계층이동 가능성에 대한 인식에도 주목할 필요가 있다.

지위상승 가능성과 행복

한국인들은 지위 상승 가능성이 점차 차단되고 있다고 인식하고 있다. 이러한 지위상승 가능성에 대한 부정적 인식의 증가는 한국인의 행복에도 영향을 미칠 수 있다. 아무리 노력해도 지위 상승이 어려운 상황에 대한 분노와 좌절은 행복감을 감소시키고 우울감을 증가시킬 수 있기 때문이다. [그림 7-2]는 2021년 사회통합실태조사 자료를 활용하여 본인과 자녀의 노력에 따른 사회경제적 지위 상승 가능성에 대한 인식별로 행복과 우울의 정도를 나타낸 것이다.

본인과 자녀 모두 사회경제적 지위 상승 가능성에 대해서 긍정적으로 인식할수록 행복하고 우울감이 낮았다. 본인의 지위 상승 가능성에 매우 그렇다고 응답한 집단의 행복은 6.9인 반면, 전혀 그렇지 않다고 응답한 집단의 행복은 5.7이었다. 우울의 경우에도 각각 2.8과 4.1로 차이를 보였다. 관계의 방향을 뒤집

그림 7-2 사회경제적 지위 상승 가능성과 행복, 우울

(a) 본인의 사회경제적 지위 상승 가능성과 행복/우울

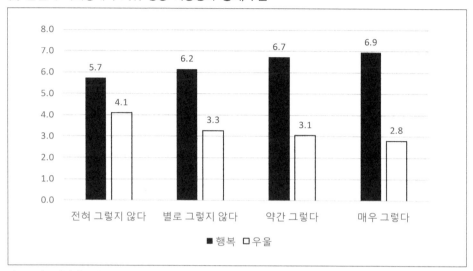

자료: 한국행정연구원(2021)

(b) 자녀의 사회경제적 지위상승 가능성과 행복/우울

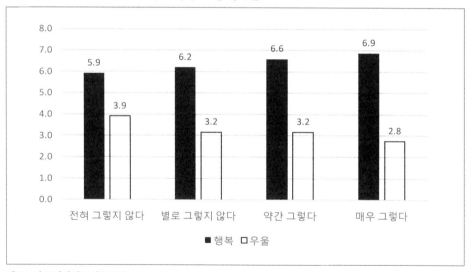

자료: 한국행정연구원(2021)

어서 얘기하면 행복한 사람들일수록 본인과 자녀의 노력에 따른 사회경제적 지위 상승 가능성을 긍정적으로 인식하고 있다. 반면에 불행한 사람들은 지위상승

가능성을 상대적으로 부정적으로 인식하는 모습을 보여준다. 결국 지위상승 가능성에 대한 부정적 인식의 증가는 행복의 증진을 저해하는 구조적 요인으로 작용한다. 이는 부정적 인식의 개선으로 해결될 문제가 아니다. 한국사회의 다양한 영역에서 중첩된 불평등에 대한 근본적인 해법이 필요한 것이다.

중산층 인식의 변화

사회경제적 지위에 따른 행복감의 차이는 중산층 인식과 행복 간의 관계에서도 드러난다. 3년 간격으로 진행한 문화체육관광부의 '한국인의 의식과 가치관 조사'에서는 가정의 경제여건을 중산층을 기준으로 평가한 문항이 있다. 가정의 경제수준이 중산층인지, 중산층보다 높은지, 아니면 낮은지를 물었다. [그림 7-3]은 중산층 인식 비율의 변화를 나타낸 것이다. 해당 문항을 조사한 2013년부터 2022년 기간 동안 중산층이라고 인식하는 비율은 점차 감소하다가 2022년에 다소 증가하였다. 2013년 중산층 인식 비율은 43.9%에서 2022년 36.1%로 약 8%p 정도 감소하였다.

그림 **7-3** 중산층 인식 비율

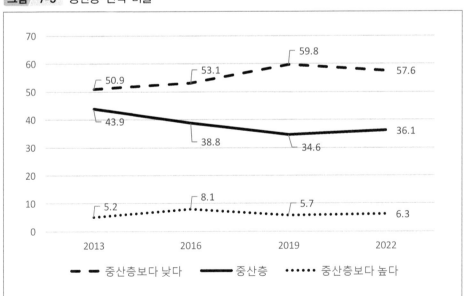

자료: 문화체육관광부(2022)

해당 기간 동안 1인당 실질 국민소득은 2,998만원에서 3,628만원으로 약 21.0% 증가하였다(한국은행, 2023; 통계청, 2023d). 이러한 평균소득의 증가가 중산층 인식의 증가를 유발하지는 않았다. 지난 15년간 소득수준이 증가하였지만 국민들의 중산층 소속 인식이 감소한 이유는 소득수준뿐만 아니라 준거집단과 비교한 상대적 소득이 중산층 인식에 영향을 미칠 수 있기 때문이다. 중산층 인식은 일정한 소득뿐만 아니라 자산, 학력, 안정된 직장 등의 요소를 포함할 수 있기 때문이다.

중산층, 얼마나 버는가

중산층에 대한 주관적 인식은 가구 소득과 어떤 관련성을 맺는가? 중산층이라고 생각하는 사람들은 어느 정도의 수입을 갖고 있는가? 〈표 7-1〉은 중산층 인식별로 가구소득의 분포를 나타낸 것이다.

표 7-1 중산층 인식별 가구수입(세전 소득)

가구 총수입	중산층이다	중산층보다 높음	중산층보다 낮음	계
100만원 미만	1.0	2.5	3.4	2.4
100만원−149만원	1.0	0.9	3.4	2.3
150만원−199만원	2.7	2.5	5.0	3.9
200만원−249만원	4.8	4.0	8.3	6.7
250만원−299만원	6.3	5.3	8.3	7.4
300만원−399만원	12.0	14.9	19.3	16.2
400만원−499만원	19.2	16.2	18.5	18.6
500만원−599만원	22.4	17.4	17.5	19.3
600만원−699만원	15.2	13.4	9.2	11.8
700만원−799만원	7.2	11.2	4.7	6.1
800만원 이상	8.3	11.8	2.6	5.4
249만원 이하	9.5	9.9	20.0	
250−599만원	59.8	53.7	63.5	
250−699만원	75.0	67.1	72.7	
250−799만원	82.2	78.3	77.4	

자료: 문화체육관광부(2022)

2021년 기준 균등화된 가구 중위소득은 시장소득 기준 연간 3,206만원으로 월 266만원 정도였다. 중산층이라고 인식하는 사람들은 대체로 중위소득보다 높은 소득을 얻고 있다. 중산층에 속한다고 인식하는 사람들의 대략 90% 정도가 250만원 이상의 소득을 갖고 있었다. 중산층 응답자 중에서 249만원 이하라고 응답한 비율은 9.5%에 불과하였다. 중산층과 중산층보다 높다고 응답한 집단의 경우 가구소득이 500만원대의 비율이 가장 많았다. 중산층보다 낮다고 응답한 집단의 경우 300만원대가 가장 큰 비중을 차지했다.

소득집단을 통합하여 살펴보면 중산층 응답자의 75%가 250-699만원의 소득 범위에 속하였다. 이는 대략 중위소득의 100-250% 정도의 범위이다. 소득범위를 넓힌 200-799만원에는 중산층 응답자의 82.2%가 속하였다. 한국의 중산층이라고 인식하는 사람들은 대체로 중상위 소득계층을 차지하였다. 중위소득부터 중위소득의 2.5배 정도의 소득구간에 속해야 중산층이라고 생각하는 것이다. 이 점에서 보면 한국의 중산층은 소득기준으로 볼 때 '중상층'이라고 할 수 있다.

개인의 주관적 인식이 아닌 소득을 기준으로 중산층의 비율은 어떻게 변했을까? 통계청에서는 중위소득을 기준으로 중위소득 50-150%와 중위소득 75-200% 2가지 방식으로 중산층을 구분하였다(이영욱, 2023; 통계청, 2023d). 이 방식은 OECD에서도 활용하는 기준이다(OECD, 2019). 이 2가지 기준 모두 앞서 중산층에 속한다고 응답한 집단이 속한 소득범위에 비해 낮은 수준이다.

[그림 7-4]에서는 통계청 자료를 활용하여 중산층의 비율을 시장소득과 가처분소득으로 구분하여 살펴보았다. 그 이유는 시장소득과 가처분소득 간에 상당한 차이를 보였기 때문이다. 시장소득을 기준으로 한 경우 중산층 비율은 전반적으로 감소하는 추세를 보이다가 2020년에 반등한 후 다시 감소하는 양상을 보였다. 반면에 가처분소득 기준의 경우 중산층의 비율은 꾸준히 증가하였다. 중위소득 50-150% 기준을 적용한 경우 중산층 비율은 2013년 57.2%에서 2021년 61.1%로 증가하였다.

소득만을 따져보면 시장소득 기준이 중산층에 대한 주관적 인식과 더 유사한 모습을 보인다. 2013-2022년 기간 동안의 중산층 인식의 변화 모습이 시장소득 기준 중산층 비율의 변화와 더 흡사하기 때문이다. 이는 사람들이 가처분 소득보다는 시장소득을 자신의 경제적 지위를 나타내는 소득 지표로 인식한다는 점

그림 7-4 소득 기준 중산층 비율의 변화

(a) 시장소득 기준

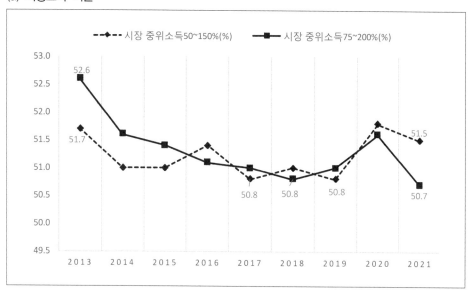

(b) 가처분소득 기준

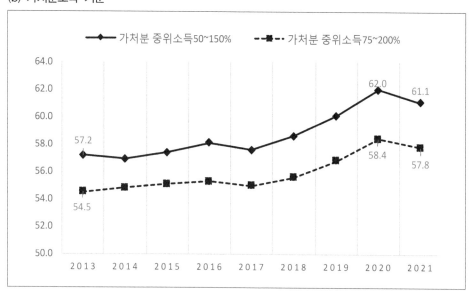

자료: 통계청(2023d)

을 의미한다. 경제활동을 통해 1차적으로 벌어들이는 시장소득이 중산층 인식과
자신의 사회경제적 지위에 대한 인식과 더 밀접한 관련성을 맺을 수 있다.

소득 불평등과 중산층의 해체

시장소득 기준 중산층 비율이 전반적으로 감소한 이유는 소득 불평등의 변화
와도 깊은 관련을 맺는다. 중산층 비율이 감소한 이유는 소득 불평등이 심화되
어 소득양극화가 진행되었기 때문이다. 소득분배 지표 중에서 5분위 배율은 상
위 20%에 속하는 집단의 평균소득을 하위 20% 집단의 평균소득으로 나눈 값이
다. 이 값이 클수록 소득 불평등의 정도가 크다고 할 수 있다.

[그림 7-5]에서 보듯이 소득 불평등은 시장소득과 가처분소득에 따라 상반된
모습을 보였다. 전반적으로 소득 5분위 배율은 시장소득으로 추정한 값이 가처
분소득 추정치에 비해 높았다. 이는 재분배정책을 통해 시장소득의 불평등이 완
화되었기 때문이다. 2013-2021년 기간 동안 시장소득 5분위 배율은 꾸준히 증
가한 반면, 가처분소득 5분위 배율은 지속적으로 감소하였다. 시장소득 5분위
배율은 2013년 10.3에서 2021년 11.5로 증가하였다. 반면에 가처분소득 5분위

그림 7-5 소득 5분위 배율 변화, 2013-2021

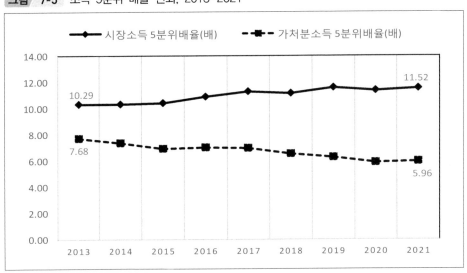

자료: 통계청(2023d)

배율은 7.7에서 6.0으로 감소하였다. 지난 10여년간 확대된 복지정책의 효과로 소득 불평등이 완화된 것이다. 사람들이 자신이 중산층인지 평가하는 기준은 시장소득이다. 시장소득의 불평등이 심화되는 과정에서 중산층에서 탈락했다고 인식하는 비율이 중산층에 속한다고 인식하는 사람들의 비율에 비해 더 커질 수 있다.

중산층과 행복

중산층 소속 인식의 감소와 같은 인구구성 분포의 변화는 국민의 평균적인 행복감을 낮추는 결과를 낳을 수 있다. [그림 7-6]은 2022년 자료를 이용하여 가정의 경제상황별로 행복감을 나타낸 것이다. 중산층보다 낮다고 인식하는 집단의 행복감은 6.6점인데 반해, 중산층보다 높다고 인식하는 집단의 행복감은 7.3점으로 나타났다. 중산층 이상의 비율이 감소하고 중산층 미만의 비중이 커지는 중산층 분해(구해근, 2022), 특히 하위중산층으로의 분해가 가속화되면서 행복감의 향상을 저해할 가능성이 있다.

한국인의 행복을 증진하기 어려운 이유 중의 하나로 중산층의 분해와 몰락에

그림 7-6 경제상황과 행복감

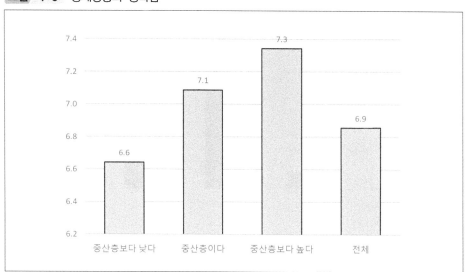

자료: 문화체육관광부(2022)

주목할 필요가 있다(구해근, 2022). IMF경제위기 이후 진행된 노동시장의 유연화, 부동산 가격의 급등, 고소득 전문직화 등으로 중산층의 일부는 상위 중산층이 된 반면에 다른 이들은 하위 중산층으로 몰락하였다(구해근, 2022). 하위 중산층은 상위 중산층을 선망의 대상으로 삼고 있다. 이들과의 비교가 일상적으로 이루어지는 상황에서 한국인의 행복감은 향상되기 어렵다. 특히 상위 중산층으로의 이동가능성이 점차 차단되는 상황은 좌절감을 심화시키는 결과를 낳는다. 향후 중산층의 분해가 가속화되고 중산층의 다수가 지위하락을 경험한다면 이는 국민들의 평균적인 행복감에 부정적인 영향을 미칠 가능성이 있다.

준거집단, 기대수준, 행복

행복감은 소득, 주거환경 등 객관적 삶의 질뿐만 아니라 주변 사람들 또는 준거집단과의 비교를 통해 영향을 받을 수 있다. [그림 7-7]은 2019, 2022년 조사별로 자신의 생활수준을 주변과 비교하여 어떻게 인식하는지를 나타낸 것이다. 2022년 조사에서는 '대체적으로 유사하다'가 2/3 이상을 차지하였고, 다음으로는 '내 생활수준보다 높다', '내 생활수준보다 낮다' 순으로 나타났다. 큰 차이

그림 7-7 주변과 비교한 생활수준 (%)

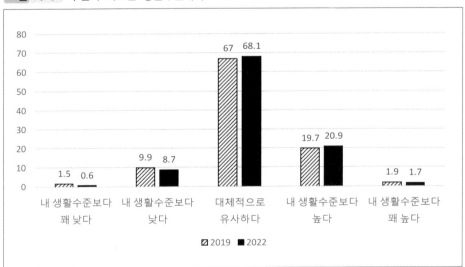

자료: 문화체육관광부(2022)

는 없지만 '대체로 유사하다', '내 생활수준보다 높다'고 인식하는 비율이 2019-
2022년 기간 동안 각각 1%p 정도 증가하였다.

이러한 비교를 통한 생활수준 인식은 행복감과 어떠한 관련성을 맺는가? [그
림 7-8]은 자신의 생활수준 인식별로 행복감을 나타낸 것이다. '대체적으로 유
사하다'고 인식하는 집단의 행복감이 7.0점으로 가장 높았다. 내 생활수준보다
꽤 높다고 인식하는 집단의 행복감이 6.0점으로 가장 낮았다. 주변과 비교하여
생활수준이 비슷하지 않은 경우, 주변의 생활수준이 더 높다고 인식하는 경우
행복감이 더 큰 폭으로 감소하였다.

그림 7-8 생활수준 비교와 행복

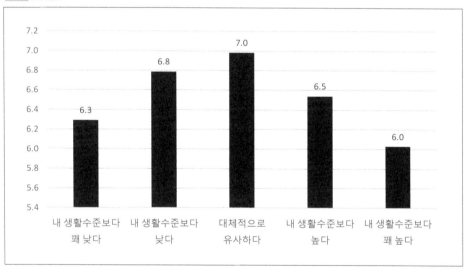

자료: 문화체육관광부(2022)

자신의 준거집단 또는 기대수준에 비해 자신의 생활여건이 낮다고 생각할 때
발생하는 시기심이나 질투의 감정이 행복감을 낮추는 것으로 여겨진다. 이러한
결과는 행복을 위해서는 준거집단과의 격차를 줄이는 것이 필요함을 시사한다.
경제적 양극화의 심화와 중산층의 해체는 국민 행복의 증진에 부정적인 영향
을 미칠 수 있다. 자신의 준거집단은 여전히 중산층 또는 상위중산층인데 자
신의 생활수준은 그것에 미치지 못한다고 인식하는 집단의 비중이 커질 수 있
기 때문이다.

제8장

행복의 정치경제:
국가 간 행복 격차는 어디서 기인하는가?

이 장에서는 국가 간 비교를 통해 국가 간 행복수준과 행복 불평등과 관련된 요인은 무엇인지 밝힐 것이다. 기존 연구에서는 국가 간 행복 격차의 원인으로 소득, 학력, 연령 등의 사회경제적 요인과 복지국가 시스템에 주목하였다(유정민·최영준, 2020; Radcliff, 2001, 2009). 각국의 정치, 경제, 교육, 노동시장, 복지제도 등의 제도적 특성, 사회적 신뢰, 국민성과 같은 문화적 요인, 개인의 인구사회학적 속성 등이 각국 국민의 행복과 관련을 맺는다(Radcliff, 2001; Pacek and Radcliff, 2008).

예를 들어 1인당 국민소득으로 측정한 국가별 소득수준은 행복과 관련이 있다. 국민소득이 높을수록 평균적인 행복수준은 증가하지만, 국민소득이 일정 수준 이상인 경우에는 국민소득과 행복 간의 관련성이 사라지는 양상을 보였다. 이른바 이스털린의 역설로 불리는 이러한 현상에 대한 경험적 연구가 상당히 진행되어 왔다. 이는 소득수준이 일정 수준 이상인 국가에서는 소득 이외의 다른 요인이 행복감에 영향을 미친다는 점을 시사한다.

소득 이외의 요인으로 복지국가 시스템을 들 수 있다. 포괄적이고 관대하며 보편적인 복지제도를 가진 국가의 경우 높은 수준의 행복감을 보였다(Radcliff, 2001; Pacek and Radcliff, 2008). 핀란드, 스웨덴, 노르웨이 등 행복순위에서 상위에 포진한 북유럽이 대표적인 경우이다. 안정적이고 관대한 복지제도와 결합된 적극적 노동시장제도를 통해 사람들은 생계에 대한 걱정을 덜고, 자신이 원하는 직업을 갖거나 교육훈련에 전념할 수 있다. 시장소득에 대한 의존도를 낮추고, 행복감에 가장 큰 영향을 미치는 선택의 자유 또는 자기결정권을 온전하게 행사할 수 있다는 점이 높은 행복감의 비결이다(유정민·최영준, 2020).

각국 국민들이 인식하는 상이한 기대 또는 열망수준도 행복감에 영향을 미칠 수 있다(권석만, 2010). 학력수준이 높을수록 더 나은 지위에 대한 열망도 높다. 한국과 같이 대졸학력자가 많을수록 정규직, 공기업, 대기업의 안정된 직장으로의 취업에 대한 관심이 많다. 그러나 산업구조의 변동으로 안정된 일자리의 감소로 인해 괜찮은 일자리의 공급은 부족한 상황이다. 결국 취업문을 뚫기 위한 극심한 경쟁이 대학 입학 이후에도 이루어지고, 자신의 기대수준에 미치지 못한 직장을 갖게 된 취업자들은 성취감을 느끼지 못하고 낮은 행복감을 경험하게 된다.

이 장에서는 개인, 국가 수준의 다양한 특성이 생활만족도와 관련이 있는지 밝히기 위해 세 가지 분석을 수행하였다. 첫 번째 분석은 OECD 37개 국가를 대상으로 생활만족도와 관련된 요인을 분석하였다. 상관분석을 통해 국가별 제도 특성이 생활만족도와 어떤 관련이 있는지 밝혔다. 두 번째 분석은 OECD 25개 국가를 대상으로 생활만족도의 평균과 분산과 관련이 있는 요인이 무엇인지 밝혔다. 제4장의 한국 사례에 대한 분석을 확장하여 OECD 25개 국가의 생활만족도의 평균/분산과 관련된 요인이 무엇인지 살펴보았다. 마지막 분석은 한국, 미국, 독일, 일본, 멕시코 등 5개 국가를 대상으로 각국의 문화적 속성 중에서 국민의 가치관 특성이 행복과 관련이 있는지 살펴보았다. 이 분석결과는 이 장의 부록에 제시하였다.

분석 1: OECD 37개 국가의 생활만족도와 관련 요인

이 분석에서는 OECD 전체 국가를 대상으로 생활만족도의 수준과 관련 요인을 탐색하였다. 각국의 생활만족도는 2020년 갤럽조사결과(Gallup World Poll)를 활용하였다. 생활만족도는 응답자의 생활 전반에 대한 평가를 0-10점으로 측정하였다(OECD, 2021). [그림 8-1]은 OECD 전체 국가의 생활만족도를 나타낸 것이다. 핀란드가 7.9점으로 가장 높았으며, 아이슬란드, 덴마크, 네덜란드 순으로 높았다. 북유럽, 서유럽 국가의 생활만족도가 상대적으로 높았다. 튀르키예가 4.9점으로 가장 낮았으며, 한국은 5.8점으로 하위권에 속했다.

그림 8-1 OECD 국가별 생활만족도, 2020년

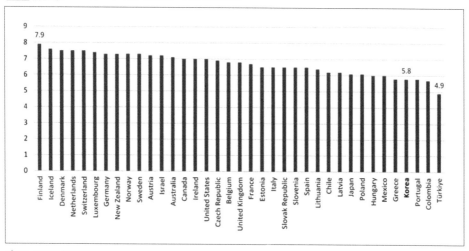

자료: OECD(2021)

생활만족도와 관련있는 요인으로 각국의 정치, 경제, 사회적 요인을 선정하였다. 정치적 요인으로는 국민들의 '투표참여율'을 선정하였다. 복지국가의 규모를 나타내는 'GDP 대비 사회지출' 규모도 측정하였다. 노동시장 요인과 관련하여 '노동시장 불안정', '고용률', '장기실업률', '남녀간 고용률 격차'를 살펴보았다. 소득과 관련하여 '가구가처분 소득', '개인가처분 소득', '가구 순자산', '지니계수'를 측정하였다. 주거환경과 관련하여 '주거비 지출', '1인당 방 수'를 측정하였으며, 교육환경과 관련하여 '교육 성취율', '기대 교육년수'와의 관련성을 살펴보았다. 안전, 근로 및 여가와 관련하여 '밤길 걸을 때 두려움', '과도한 근무시간', '여가시간'을 측정하였다. 마지막으로 국민의 '건강상태'와 '사회적 지지망의 질'을 살펴보았다. 총 19개 변수들은 2020년 시점을 기준으로 측정한 것이다. 2020년에

조사하지 못한 국가의 경우 2019년 또는 2018년에 측정한 변수를 활용하였다.

〈표 8-1〉은 OECD 국가 중에서 한국을 비롯한 5개 국가의 생활만족도와 관련된 지표를 나타낸 것이다. 상관계수 값은 OECD 37개 국가를 대상으로 분석한 결과이다. 생활만족도가 가장 높은 핀란드와 복지국가 유형별로 독일, 스웨덴, 미국, 일본 등을 비교 대상국가로 선정하였다. 생활만족도는 핀란드가 7.9점으로 가장 높았다. 독일과 스웨덴이 7.3점으로 높은 수준을 보였으며, 한국은 5.8점으로 가장 낮았다.

표 8-1 생활만족도와 관련 요인

(단위: %, 점, 달러)

	한국	핀란드	독일	스웨덴	미국	일본	상관계수	
생활만족도	5.8	7.9	7.3	7.3	7.0	6.1		
투표참여율	77	69	76	87	65	53	0.3553	*
GDP 대비 사회지출	12.2	29.132	25.9	25.5	18.7	22.3	0.3909	*
노동시장 불안정	2.9	2.2	1.4	4.4	4.2	2.7	-0.5641	**
고용률	66	72	77	75	67	77	0.6813	**
장기실업률	0	1.2	1.2	1	0.5	0.8	-0.3455	*
남녀 고용율 격차	18.8	3.1	7.6	3.0	10.5	14.3	-0.7000	**
가구가처분소득	24,590	33,471	38,971	33,730	51,147	28,872	0.7600	**
개인가처분소득	41,960	46,230	53,745	47,020	69,392	38,515	0.7721	**
가구순자산	362,340	230,032	304,317	N/A	684,500	294,735	0.3901	*
소득 불평등(지니계수)	0.339	0.269	0.289	0.280	0.395	0.334	-0.4314	**
주거비 지출	14.7	23.1	20	20.1	18.3	21.8	0.3029	
1인당 방 수	1.5	1.9	1.8	1.7	2.4	1.9	0.5931	**
교육성취율	89	91	86	84	92	N/A	0.5041	**
기대 교육년수	17	20	18	20	17	16	0.3165	
혼자 밤길 걸을 때 안전함	82	88	76	79	78	77	0.5307	**
과도한 근로시간	N/A	3.6	3.9	0.9	10.4	N/A	-0.4178	*
레저시간	258.3	330.989	331.2	321.5	285.5	278.3	0.4575	*
건강상태	34	68	66	76	88	37	0.4846	**
사회적 지지망	80	96	90	94	94	89	0.6860	**

자료: OECD(2021) *p<0.05 **p<0.01

정치적 특성과 관련하여 투표참여율은 스웨덴이 87%로 가장 높았다. 다음으로는 한국, 독일 순으로 높았다. 일본이 53%로 가장 낮았다. 투표참여율은 생활만족도와 정적인 관련이 있었다. 투표참여율이 높은 국가의 생활만족도가 상대적으로 높았다. 정치제도는 사회경제 제도의 구성과 개혁에 영향을 미칠 수 있는 핵심적인 제도이다(Acemoglu and Robinson, 2012). 국민의 삶에 영향을 미칠 수 있는 정치, 경제, 사회현안에 대한 의사결정을 하는 후보자 선택에 적극적으로 참여할수록 생활만족도가 높았다. 이는 국가별 정치적 효능감의 차이와도 관련이 있다. 유럽국가 국민들은 정치현안에 높은 관심을 갖고 개인의 삶에 영향을 미칠 수 있는 후보자 선택에 적극적으로 참여함으로써 높은 정치적 효능감을 보인다(Prat and Meunier, 2021). 선거참여를 통해 경제, 사회, 복지제도 등 다양한 영역에서 변화의 가능성에 대한 기대를 갖고, 실제 긍정적인 변화를 통해 삶의 조건을 개선하고 개인의 기대를 실현함으로써 높은 생활만족도를 경험할 수 있기 때문이다.

사회경제적 특성과 관련하여 GDP대비 사회지출은 한국이 12.2%를 차지했다. 핀란드가 29.1%로 가장 높았으며, 독일, 스웨덴이 약 25%정도 수준이었다. GDP대비 사회지출 규모가 클수록 생활만족도가 높았다. 보건, 복지, 교육 등 사회지출 수준이 높을수록 관대하고 포괄적인 사회안전망과 양질의 교육훈련을 국민에게 제공할 수 있기 때문이다.

노동시장 여건과 관련하여, 노동시장불안정[1] 정도는 한국이 2.9%였다. 독일이 1.4%로 가장 낮았으며, 스웨덴, 미국이 4%대로 상대적으로 높았다. 고용률은 한국이 66%였으며, 독일, 일본이 77%로 가장 높았다. 1년 이상 장기실업률의 경우 한국이 가장 낮았으며, 핀란드와 독일이 상대적으로 높은 비율을 보였다. 노동시장불안정과 장기실업률은 생활만족도와 부적인 관련을 맺었다. 노동시장이 불안정하여 장기근속이 어렵고, 실업 위험에 처할수록 생활의 안정성이 감소하여 생활만족도를 낮추기 때문이다. 장기실업률이 높을수록 실업급여와 공공부조 급여에 의존하는 경향이 높다. 개인이 자율적으로 자신의 삶을 결정할 수 있는 정도가 감소하여 생활만족도가 낮아질 수 있다. 한편 고용률이 높은 국가일

---

1) 노동시장불안정(labor market insecurity) 지표는 실업으로 인해 예상되는 근로소득 손실 비율(실업전 소득 대비)을 나타낸다(OECD, 2022a).

수록 생활만족도가 높았다. 자신이 원하는 일에 도전하여 성취감을 얻을 수 있는 기회가 많기 때문에 생활만족도가 높을 수 있다.

남녀간 고용률 격차는 남성 고용률에서 여성 고용률을 차감한 것이다. 성별 고용률 격차는 한국이 18.8%로 가장 높았으며, 핀란드와 스웨덴이 3%대로 가장 낮았다. 성별 고용률 격차가 큰 국가일수록 생활만족도가 낮았다. 남녀 고용률 격차는 노동시장 성평등 지표 중의 하나이다. 여성이 자신의 역량을 실현할 수 있는 기회가 부족한 사회일수록 여성의 노동시장 참여율이 낮으며 생활만족도가 낮아질 가능성이 있다. 양성평등이 잘 이루어지지 않는 국가일수록 남성 또는 여성의 권리가 온전하게 보장되지 않고, 자아실현의 기회에 제약이 가해져서 개인의 역량개발을 위한 자유로운 선택이 어려울 수 있다. 그 결과 생활만족도가 낮아지게 된다.

소득과 재산과 관련하여, 가구가처분소득, 개인소득[2], 가구순자산 등을 달러로 측정하였다. 세 지표 모두 미국이 가장 많았으며, 독일, 스웨덴 순으로 소득과 자산이 많았다. 상관분석 결과, 가구가처분소득, 개인소득과 가구순자산이 많은 국가일수록 국민의 생활만족도가 높았다.

가구가처분소득의 지니계수로 소득 불평등을 측정하였다. 소득 불평등은 미국이 가장 높았으며, 다음으로 한국, 일본 순으로 높았다. 생활만족도가 가장 높은 핀란드의 소득 불평등이 가장 낮았다. 소득 불평등이 높은 국가일수록 생활만족도가 낮았다. 생활만족도와 행복은 상대적인 개념이다. 소득 불평등이 높을수록 높은 소득격차로 인해 상대적 박탈감을 경험하는 사람들이 많으며, 이는 생활만족도를 낮추는 결과를 낳을 수 있기 때문이다.

주거여건과 관련하여 가구총가처분소득의 비율로 측정한 주거비 지출과 주거지 방의 개수를 거주인 수로 나눈 개인별 방 수를 살펴보았다. 주거비 지출은 핀란드가 23.1%로 가장 높았으며, 한국이 14.7%로 가장 낮았다. 1인당 방 수는 미국이 가장 많았으며 한국이 가장 적었다. 주거비 지출은 생활만족도와 관련이 없었으나, 1인당 방 수는 생활만족도와 정적인 관련성을 보였다. 개인별 방이 많은 쾌적한 주거환경에서 생활하는 국민들이 더 높은 수준의 생활만족을 경험

---

2) 개인소득은 상용직 근로자를 기준으로 연평균 세전소득으로 측정하였다.

하고 있다.

교육과 관련하여 교육성취율 또는 중등교육이수율[3], 교육예상기간을 살펴보았다. 교육성취율은 미국, 핀란드가 90%를 상회하였으며, 한국도 89%에 달했다. 5세 아동이 생애 동안 참여할 것으로 예상되는 교육기간은 핀란드, 스웨덴이 20년으로 가장 길었다. 일본이 16년으로 가장 짧았다. 중등교육 이수율과 교육예상기간은 생활만족도와 정적으로 관련되었다. 중등교육 이수율이 높고, 교육예상기간이 긴 국가일수록 높은 생활만족도를 보였다. 교육과 훈련은 개인의 자아실현을 위한 역량을 제공해주기 때문이다.

안전과 관련하여 혼자 밤길 걷는 데 안전함을 느끼는 비율은 핀란드가 88%로 가장 높았다. 다음으로는 한국, 스웨덴, 미국 순으로 높았다. 안전함을 느끼는 비율이 높은 국가일수록 높은 생활만족도를 보였다. 안전욕구의 충족은 일상적인 삶에서 만족감을 빈번하게 경험할 수 있는 기본적인 조건이기 때문이다.

근로/레저활동과 관련하여 주당 50시간 이상의 과도한 근로시간과 여가시간을 살펴보았다. 과도한 근로시간 비율은 미국이 10.4%로 가장 높았으며, 스웨덴이 0.9%로 가장 낮았다. 하루 동안 분단위로 측정한 여가시간은 핀란드와 독일이 330분으로 가장 높은 수준을 보였다. 한국이 258분으로 가장 적었다. 과도한 근로시간 비율은 생활만족도와 부적인 관련을 맺은 반면, 레저시간은 정적인 관련성을 맺었다. 적정한 시간을 넘어서 과도한 근로시간은 개인의 삶의 질을 떨어뜨리고 만족감을 저해하기 때문이다.

건강상태가 좋다고 응답한 비율을 살펴보면, 미국이 88%로 가장 높았다. 다음으로는 스웨덴이 높은 비율을 보였다. 한국과 일본은 30%대에 불과하였다. 건강상태가 좋다고 응답한 비율이 높은 국가일수록 높은 생활만족도를 보였다. 건강은 개인이 일상적인 삶을 원활하게 수행하기 위한 기본적인 조건이기 때문이다.

마지막으로 사회적 지지와 관련하여 사회적 지지망의 질[4]을 살펴보았다. 핀란드가 96%로 가장 높았다. 스웨덴과 미국이 다음으로 높은 비율을 보였다. 한

---

3) 교육성취율(educational attainment)는 성인(25-64세) 인구 중에서 고등학교 졸업학력을 가진 비율로 측정하였다(OECD, 2022b).
4) 지지망의 질(quality of support network)은 '어려움에 처했을 때 의지하고 도움을 줄 수 있는 친척, 친구가 있는가?'라는 문항에 긍정적으로 응답한 응답자의 비율로 측정하였다(OECD, 2022c).

국은 80%로 가장 낮은 비율을 보였다. 사회적 지지망의 질은 생활만족도와 정적인 관련을 맺었다. 사회적 지지망의 질이 좋은 국가의 국민들은 상대적으로 높은 생활만족도를 경험하고 있다.

분석 2: OECD 25개 국가의 행복수준과 행복 불평등

이 분석에서는 5차 유럽가치관조사(EVS, European Value Survey)와 6차 세계가치관조사(WVS, World Value Survey)를 결합한 자료를 활용하여 OECD 25개 국가의 행복과 행복 불평등의 수준과 관련된 요인을 살펴보았다. 이 자료는 2017-2022년 기간 동안 88개 국가의 자료를 포함하고 있다(EVS/WVS, 2022). 이 중에서 OECD 25개국 47,482명의 응답자를 분석하였다.[5]

이 분석에서 활용하는 개인 수준 변수의 측정방법은 제4장에서 분석한 내용과 대체로 동일하다. 추가로 분석한 변수로서 응답자가 해당 국가에서 출생했는지 여부, 자발적 조직 참여와 관련하여 종교집단과 스포츠 클럽 참여 여부를 각각 이분변수로 측정하였다. 국가 수준의 변수로서 소득지위 불평등을 나타내는 대리 지표로서 국가별 소득지위의 표준편차를 측정하였다. 개인의 소득지위는 0-10으로 측정하였다. 소득지위의 표준편차가 클수록 소득집단의 양극화 정도가 높은 것을 의미한다. 마찬가지 방식으로 국가별로 자유결정의 표준편차를 측정하였다. 자유결정 표준편차가 클수록 자유결정의 분포에서 응답자들 간에 퍼져 있는 정도가 크다.

각국의 가버넌스 구조와 관련하여 세계가버넌스 지표(Worldwide Governance Indicators, WGI)를 활용하였다. 이 중에서 발언과 책임성(Voice and Accountability), 정치안정성과 폭력/테러리즘 부재(Political Stability and Absence of Violence/Terrorism), 정부 효과성(Government Effectiveness)을 측정하였다. 세 가지 가버넌스 변수는 표준화된 점수로 측정하였으며, -2.5에서 2.5까지의 범위에 속해 있다(Kaufmann et al., 2010).

---

5) OECD 국가 중에서 과거 동구권에 속한 국가와 이스라엘을 제외하였다. 분석대상 25개 국가는 오스트레일리아, 오스트리아, 캐나다, 칠레, 콜롬비아, 덴마크, 핀란드, 프랑스, 독일, 그리스, 아이슬란드, 이탈리아, 일본, 한국, 멕시코, 네덜란드, 뉴질랜드, 노르웨이, 포르투갈, 스페인, 스웨덴, 스위스, 튀르키예, 영국, 미국이다.

분석결과: OECD 25개 국가의 행복과 행복 불평등

[그림 8-2]는 OECD 25개 국가의 생활만족도 평균과 표준편차를 나타낸 것이다. 콜롬비아가 8.2로 생활만족도가 가장 높았다. 멕시코, 아이슬란드, 노르웨이, 스위스 순으로 높은 생활만족도를 보였다. 한국, 일본, 튀르키예는 하위권에 속했다. 행복 불평등을 측정한 생활만족도의 표준편차는 뉴질랜드가 2.7로 가장 높은 반면, 한국은 1.3으로 가장 낮았다. 유사한 생활만족도를 나타내는 국가 간에도 표준편차는 상당히 다른 양상을 보였다. 예를 들어 한국과 일본은 생활만족도가 유사한 수준이다. 그러나 일본(2.2)은 한국(1.3)에 비해 표준편차가 상당히 높게 나타났다.

그림 **8-2** OECD 25개 국가의 생활만족도, 평균과 표준편차

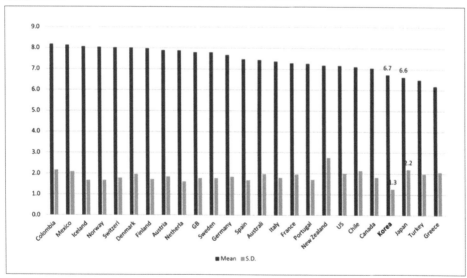

자료: Inglehart et al.(2014)

[그림 8-3]은 행복감을 4점 척도로 측정한 결과이다. 행복감은 생활만족도와 대체로 유사한 양상을 보였다. 멕시코가 3.5로 가장 높은 행복수준을 보였다. 그리스가 2.8로 행복감이 가장 낮았다. 한국은 이탈리아, 칠레, 뉴질랜드와 함께 하위권에 속했다. 행복감의 표준편차로 측정한 행복 불평등은 뉴질랜드(2.49)가 가장 컸으며, 한국(0.38)이 가장 적었다.

그림 8-3 OECD 25개 국가의 행복감 평균/표준편차

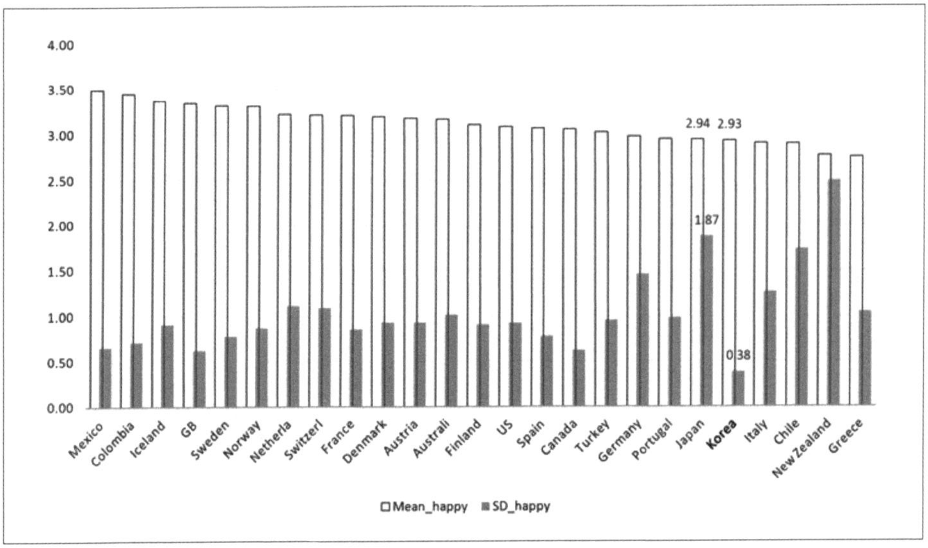

자료: Inglehart et al.(2014)

〈표 8-2〉는 OECD 25개국 47,482명 응답자의 특성을 나타낸 것이다. 응답자의 47.7%는 남성이었다. 60대 이상 응답자는 31.5%였으며, 4년제 대졸 이상 학력자는 29.1%였다. 57.4%의 응답자가 결혼 또는 동거 중이었으며, 응답자의 71.0%는 건강상태가 좋거나 매우 좋다고 응답하였다. 가족이 매우 중요하다고 응답한 비율이 87.8%로 가장 높았으며, 다음으로는 친구와 레저시간을 중요하다고 응답하였다. 응답자의 43.4%가 대부분의 사람들을 신뢰한다고 응답하였다. 종교집단에 속한 비율은 29.1%였으며, 스포츠 클럽 가입 비율도 유사하였다. 자신의 삶을 자유롭게 선택하고 통제할 수 있는 정도는 7.3점이었다. 소득지위의 평균은 4.4점이었다.

국가 수준 변수와 관련하여, 자유선택과 소득지위의 표준편차와 3가지 가버넌스 지표를 조사하였다. 자유결정의 표준편차 평균은 2.0이었다. 소득지위 표준편차 평균은 2.9였다. 발언과 책임성 평균은 1.1이었으며, 정치안정성과 폭력부재 평균은 0.6이었다. 정부의 효과성 평균은 1.3이었다.

표 8-2 응답자 특성 (n = 47,482)

		%/평균 (표준편차)			%/평균 (표준편차)
성별	남성	47.7	친구의 중요성	전혀 중요하지 않음	0.8
				매우 중요하지는 않음	6.3
연령	20대	16.0		다소 중요함	40.7
	30대	16.3		매우 중요함	51.7
	40대	17.1		무응답	0.5
	50대	17.7	여가의 중요성	전혀 중요하지 않음	0.8
	60대 이상	31.5		매우 중요하지는 않음	7.3
	무응답	1.5		다소 중요함	45.1
교육수준	초등학교 미만	1.7		매우 중요함	46.2
	초등학교	9.0		무응답	0.7
	중학교	11.4	정치의 중요성	전혀 중요하지 않음	12.9
	고등학교	30.6		매우 중요하지는 않음	33.7
	고등 이상(대학 아님)	8.8		다소 중요함	39.9
	단기 대학	8.5		매우 중요함	12.6
	학사	17.0		무응답	1.0
	석사	10.5	일의 중요성	전혀 중요하지 않음	5.0
	박사	1.6		매우 중요하지는 않음	8.2
	무응답	1.1		다소 중요함	36.9
결혼상태	결혼	50.8		매우 중요함	48.5
	동거	6.6		무응답	1.4
	이혼	7.8	종교의 중요성	전혀 중요하지 않음	24.5
	별거	2.4		매우 중요하지는 않음	30.3
	사별	6.4		다소 중요함	23.2
	미혼	25.4		매우 중요함	21.0
	무응답	0.6		무응답	1.1
건강상태	나쁨	4.9	타인 신뢰		43.4
	그저 그러함	22.8	종교집단 가입		29.1
	좋음	47.1	스포츠클럽 가입		29.5
	매우 좋음	23.9	자유결정		7.3(2.1)
	무응답	1.3	소득 지위		4.4(3.4)
가족의 중요성	전혀 중요하지 않음	0.3	자유결정 표준편차		2.0(0.2)
	매우 중요하지는 않음	1.5	소득지위 표준편차		2.9(0.8)
	다소 중요함	10.0	발언/책임성		1.1(0.6)
	매우 중요함	87.8	정치안정성 & 비폭력/테러리즘 부재		0.6(0.7)
	무응답	0.4	정부 효과성		1.3(0.7)

자료: Inglehart et al.(2014)

이분산 회귀분석 결과

〈표 8-3〉은 생활만족도를 종속변수로 한 이분산회귀분석 결과를 보여준다. 왼쪽과 오른쪽 패널은 각각 생활만족도의 평균과 분산과 관련된 회귀계수를 나타낸다. 출생지, 성별, 연령, 결혼상태, 건강상태와 같은 인구학적 요인들은 생활만족도와 관련을 맺었다. 조사대상 국가에서 출생한 응답자들은 이민 온 응답자에 비해 높은 생활만족도와 낮은 분산을 보였다. 여성이 남성에 비해 생활만족도가 높았다. 분산은 차이가 없었다.

연령대별로, 50대 이상은 40대에 비해 생활만족도가 높았다. 50대는 40대에 비해 생활만족도 분산이 낮았다. 교육수준은 생활만족도 평균과 분산 모두 관련이 없었다. 결혼한 집단이 미혼집단에 비해 생활만족도가 높았으며 분산은 낮았다. 이혼 또는 별거집단은 미혼집단에 비해 생활만족도가 낮았다.

건강이 좋을수록 생활만족도가 높았으며 분산도 낮았다. 개인이 중시하는 가치관도 생활만족도와 관련이 있었다. 가족, 친구, 여가시간, 종교가 자신의 삶에서 중요하다고 생각할수록 생활만족도가 높았다. 특히 가족과 친구를 중시하는 응답자일수록 낮은 분산을 보였다. 그러나 정치와 일의 중요성에 대한 인식은 생활만족도와 관련이 없었다.

타인을 신뢰할수록 높은 생활만족도와 낮은 분산을 보였다. 종교단체 또는 스포츠 클럽에 소속된 집단의 생활만족도가 높았으며 분산이 낮았다. 자유롭게 자신의 삶을 선택하고 통제할 수 있다고 생각할수록 생활만족도가 높았으며 분산은 낮았다. 고소득 집단일수록 높은 생활만족도와 낮은 분산을 보였다.

국가수준의 변수와 관련하여, 자유결정의 표준편차가 큰 국가일수록 생활만족도가 높고 분산도 크게 나타났다. 소득지위의 표준편차로 측정한 소득 불평등이 큰 국가일수록 생활만족도가 낮으며 분산이 큰 모습을 보였다. 정부의 특성도 생활만족도와 관련이 있었다. 발언과 책임성이 높은 국가일수록 생활만족도가 높고, 분산이 낮았다. 정치적 안정성과 폭력/테러리즘이 부재한 국가일수록 생활만족도가 낮았다. 정부의 효율성은 생활만족도와 관련이 없었다.

표 8-3 생활만족도에 대한 이분산 회귀분석 결과

		평균			분산		
		회귀계수	표준오차		회귀계수	표준오차	
현지 출생(비출생)		0.094	0.022	**	−0.127	0.022	**
남성(여성)		−0.057	0.013	**	0.009	0.013	
연령대(40대)	20대	−0.011	0.024		−0.004	0.024	
	30대	−0.020	0.021		−0.024	0.022	
	50대	0.076	0.020	**	−0.083	0.022	**
	60대 이상	0.413	0.020	**	−0.038	0.021	
교육수준		−0.005	0.004		−0.034	0.004	**
결혼상태(미혼)	결혼/동거	0.304	0.018	**	−0.129	0.018	**
	이혼/별거	−0.077	0.027	**	0.021	0.026	
	사별	−0.009	0.035		0.031	0.033	
건강상태		0.515	0.009	**	−0.146	0.009	**
중시하는 영역	가족	0.189	0.018	**	−0.105	0.017	**
	친구	0.074	0.011	**	−0.050	0.011	**
	여가시간	0.058	0.011	**	−0.003	0.011	
	정치	−0.013	0.008		−0.016	0.008	
	일	0.006	0.008		0.041	0.009	**
	종교	0.063	0.007	**	0.030	0.008	**
타인에 대한 신뢰		0.195	0.014	**	−0.185	0.015	**
종교집단(미가입)		0.046	0.016	**	−0.070	0.017	**
스포츠클럽(미가입)		0.022	0.014		−0.049	0.015	**
자유선택		0.365	0.004	**	−0.116	0.003	**
소득지위		0.025	0.002	**	−0.037	0.002	**
자유선택 표준편차		0.838	0.100	**	0.269	0.105	*
소득지위 표준편차		−0.373	0.052	**	0.197	0.072	**
발언/책임성		0.975	0.249	**	−0.305	0.103	**
정치적안정성/폭력 부재		−0.784	0.049	**	0.200	0.185	
정부효과성		0.240	0.375		−0.122	0.426	
상수		−0.498	0.325		2.112	0.371	**
N		47482					
Log Likelihood		−84440					

주: * p<0.05 ** p<0.01, 괄호 안은 더미변수에서 기준 범주를 나타냄
자료: Inglehart et al.(2014)

논의와 결론

국가수준 변수를 활용한 첫 번째 분석결과, 한국인의 행복을 증진하기 위한 다음과 같은 정책적 시사점을 얻을 수 있다. 한국의 사회지출은 빠른 속도로 증가해 왔으나 여전히 독일, 스웨덴의 절반에도 못 미치는 수준이다. 이는 한국의 상대적으로 낮은 고령화율, 공적연금을 비롯한 사회보험의 포괄범위와 급여수준이 낮기 때문이다. 정부는 국민이 시장에 과도하게 의존하지 않고 인간다운 삶을 살아갈 수 있는 기반을 구축하기 위해 사회보장 지출을 좀더 확대할 필요가 있다.

노동시장 여건도 개선할 필요가 있다. 장기실업률은 낮지만, 고용률은 상대적으로 낮은 편이다. 그 이유는 여성의 노동시장 참여율이 낮기 때문이다. 남녀 고용률 격차가 극심한 것도 이를 보여준다. 이는 결혼과 출산 이후 여성이 자녀 돌봄과 교육에 전념할 수밖에 없는 상황에서 비롯된다. 안심하고 자녀를 맡길 수 있는 보육시설이 부족하고, 자녀가 대입경쟁에서 뒤처지지 않도록 사교육에 신경쓰는 것도 주로 여성의 몫이기 때문이다. 이러한 상황에서 여성들은 취업을 해도 결혼과 출산을 꺼리게 된다. 취업한 여성들도 출산 이후 직업활동과 자녀 교육의 선택에 끊임없이 직면하게 된다. 정부는 믿고 맡길 수 있는 보육시설의 품질을 증진하기 위해 보육인력의 역량과 처우를 향상시킬 수 있는 정책을 추진할 필요가 있다. 수능시험 등 대입제도의 개편, 공교육의 정상화를 통해 학생들이 불필요한 문제풀이에 매달리지 않고, 자신의 적성을 발견하고, 능력을 폭넓게 배양할 수 있는 교육정책의 개혁도 필요하다.

소득 불평등 개선도 한국인의 행복을 높일 수 있는 길이다. 지난 20여년간 복지국가의 발전과 재분배 정책을 통해 소득 불평등이 개선되어 왔다. 그러나 1차적인 소득분배가 이루어지는 생산물 시장에서의 불평등은 심화되고 있다. 대기업/중소기업, 정규직/비정규직 간의 근로소득 격차는 증가하여 왔다. 정부는 재분배 정책을 넘어서 산업정책, 노동시장정책을 통해 시장에서의 1차적인 소득 불평등 개선을 위한 적극적인 정책을 수행할 필요가 있다.

한국인의 과도한 근로시간과 적은 여가시간도 행복을 낮추는 요인이다. 근로활동을 통해 성취감을 얻을 수 있지만, 과도한 근로시간에 따른 피로감으로 인해 가족, 친구와 함께 양질의 여가활동을 충분히 하지 못하는 것도 행복을 낮추는 요인이다. 과거 '회사인' 모델에서 탈피하여 일과 가정의 균형을 유지할 수 있도록 고용주와 직원이 협력할 필요가 있다.

도움이 필요할 때 도구적·정서적 지원을 받을 수 있는 사회적 지지망이 부족한 것도 한국인의 행복을 낮추고 있다. 행복의 비결 중의 하나는 친밀한 사회적 관계망이다(Layard, 2011). 나를 온전하게 이해하고 지지해 주고, 여가생활을 함께 할 수 있는 타인의 존재는 특히 노년의 행복에 중요한 요인이기 때문이다(류재린, 2017). 1인가구 증가 등 한국사회 인구구성의 변화로 인해 사회적 관계의 단절이 심화될 가능성이 있다. 이는 한국인의 행복을 증진하는 데 저해요인으로 작용할 수 있다. 사회적 관계가 단절되어 고립될 가능성이 있는 저소득 1인가구, 한부모 가구 등 취약계층에 대한 양질의 서비스 제공 및 관리를 강화할 필요가 있다.

두 번째 분석결과, 개인 수준의 변수는 4장에서 한국 사례를 분석한 결과와 매우 유사한 결과를 보였다. 이 절에서는 주로 국가수준 변수에 초점을 맞추어 논의할 것이다. 국가수준 변수로서 소득 불평등의 대리지표인 소득지위 표준편차가 클수록 행복평균이 낮고, 행복분산은 높았다. 이는 소득 불평등이 국민들의 행복감에 부정적인 영향을 미친다는 점을 재확인시켜 준다(Oishi et al., 2011). 또한 소득불평등이 높을수록 행복 불평등도 높았다. 예를 들어 한국과 일본의 생활만족도는 유사한 수준을 보였지만, 행복 불평등은 일본이 높은 수준을 보였다. 이는 일본의 소득지위 표준편차가 큰 점과 관련을 맺을 수 있다.[6]

가버넌스 변수와 관련하여 국민들의 발언과 책임성이 높을수록 행복감이 높았고 행복분산은 낮았다. 국민들이 정부 정책에 대해 다양한 목소리를 내는 것을 보장하는 민주적인 국가일수록 행복감이 높았다. 반면에 예상과는 달리 정치적 안정성과 폭력/테러리즘 부재 정도가 높을수록 행복감이 낮았다. 이는 콜롬비아, 멕시코 등 남미국가의 높은 행복감과 관련이 있을 수 있다. 이 국가들은 정치적으로 불안정한 국가들이지만 행복감은 높은 국가들이기 때문이다.

---

6) 한국과 일본의 주관적 계층 인식의 분포를 분석한 결과, 주관적 계층 인식의 표준편차가 일본이 한국에 비해 컸다. 한국은 종모양의 정규분포를 보이는 반면, 일본은 저소득 계층에 몰려있는 양상을 띠고 있었다. 일본의 경우 중산층(4-7)에 속한다고 응답한 비율이 36.3%에 불과한 반면, 한국은 82.6%를 차지하였다. 소득지위 분포의 특성이 한일 간 행복 불평등의 차이와 관련이 있을 것이다.

[부록] 국민의 가치관 특성과 생활만족도 차이

유럽가치관조사와 세계가치관조사 결합자료에 따르면 OECD 국가 중에서 상대적으로 낮은 소득수준과 저발달된 복지제도에도 불구하고 높은 수준의 행복감을 보이는 국가들이 있다. 남미의 멕시코, 콜롬비아 등이다. 이 국가들의 행복의 비결은 무엇일까? 북서유럽 국가에 비해 상대적으로 낮은 소득을 얻지만, 따뜻한 기후, 풍부한 천연자원, 낙천적인 국민성이 높은 행복감의 비결이라고 할 수 있다. 이 중에서 국가별로 집계한 개인의 가치관과 생활만족도 간의 관련성을 살펴보았다.

〈부록 표 8-1〉은 세계가치관조사 6차조사를 통해 한국을 비롯한 6개 국가 국민의 가치관을 나타낸 것이다.

표 8-1 국가별 가치관 특성과 생활만족

가치관	한국	미국	스웨덴	독일	일본	멕시코
새로운 아이디어를 생각하고 창조적이기	3.70	3.97	4.53	4.15	3.36	4.16
부유해지기	2.61	2.41	2.43	3.06	2.07	2.16
안전한 환경에서 생활하기	4.24	4.29	4.24	3.92	3.63	4.98
즐거운 시간보내기	4.02	2.95	3.90	3.94	2.90	4.42
사회에 기여하는 일하기	3.67	4.27	4.13	4.01	3.15	4.79
주위 사람을 돕기				4.55	3.58	
성공하기	3.99	3.44	3.26	4.18	2.84	4.26
모험과 위험감수하기	3.66	2.99	3.10	2.61	2.17	3.03
언제나 적절하게 행동하기	4.42	3.98	3.65	3.77	3.20	4.37
환경 돌보기	4.06	4.04	4.50	4.07	3.67	4.98
전통지키기	3.44	3.97	3.78	3.93	2.89	4.71
생활만족도	6.53	7.37	7.61	7.38	6.71	8.51
행복	3.03	3.20	3.34	2.98	2.83	3.61

자료: Inglehart et al.(2014)

Swartz(2012)가 개발한 가치관 11개 항목을 활용하여 각국의 국민이 중요시하는 가치관 특성을 비교했다.[7] 6개 국가 중에서 멕시코가 생활만족도와 행복감에서 가장 높았으며, 가치관 11개 항목 중에서 8개 항목에서 가장 높은 값을 보였다.

가치관 항목별로 살펴보면, '창조적인 삶'은 스웨덴이 가장 높았으면 멕시코, 독일 순이었다. '부유한 삶'은 독일에서 가장 높았으며, 일본이 가장 낮았다. '안정된 삶'은 모든 국가에서 전반적으로 높은 수준을 보였으며, 멕시코가 가장 높게 나타났다. '맘껏 즐기는 삶'은 멕시코가 가장 높았으며, 한국, 독일 순으로 높았으며, 일본이 가장 낮았다. '사회에 기여하는 삶'도 멕시코가 가장 높았으며, 미국, 스웨덴 순으로 높게 나타났다. '성공적인 삶'도 멕시코가 가장 높았으며, 독일, 한국 순으로 높았다.

'모험적인, 흥미진진한 삶'은 한국이 가장 높았다. 다음으로는 스웨덴이 높은 수준을 보였다. '적절하게 행동하기'도 한국이 가장 높았으며, 멕시코가 다음을 차지하였다. '환경보호'는 멕시코가 가장 높았으며, 스웨덴이 다음 순위를 차지하였다. 마지막으로 '종교/가족의 관행 따르기'는 멕시코가 가장 높았으며, 미국, 독일이 높았다.

응답자들이 중시하는 가치관을 표현하는 정도와 관련하여 멕시코인이 자신의 의견을 가장 적극적이고 강하게 표현하였다. 반면에 일본인은 자신의 가치관을 표현하는 데 다소 주저하는 듯한 모습을 보였다. 일본은 6개 국가 중에서 11개 항목 모두 가장 낮은 값을 보였다. 일본인은 자신의 가치관을 적극적으로 표현하는 것을 꺼리는 것으로 여겨진다. 이와 같이 국민들의 가치관이 행복감에 상당한 영향을 미칠 수도 있다.

---

7) Swartz 가치관 11개 문항은 다음과 같다. '새로운 아이디어를 생각하고 창조적이기(자기 고유의 방식으로 일하기)', '부유해지기(많은 돈과 값비싼 물건을 소유하기)', '안전한 환경에서 생활하기(위험한 일 피하기)', '즐거운 시간을 보내기(마음껏 즐기기)', '사회에 기여하는 일하기', '주위 사람들을 돕기(이웃 돌보기)', '성공하기(타인이 나의 성취를 인정해주기)', '모험과 위험 감수하기(흥미진진한 삶을 살기)', '언제나 적절하게 행동하기(잘못된 어떠한 일도 안하기)', '환경 돌보기(자연과 생명자원 가꾸기)', '전통 지키기(종교, 가족의 관행 따르기)'.

제 9 장

소득보장제도와 행복

소득보장제도는 행복 증진에 기여했는가?

지난 수십 년간 국민소득이 증가하고 소득보장제도가 발전하면서 빈곤이 감소하고 소득 불평등이 완화되어 왔다(김교성, 2017; 남재욱, 2018). 그 결과 경제적 어려움을 경험하는 사람들의 비율도 크게 감소하였다(한국행정연구원, 2022). 사회통합실태조사에 따르면 병원비 부담으로 진료를 받지 못한 응답자의 비율은 2015년 9.8%에서 2021년 4.5%로 감소하였다(한국행정연구원, 2022). 소득보장제도의 효과에 관한 연구에서는 개별 제도 또는 소득보장 정책패키지가 빈곤이나 불평등에 미치는 영향을 주로 탐색하였다(김환준, 2017; 강신욱, 2017). 소득보장제도가 궁극적으로 개인의 행복에 미치는 영향에 관한 연구는 부족하였다.

소득보장제도는 행복을 증진하는 데 기여했는가? 국민연금, 기초연금, 기초생활보장제도가 행복에 미치는 영향은 상이한가? 이 장에서는 핵심적인 공적 소득보장제도인 국민연금, 기초연금, 기초생활보장 정책이 국민의 생활만족도와 우울감에 미치는 효과를 밝히고자 한다.

소득보장제도가 삶의 질에 대한 인식, 생활만족도, 행복 또는 우울과 같은 정서적 감정에 미치는 영향에 관한 기존 연구에서는 상이한 집단 간 비교에 주로 관심을 두었다(권혁창·조혜정, 2019; 김정근, 2016; 이상록·이순아, 2016). 노후소득 보장과 관련하여 국민연금 수급자 집단이 비수급자 또는 기초생활수급자 집단에 비해 생활만족도가 높았다(권혁창·조혜정, 2019). 국민연금 수급 집단이 안정적인 직장경력, 높은 수준의 자산과 소득을 갖고 있기 때문에 은퇴 후에도 생활만족도가 높을 수 있다. 기초생활수급자의 생활만족도가 가장 낮았는데, 소득수준이 낮을수록 생활만족도가 낮기 때문이다. 기초생활보장 수급자 집단과 비수급자 집단 간의 생활만족도를 비교하면 기초생활보장제도를 받음에도 불구하고 수급자 집단의 생활만족도가 낮게 나타날 수밖에 없다.

소득보장제도가 정신건강에 미치는 영향은 제도별로 다를 수 있다. 이중에서 기초생활보장제도가 정신건강에 미치는 영향에 관한 연구결과는 다소 혼재되어 있다. 일부 연구에서는 기초생활보장제도가 우울과 같은 정신건강에 미치는 영향이 거의 없거나 단기간에 국한된 것으로 나타났다(최요한, 2018; 이원진, 2012). 다른 연구에서는 기초생활보장제도의 개선이 우울증과 자살의향을 감소시키고, 자아존중감을 향상시키는 긍정적인 효과가 있음을 밝히고 있다(남재현·이래혁, 2020). 이 연구들에서는 주로 기초생활보장제도 수급 여부를 중심으로 패널자료를 구축하여 효과를 탐색하고 있다. 각종 급여의 수급액을 활용하여 제도의 효과를 얼밀하게 밝힐 필요가 있다.

제도 효과를 면밀하게 분석하기 위해서는 집단 간 횡단면적 비교가 아니라 연도별로 응답자를 추적조사할 필요가 있다. 특정 소득보장제도를 받는 집단을 대상으로 수급액이 증감했을 때 생활만족 또는 우울감에 어떠한 변화가 발생하는지를 탐색하는 것이다. 예를 들어 기초생활보장제도의 경우 수급자 집단만을 대상으로 생계급여가 증가했을 때 생활만족도의 변화가 어떠한지 조사하는 것이다.[1] 수급자 개인별로 생계급여 금액의 변동이 생활만족도에 미치는 영향을 살펴봄으로써 기초생활보장제도가 생활만족도에 미치는 영향을 좀더 정확하게 분석할 수 있을 것이다. 다른 제도도 마찬가지이다. 이 방법을 통해 소득보장제도가 생활만족에 미치는 효과가 어떠한지, 어떠한 제도가 생활만족도 증진에 가장

---

1) 이 경우에도 근로소득이 감소했기 때문에 보충급여 성격인 생계급여가 증가했을 가능성이 있다. 따라서 좀더 면밀한 분석이 필요하다.

효과적인지 밝힐 수 있다.

소득보장제도의 특성과 생활만족

소득보장정책이 생활만족에 미치는 영향을 밝힐 때 제도의 적용범위와 급여수준을 고려할 필요가 있다. 제도의 적용범위가 넓을수록 생활만족도에 미치는 영향이 클 것이다. 국민연금과 기초생활보장의 효과를 비교할 경우 국민연금이 생활만족도에 미치는 영향이 큰 이유는 적용범위가 더 넓기 때문이다. 국민연금 가입자 수는 2021년 12월말 기준, 약 2,235만 명인 반면, 기초생활보장 수급자는 약 227만 명 정도이다(국민연금공단, 2023; 통계청, 2023d). 급여수준도 중요한 영향을 미친다. 급여수준이 높을수록 생활만족도에 긍정적인 영향을 미칠 수 있다. 평균적인 급여수준이 높은 국민연금이 기초생활보장에 비해 생활만족도에 미치는 긍정적인 효과가 클 것이라고 예상할 수 있다.

소득보장제도의 적용범위와 급여수준의 차이에 따라 생활만족도에 미치는 영향이 다를 수 있기 때문에 분석대상을 엄밀하게 선정해야 할 필요가 있다. 노인을 대상으로 분석할 경우에도 전체 노인을 대상으로 할 것인지 아니면 저소득층 노인만을 대상으로 할 것인지에 따라서 각 정책이 생활만족에 미치는 효과가 다를 수 있다. 전체 노인을 대상으로 하는 경우, 적용범위가 넓고 급여수준이 높은 국민연금이 기초생활보장에 비해 생활만족에 미치는 효과가 더 클 것이다. 반면에 빈곤층 노인을 대상으로 할 경우 생계급여의 효과가 국민연금에 비해 더 큰 효과를 발휘할 것이다.

두 기간 사이의 급여액의 변동이 많을수록 소득보장제도가 생활만족과 우울감에 미치는 영향이 클 수 있다. 생계급여의 경우 소득수준의 변화뿐만 아니라 기초생활보장의 제도변화에 따라서도 적용범위와 급여 수준이 큰 영향을 받는다. 예를 들어 두 기간 사이에 기준중위소득이 인상되면 수급자 규모와 수급액에서 변화가 발생한다. 재산의 소득환산 기준의 변화도 영향을 미칠 수 있다. 재산의 소득환산기준이 완화(예: 기본재산 공제금액 인상)되면 소득인정액이 감소하고 생계급여가 증가할 수 있다. 반면에 국민연금과 기초연금의 경우 1-2년 사이에 제도변화에 따른 연금액의 변동이 상대적으로 적다. 따라서 저소득층의 경우 생계급여가 국민연금이나 기초연금에 비해 생활만족과 우울감에 미칠 영향이 더 클 것이다.

생활만족와 우울감에 미치는 효과를 어떻게 식별할 것인가

이 장에서는 패널자료를 활용하여 국민연금, 기초연금, 생계급여의 변화를 측정하였다. 횡단면 자료를 활용한 소득보장제도의 효과를 탐색한 연구는 상이한 급여수준을 가진 집단 간 비교를 한 결과이다. 예를 들어 100만원 단위로 측정한 국민연금 변수의 회귀계수가 0.1로 나타났다면 국민연금이 100만원 많은 집단이 그렇지 않은 집단에 비해 생활만족도가 0.1정도 높음을 의미한다.

이 경우 상이한 개인 또는 가구가 지닌 고유한 특성이 두 집단 간의 생활만족도에 영향을 미칠 수 있다. 그러나 횡단면 자료를 활용한 집단 간 비교에서는 이러한 특성의 영향을 제대로 통제하기가 어렵다. 제도의 효과를 정확하게 식별하기 위해서는 패널자료를 구축하여 개인별로 특정 제도의 수급액 증감이 생활만족도와 우울감에 미치는 영향을 추적할 필요가 있다.

분석자료와 측정방법

소득보장제도가 생활만족도와 우울감에 미치는 영향을 밝히기 위해 한국복지패널 15, 16차 자료를 활용하였다. 15, 16차 자료는 각각 2020, 2021년에 수행된 가장 최근 자료이며, 조사 직전 해 연말, 즉 2019, 2020년말을 기준으로 소득과 소비액 등을 조사하였다.

회귀분석을 활용하여 소득보장제도가 생활만족도와 우울감에 미치는 영향을 탐색하였다. 회귀분석에는 국민연금, 기초연금, 생계급여, 주거급여, 교육급여, 특수직역연금, 고용보험, 산재보험, 개인연금, 퇴직연금, 장애수당 금액 변수를 독립변수로 포함하였으며, 연간 총액으로 100만원 단위로 변환하였다. 바우처 서비스, 장기요양보험 서비스 활용 여부도 독립변수에 포함하였다.

두 시점 간 급여수준의 변동을 나타낸 변수도 회귀분석에 포함하였다. 생계급여 차이변수의 값은 16차(2020년) 생계급여액에서 15차(2019년) 생계급여액을 차감한 금액을 나타낸다. 동일한 방식으로 국민연금 차이, 기초연금 차이 변수를 구성하였다. 통제변수로 성별(기준범주: 여성), 연령, 결혼상태(기준범주: 미혼), 교육수준(기준범주: 고졸미만), 건강상태, 근로형태(기준범주: 비경제활동), 가구소득, 가구지출 등의 인구학적 특성을 포함하였다. 가구소득은 연간 가처분소득을 나타내며, 가구지출은 월평균 지출액을 연간 지출액으로 환산하고 100만원 단위로 변환하였다.

분석대상은 15, 16차조사에 모두 포함된 만 19세 이상 성인으로 16차 생활만족도 항목 또는 우울감 항목에 응답한 10,125명이다. 생활만족도는 11점 척도로 구성하였다. 생활만족도는 최상(10점)과 최하(0점)의 11개 칸으로 구성된 사다리에서 자신의 삶의 수준을 평가하는 방식으로 측정하였다.[2] 우울감은 4점 척도(1-4점)로 11개 문항으로 파악하였다. 점수가 높을수록 우울감이 높도록 구성하기 위해서 5개 문항은 역점수를 부여하였다. 우울감은 최소 11점, 최대 44점의 분포를 갖는다. 조사대상 집단을 세분화하여 저소득층 집단(하위 40% 소득집단), 노인집단(65세 이상), 저소득 노인집단(하위 40%소득 이하인 노인)으로 구분하여 공적 소득보장제도의 영향이 상이한 집단별로 어떻게 나타나는지 파악하였다.

소득보장제도 수급액

〈표 9-1〉은 분석대상 집단의 연간 가구가처분 소득, 소비액과 소득보장제도 수급액을 나타낸 것이다. 소득보장제도 수급액은 해당 제도의 수급집단별로 평균값을 구한 것이다. 2019-2020년 기간 동안 소득, 소비, 소득보장제도 수급액은 큰 변화가 없었다.[3] 가구 가처분소득의 경우 2019년 4,937만원에서 2020년 5,032만원으로 증가하였다. 가구소비액도 약 118만원 정도 증가하였다.

소득보장제도 중에서 국민연금, 기초연금, 주거급여, 특수직역연금, 고용보험, 퇴직연금, 장애인수당 등은 두 기간 사이에 증가하였다. 생계급여는 거의 차이

---

2) 복지패널조사에서는 삶의 영역별로 5점 척도로 구성한 설문도 있다. 삶의 영역을 건강, 가족의 수입, 주거 환경, 가족 관계, 직업(일), 사회적 친분관계, 여가생활 등 7가지로 구성하였다. 또한 전반적 생활 만족도도 조사하였다. 이 장에서는 좀더 세분화된 11점 척도를 활용하였다.
3) 〈표 9-1〉에 제시한 값은 가중치를 적용하지 않은 값이다. 분석의 목적이 모집단의 평균을 추정하는 것이 아니라 분석대상인 표본의 대략적인 특성을 묘사하는 것이기 때문이다.

가 없었으며, 개인연금, 교육급여, 산재보험은 일부 감소하였다. 2020년 기준 소득보장제도 중에서 가장 많은 수급액은 특수직역연금(공무원, 군인, 사립학교교직원)으로 연간 평균액이 2,335만원에 달했다. 산재보험 급여가 1,849만원으로 그 다음으로 높았다. 보편적 소득보장제도에 속하는 국민연금은 연간 438만원으로 월평균 40만원이 채 안되었다. 기초연금은 407만원으로 국민연금 가입자 평균 급여액에 조금 못미쳤다. 기초생활보장 생계급여는 464만원으로 국민연금, 기초연금액과 유사한 수준이다.

개인연금은 459만원으로 국민연금 평균 수급액보다 높았다. 국민연금만으로는 노후소득보장이 되지 않는 현실에서 경제적 여력이 있는 사람들은 개인연금에 가입하여 노후소득보장을 보완할 수 있으며 세액공제 혜택도 받을 수 있기 때문이다. 주거급여와 교육급여는 각각 147만원, 110만원이었다.

표 9-1 가구소득, 소비, 소득보장제도 수급액

(단위: 만원)

	15차(2019년)			16차(2020년)		
	사례수	평균	표준편차	사례수	평균	표준편차
가구 가처분소득	10,125	4,937	3,917	10,125	5,032	4,031
가구소비	10,125	4,550	3,326	10,125	4,668	3,679
국민연금	3,074	431	334	3,232	438	321
기초연금	3,750	382	110	3,939	407	121
생계급여	651	464	323	671	464	327
주택급여	697	134	79	723	147	91
교육급여	86	138	155	69	110	88
특수직역연금	589	2,270	1,430	590	2,335	1,428
고용보험	423	620	342	563	781	450
산재보험	63	2,167	1,218	87	1,849	1,295
개인연금	317	482	497	349	459	452
퇴직연금	11	845	499	10	965	456
장애인수당	568	175	181	575	179	198

자료: 한국보건사회연구원, 서울대학교 사회복지연구소(2021, 2022)

생활만족도와 우울감

〈표 9-2〉는 생활만족도와 우울감의 수준과 변화를 나타낸 것이다. 두 기간 동안 생활만족도와 우울감은 큰 변화가 없었다. 5점 척도로 측정한 생활만족도의 영역별 평가의 경우 2020년 기준 전반적인 만족도는 3.53이었다. 100점으로 환산하면 약 63.3점이었다. 가족관계가 3.89로 가장 높았으며 그 다음으로 주거환경과 사회적 관계가 상대적으로 높은 만족도를 보였다. 가족의 수입에 대한 만족도가 3.09로 가장 낮았다. 여가생활에 대한 만족도가 그 다음으로 낮았다. 11점 척도로 측정한 자신의 삶의 상태에 대한 평가는 두 기간 동안 큰 차이가 없었다. 2020년 기준 6.49였으며 100점으로 환산하면 64.9점으로 5점 척도 환산값에 비해 조금 높았다. 우울감의 경우 2020년 14.9로 2019년에 비해 조금 증가하였다. 우울감을 100점으로 환산하면 약 31.6점이었다.

표 9-2 생활만족도와 우울감

		2019 (n = 10,752)		2020 (n = 10,125)	
		평균	표준편차	평균	표준편차
영역별 만족도	건강	3.29	0.94	3.20	0.97
	가족의 수입	3.11	0.86	3.09	0.91
	주거환경	3.67	0.72	3.67	0.75
	가족관계	3.89	0.62	3.89	0.66
	직업(일)	3.46	0.75	3.46	0.77
	사회적 친분관계	3.69	0.63	3.67	0.69
	여가생활	3.32	0.79	3.19	0.83
	전반적 만족도	3.57	0.62	3.53	0.66
삶의 질 평가		6.46	1.74	6.49	1.75
우울감		14.60	4.64	14.91	4.91

자료: 한국보건사회연구원, 서울대학교 사회복지연구소(2021, 2022)

회귀분석 결과 1: 기초생계급여의 생활만족 증진 효과

공적 소득보장제도 중에서 국민연금, 기초연금, 생계급여 수급자들의 평균적인 수급액은 연간 400만원대로 유사한 수준이었다. 세 가지 소득보장제도가 생활만족도에 미치는 영향을 분석하기 위해 다양한 집단을 대상으로 회귀분석을 수행하였다. 소득보장제도의 효과를 탐색하기 위해서 모형1에서는 차이변수를 제외하고 소득보장제도별로 연간 급여액을 독립변수로 투입하였다. 모형2에서는 국민연금, 기초연금, 생계급여 차이변수를 추가로 투입하여 분석하였다. 〈표 9-3〉은 회귀분석 결과를 나타낸 것이다.

모형1에서는 국민연금액이 많은 집단일수록 생활만족도가 높았다. 국민연금을 많이 받는 집단은 은퇴 전에 안정된 직장에서 장기간 근속했을 가능성이 높다. 이 집단은 가구소득과 자산의 규모가 다른 집단에 비해 크고 이러한 경제적 능력이 생활만족에 긍정적인 영향을 미칠 수 있다. 이와 반대로 기초연금수급액이 많은 집단일수록 생활만족도가 낮았다. 이는 전체 소득금액이 적을수록 기초연금액이 많기 때문이다. 기초연금액이 많은 집단에 저소득층이 많이 분포되어 있기 때문에 생활만족도가 낮은 것으로 여겨진다. 한편 생계급여 수준은 생활만족도와 관련이 없었다.

다른 소득보장제도의 경우 특수직역연금과 개인연금이 많을수록 생활만족도

표 9-3 소득보장제도와 생활만족: 전체 집단(n = 10,125)

		모형1			모형2		
		b	s.d.		b	s.d.	
성별(여성)	남성	−0.144	0.036	**	−0.145	0.036	**
출생연도		−0.002	0.002		−0.003	0.002	
학력(고졸 미만)	고졸	0.145	0.049	**	0.146	0.049	**
	전문대이상	0.387	0.057	**	0.389	0.057	**
혼인상태(미혼)	결혼	0.596	0.062	**	0.588	0.062	**
	사별	0.433	0.086	**	0.429	0.086	**
	이혼	0.028	0.086		0.023	0.086	
	별거	−0.025	0.216		−0.023	0.216	

건강상태		0.386	0.020	**	0.386	0.020	**
근로형태(비경활)	상용직	0.432	0.051	**	0.431	0.051	**
	임시직	0.187	0.054	**	0.187	0.054	**
	일용직	−0.097	0.087		−0.101	0.087	
	공공근로	0.062	0.082		0.068	0.082	
	고용주	−0.067	0.134		−0.070	0.134	
	자영업	0.241	0.055	**	0.239	0.055	**
	무급가족종사자	0.190	0.090	*	0.186	0.090	*
	실업	−0.280	0.129	*	−0.282	0.129	*
소득		0.003	0.001	**	0.003	0.001	**
소비		0.043	0.007	**	0.043	0.007	**
국민연금		0.029	0.006	**	0.031	0.006	**
국민연금 차이					−0.019	0.011	
기초연금		−0.029	0.010	**	−0.036	0.011	**
기초연금 차이					0.036	0.023	
생계급여		0.007	0.015		−0.002	0.016	
생계급여 차이					**0.072**	0.030	*
특수직역연금		0.017	0.003	**	0.016	0.003	**
고용보험		−0.021	0.008	**	−0.021	0.008	**
산재보험		0.004	0.007		0.004	0.007	
개인연금		0.054	0.013	**	0.054	0.013	**
퇴직연금		0.009	0.047		0.018	0.047	
장애인수당		−0.078	0.027	**	−0.078	0.027	**
주거급여		−0.185	0.046	**	−0.178	0.046	**
교육급여		−0.087	0.140		−0.084	0.140	
바우처서비스 활용(없음)		−0.246	0.052	**	−0.236	0.052	**
장기요양 활용(없음)		−0.292	0.079	**	−0.285	0.079	**
상수		8.969	3.763	*	9.485	3.779	*
Adjusted R^2		0.2063			0.2069		
N		10,125			10,125		

주: * $p < 0.05$ ** $p < 0.01$, 괄호 안은 더미변수에서 기준 범주를 나타냄
자료: 한국보건사회연구원, 서울대학교 사회복지연구소(2021, 2022)

가 높았다. 공무원, 군인, 사립학교 교직원 등 특수직역연금 수급자들은 은퇴 후에도 경제적 자원이 많기 때문이다. 개인연금 수급자의 경우에도 은퇴 전에 경제적 자원이 많기 때문에 개인연금에 가입할 수 있었기 때문이다. 고용보험(실업급여), 장애수당, 주거급여액이 많을수록 생활만족도가 낮았다. 이 금액이 많을수록 저소득층에 속할 가능성이 높기 때문이다. 바우처서비스나 장기요양급여를 받는 경우에도 그렇지 않은 경우에 비해 생활만족도가 낮았다. 바우처서비스의 경우 소득이 일정 금액 이하인 사람들에게 이용권이 주어지기 때문이다.

인구사회학적 특성과 관련하여 남성의 생활만족도가 여성에 비해 낮았다. 학력이 높은 집단일수록 생활만족도가 높았다. 기혼, 사별집단이 미혼에 비해 높은 생활만족도를 보였다. 건강상태가 좋을수록 생활만족도가 높았다. 상용직, 임시직, 자영업, 무급가족종사자의 경우 비경제활동인구에 비해 생활만족도가 높은 반면, 실업자는 비경제활동인구에 비해 낮은 생활만족도를 보였다. 소득과 소비수준이 높은 집단일수록 생활만족도가 높았다. 소득과 소비의 효과를 비교하면 소비가 소득에 비해 10배 이상 높은 효과를 보였다. 자신의 욕구충족을 위해 원하는 재화와 서비스를 얼마나 소비할 수 있는지가 소득수준에 비해 더 중요할 수 있기 때문이다(Frank, 2006).

이 모형은 소득보장제도 참여자 집단 간의 특성을 비교한 결과이다. 소득보장제도의 효과를 엄밀하게 밝히기 위해서는 특정 제도의 급여액 변동이 생활만족도 변화에 미치는 영향을 개인별로 살펴볼 필요가 있다. 이를 위해 모형2에서는 모형1에 국민연금, 기초연금, 기초생활보장 생계급여액 차이변수를 투입하여 분석하였다.

모형2에서 국민연금과 기초연금 수준 변수의 경우 회귀계수의 방향과 통계적 유의도는 모형1과 동일하였으나 차이변수들은 통계적으로 유의미하지 않았다. 2019년과 2020년 사이에 국민연금과 기초연금이 증가하거나 감소한다고 해서 생활만족도에 영향을 미치는 것은 아니었다. 그러나 생계급여 차이변수는 생활만족도와 정(+)적인 관련성을 맺었다. 생계급여를 받는 저소득층의 경우 급여인상이 생활만족도에 긍정적인 영향을 미치고 있다. 차이변수의 회귀계수값은 0.07로서 생계급여가 연간 100만원 증가한 경우 생활만족도가 0.07점 증가하는 것으로 추정되었다.

보편적 급여의 성격을 갖는 국민연금과 기초연금과는 달리 보충급여 성격을 지닌 생계급여의 특성이 이 결과와 관련이 있다. 생계급여는 소득, 정확하게는 소득인정액이 빈곤선 이하인 사람들에게 빈곤선(기준중위소득의 30% 이하)과 소득인정액 간의 차이만큼 지급되기 때문이다.[4] 따라서 소득인정액이 감소하면 생계급여가 증가하게 된다. 빈곤층인 수급자들은 생계급여의 변동에 더 민감하게 반응할 수 있다. 종속변수인 생활만족도를 5점척도로 측정하여 서열로짓분석을 수행한 경우에도 유사한 결과를 보였다(부록 〈표 9-1〉 참조). 다른 소득보장제도의 경우에도 차이변수를 구성하여 회귀분석에 투입하였다. 그 결과도 대체로 유사하였다(부록 〈표 9-2〉 참조).

〈표 9-4〉는 저소득층, 노인집단, 저소득 노인집단을 대상으로 한 결과이다. 국민연금의 경우 연금액 수준은 생활만족도와 관련이 있었지만, 국민연금액의 변동은 생활만족도와 관련이 없었다. 그러나 기초연금과 생계급여의 경우 수급액의 변동은 해당 소득보장제도와 직결된 수급대상자의 생활만족도에 더 민감하게 영향을 미치는 것으로 나타났다. 기초연금 차이변수는 대부분의 기초연금 수급집단인 노인에게 유의미하였다. 생계급여 차이변수의 경우 노인집단과 저소득 노인집단 각각 0.193, 0.202로 노인집단, 저소득 노인집단으로 갈수록 급여액 변화가 생활만족도에 미치는 영향이 컸다.

노인을 대상으로 기초연금과 생계급여 차이변수의 효과를 비교하면, 기초연금과 생계급여 수급액이 100만원 증가했을 때 생활만족도가 각각 0.067, 0.193점 증가하였다. 생계급여의 경우 기초연금의 3배 정도에 달하는 생활만족도 증가효과가 있었다.

---

4) 기초생활보장 수급자격 기준은 소득이 아니라 소득과 재산을 모두 반영한 소득인정액을 기준으로 한다. 소득인정액은 소득평가액과 재산의 소득환산액으로 구성된다. 소득평가액은 실제 소득에서 가구특성별 지출과 근로소득공제액을 차감한 금액이다. 재산의 소득환산액은 재산에서 기본재산액과 부채를 차감한 후에 소득환산율을 곱하여 산출한 금액이다. 따라서 소득과 자산이 적을수록 소득인정액이 낮아져서 생계급여액이 커지게 된다(보건복지부, 2023).

표 9-4 소득보장제도와 생활만족: 저소득, 노인, 저소득 노인 집단

		저소득			노인			저소득 노인		
		b	s.e.		b	s.e.		b	s.e.	
성별(여성)	남성	−0.188	0.073	*	−0.145	0.064	*	−0.185	0.087	*
출생연도		−0.014	0.004	**	−0.006	0.005		−0.008	0.006	
학력(고졸 미만)	고졸	0.125	0.091		0.066	0.075		0.097	0.113	
	전문대이상	0.299	0.131	*	0.256	0.113	*	0.347	0.198	
혼인상태(미혼)	결혼	0.209	0.158		0.518	0.263	*	0.262	0.300	
	사별	0.160	0.170		0.335	0.265		0.208	0.299	
	이혼	−0.269	0.163		−0.052	0.277		−0.171	0.314	
	별거	0.084	0.389		−0.171	0.434		0.377	0.567	
건강상태		0.474	0.036	**	0.430	0.030	**	0.445	0.041	**
근로형태(비경활)	상용직	0.407	0.303		0.376	0.219		−1.451	0.758	
	임시직	0.274	0.161		0.330	0.113	**	−0.016	0.263	
	일용직	−0.252	0.198		−0.054	0.182		−0.065	0.310	
	공공근로	0.179	0.103		0.137	0.092		0.193	0.107	
	고용주	−1.220	0.658		0.272	0.435				
	자영업	0.243	0.099	*	0.340	0.079	**	0.257	0.111	*
	무급가족종사자	0.329	0.160	*	0.344	0.129	**	0.242	0.186	
	실업	−0.030	0.267		−0.353	0.332		−0.453	0.538	
소득		0.013	0.003	**	0.002	0.001	**	0.019	0.004	**
소비		0.139	0.035	**	0.056	0.012	**	0.177	0.054	**
국민연금		0.073	0.016	**	0.039	0.011	**	0.053	0.019	**
국민연금 차이		−0.041	0.028		−0.007	0.015		−0.036	0.032	
기초연금		−0.038	0.020		−0.057	0.016	**	−0.062	0.024	*
기초연금 차이		0.026	0.035		0.067	0.028	*	0.040	0.038	
생계급여		0.004	0.021		−0.025	0.033		−0.008	0.040	
생계급여 차이		0.070	0.038		0.193	0.052	**	0.202	0.059	**
특수직역연금		0.013	0.010		0.017	0.004	**	0.010	0.012	
고용보험		−0.026	0.023		−0.048	0.022	*	−0.023	0.060	
산재보험		0.050	0.034		−0.007	0.012		0.036	0.050	
개인연금		0.075	0.039		0.051	0.018	**	0.061	0.040	

퇴직연금		−0.007	0.127		0.006	0.091		−0.022	0.126	
장애인수당		−0.063	0.040		−0.076	0.044		−0.045	0.053	
주거급여		−0.202	0.058	**	−0.123	0.069		−0.153	0.077	*
교육급여		−0.266	0.186		−0.831	0.538		−1.483	0.785	
바우처서비스 활용 (없음)		−0.040	0.106		−0.231	0.109	*	−0.191	0.141	
장기요양 활용(없음)		−0.369	0.109	**	−0.366	0.096	**	−0.375	0.114	**
상수		30.690	7.764	**	15.543	9.122		20.123	12.391	
Adjusted R^2		0.1335			0.1776			0.1254		
N		3,353			4,292			2,635		

주: * p<0.05 ** p<0.01, 괄호 안은 더미변수에서 기준 범주를 나타냄
자료: 한국보건사회연구원, 서울대학교 사회복지연구소(2021, 2022)

회귀분석 2: 기초생활보장제도의 우울감 완화 효과

〈표 9-5〉는 소득보장제도가 우울감에 미치는 영향을 분석한 결과이다. 전체 집단을 대상으로 한 분석에서 국민연금을 많이 받는 집단의 우울감이 그렇지 않은 집단에 비해 낮게 나타났다. 예상과는 달리 국민연금액이 증가할수록 우울감도 증가하는 것으로 나타났다. 기초연금액이 많은 집단의 경우 우울감이 높았다. 생계급여의 경우 우울감과 관련이 없었다. 노인집단의 경우 국민연금을 많이

표 9-5 소득보장제도와 우울감

		전체			노인			저소득 노인		
		b.	s.e.		b.	s.e.		b.	s.e.	
성별(여성)	남성	−0.649	0.086	**	−0.952	0.162	**	−0.877	0.226	**
출생연도		−0.019	0.006	**	−0.044	0.014	**	−0.010	0.020	
학력(고졸 미만)	고졸	−0.292	0.139	*	−0.102	0.204		−0.322	0.333	
	전문대이상	−0.243	0.157		−0.001	0.301		−0.043	0.592	
혼인상태(미혼)	결혼	−1.218	0.184	**	−1.671	0.867		−1.356	0.971	
	사별	−0.542	0.267	*	−1.266	0.872		−1.281	0.968	
	이혼	−0.136	0.260		−0.041	0.925		0.024	1.050	
	별거	−0.309	0.662		−0.561	1.501		−1.279	1.502	

건강상태		−1.479	0.066	**	−1.818	0.097	**	−2.260	0.136	**
근로형태(비경활)	상용직	−0.803	0.126	**	0.007	0.599		1.950	4.370	
	임시직	−0.902	0.136	**	−0.986	0.258	**	−1.102	0.770	
	일용직	−0.505	0.232	*	−0.185	0.487		0.633	0.896	
	공공근로	−0.753	0.255	**	−0.968	0.268	**	−1.043	0.315	**
	고용주	0.399	0.302		0.146	0.945				
	자영업	−0.680	0.145	**	−0.665	0.206	**	−0.363	0.307	
	무급가족종사자	−1.040	0.222	**	−1.138	0.326	**	−1.146	0.485	*
	실업	0.761	0.418		−0.425	1.024		0.306	2.183	
소득		−0.006	0.001	**	−0.008	0.002	**	−0.045	0.018	*
소비		−0.062	0.019	**	−0.148	0.024	**	−0.634	0.172	**
국민연금		−0.140	0.018	**	−0.130	0.030	**	−0.254	0.060	**
국민연금 차이		**0.067**	0.034	*	0.043	0.043		**0.189**	0.081	*
기초연금		0.073	0.036	*	0.071	0.049		0.189	0.080	*
기초연금 차이		0.003	0.078		−0.010	0.091		−0.046	0.118	
생계급여		−0.016	0.064		0.090	0.121		0.020	0.141	
생계급여 차이		−0.124	0.119		−0.311	0.197		**−0.439**	0.214	*
특수직역연금		−0.031	0.006	**	−0.025	0.009	**	0.030	0.037	
고용보험		0.045	0.022	*	0.035	0.054		−0.124	0.161	
산재보험		−0.018	0.021		0.000	0.039		0.042	0.131	
개인연금		−0.053	0.028		−0.074	0.033	*	−0.055	0.094	
퇴직연금		0.053	0.080		−0.162	0.121		−0.314	0.046	**
장애인수당		0.252	0.123	*	0.312	0.181		0.333	0.212	
주거급여		0.525	0.196	**	0.104	0.262	**	0.193	0.283	
교육급여		0.596	0.606		−0.297	0.822		−0.569	1.181	
바우처서비스 활용 (없음)		0.867	0.169	**	1.065	0.380	**	0.743	0.512	
장기요양 활용(없음)		1.629	0.305	**	1.907	0.357	**	1.923	0.422	**
상수		58.746	11.121	**	109.194	28.094	**	46.134	39.535	
R²		0.2676			0.268			0.2404		
N		10,125			4,292			2,635		

주: * p<0.05 ** p<0.01, 괄호 안은 더미변수에서 기준 범주를 나타냄
자료: 한국보건사회연구원, 서울대학교 사회복지연구소(2021, 2022)

받는 집단의 우울감이 낮았다. 기초연금과 생계급여는 우울감과 관련이 없었다.

저소득 노인의 경우, 국민연금을 많이 받는 집단의 우울감이 낮았다. 국민연금액이 증가할수록 오히려 우울감이 증가하는 양상을 보였다. 기초연금은 우울감과 관련이 없었다. 생계급여는 저소득 노인의 우울감을 낮추는 데 효과적이었다. 생계급여가 100만원 증가할 때 우울감은 약 0.44점 감소하였다.

논의 및 결론

이 장에서는 소득보장제도가 생활만족도와 우울감에 미치는 영향을 분석하였다. 기초생활보장의 생계급여 증액이 다른 소득보장제도에 비해 생활만족도를 증진하는 데 가장 효과가 컸다. 생계급여 증가는 저소득 노인의 우울감을 완화하는데도 효과적이었다. 그 이유는 대상자에게 특정화된 정도가 클수록 생활만족도와 우울감에 미치는 효과가 크기 때문이다.

기초생활보장의 생활만족도 증진 효과는 전체 소득에서 생계급여액이 차지하는 비중과 관련이 있다. 이 장의 분석에 포함된 응답자를 대상으로 조사한 결과, 국민연금 수급자와 생계급여 수급자의 가구평균소득은 2021년말 기준 각각 3,870만원, 2,063만원이었다. 국민연금과 생계급여가 가구소득에서 차지하는 비율은 각각 11.3%, 22.5%였다. 따라서 동일한 금액이 변동되어도 생계급여 수급자에게 더 큰 영향을 미칠 수 있다. 또한 저소득 노인, 노인 순으로 생계급여와 기초연금이 전체 소득에서 차지하는 비중이 커지게 된다. 이들은 소득보장 급여액의 변동에 더 민감하게 반응할 가능성이 있다. 기초생활보장제도에서는 적용대상자의 범위가 확대되고, 급여수준이 증가해 왔다. 기준중위소득이 상향조정되고, 부양의무자 기준도 완화되어 왔기 때문이다. 그 결과 생계급여를 받는 대상자의 규모가 확대되어 생계급여 증감의 폭도 확대되었을 가능성이 있다.

따라서 생활만족도를 향상시키기 위해서는 대상자에게 특정화된 제도부터 적용범위를 확대하고 급여액을 증가시킬 필요가 있다. 이는 롤스의 정의의 원리와도 부합된다(황경식, 2018). 가장 열악한 지위를 차지한 집단에 초점을 맞추어 기초생활보장의 범위를 확대하고 생계급여 수준을 인상함으로써 빈곤을 완화하고 이들의 생활만족도를 증진시킬 수 있다. 이는 결국 국민 전체의 행복을 증진하는 결과로 이어질 것이다.

고정된 산식에 따라 지급되는 국민연금의 경우 연도별로 연금액에서 큰 차이가 발생하지 않는다. 가입자의 평균 소득월액의 변화에 따라 연금액이 변동될 뿐이다. 기초연금의 경우에도 연도별 금액 차이는 크지 않다. 그러나 기초생활보장제도의 경우 제도 개선의 여지가 많이 있다. 기준중위소득을 인상하거나, 기준중위소득의 일정 비율(2022년의 경우 30%)로 설정한 생계급여 자격 기준을 인상함으로써 생계급여 수급자의 범위를 확대하고 급여수준을 인상할 수 있다. 소득인정액을 구성하는 소득평가액과 자산의 소득환산액을 결정하는 방식을 개선할 수도 있다. 소득평가액에서 가구특성별 지출액, 근로소득 공제 비율을 조정하거나, 자산의 소득환산액에서 기본재산액(공제액)과 자산의 소득환산율을 현실적으로 조정하는 방법을 통해서 수급 대상집단을 확대할 수 있다.

생계급여의 증액은 저소득노인 집단의 우울감 감소에도 긍정적인 영향을 미쳤다. 생활만족도를 영역별로 비교하면 가구 소득에 대한 만족도가 가장 낮았다. 생계급여 증액을 통해 가구 소득수준을 증가함으로써 대표적인 취약계층인 저소득노인의 저소득으로 인한 우울감을 완화시킬 수 있다.

이 장에서는 공적 소득보장제도가 생활만족과 우울감에 미치는 영향을 살펴보았다. 향후 연구에서는 소득보장제도가 자아존중감과 같은 개인의 인지와 정서에 미치는 영향을 밝힐 필요가 있다. 급여증가를 통해 생계유지와 자아실현을 위한 경제적 능력의 향상이 자존감을 향상시키는지, 향상된 자존감이 개인의 행복에 긍정적인 영향을 미치는지 그 경로를 탐색할 필요가 있다.

[부록]

표 9-1 서열로짓분석: 소득보장제도와 생활만족(5점 척도)

		b	s.e.		b	s.e.	
성별(여성)	남성	−0.119	0.048	*	−0.121	0.048	*
출생연도		0.001	0.003		0.000	0.003	
학력(고졸 미만)	고졸	−0.085	0.063		−0.083	0.063	
	전문대이상	0.182	0.076	*	0.185	0.076	*
혼인상태(미혼)	결혼	0.412	0.084	**	0.400	0.084	**
	사별	0.486	0.113	**	0.475	0.113	**
	이혼	−0.083	0.111		−0.095	0.111	
	별거	−0.187	0.274		−0.187	0.274	
건강상태		0.414	0.027	**	0.414	0.027	**
근로형태(비경활)	상용직	0.539	0.071	**	0.538	0.071	**
	임시직	0.208	0.073	**	0.208	0.073	**
	일용직	−0.164	0.111		−0.167	0.111	
	공공근로	0.430	0.104	**	0.439	0.104	**
	고용주	−0.324	0.179		−0.327	0.179	
	자영업	0.215	0.071	**	0.212	0.071	**
	무급가족종사자	0.055	0.115		0.050	0.115	
	실업	−0.713	0.161	**	−0.717	0.161	**
소득		0.005	0.001	**	0.005	0.001	**
소비		0.054	0.010	**	0.054	0.009	**
국민연금		0.027	0.008	**	0.027	0.009	**
국민연금 차이					−0.013	0.015	
기초연금		−0.037	0.013	**	−0.046	0.014	**
기초연금 차이					0.050	0.029	
생계급여		0.017	0.019		0.007	0.019	
생계급여 차이					0.090	0.038	*
특수직역연금		0.020	0.004	**	0.020	0.004	**
고용보험		−0.059	0.010	**	−0.059	0.010	**
산재보험		0.002	0.010		0.002	0.010	

개인연금		0.070	0.020	**	0.071	0.020	**
퇴직연금		−0.068	0.065		−0.061	0.064	
장애인수당		−0.074	0.034	*	−0.075	0.035	*
주거급여		−0.210	0.057	**	−0.200	0.057	**
교육급여		−0.253	0.173		−0.251	0.173	
바우처서비스 활용(없음)		−0.260	0.069	**	−0.247	0.069	**
장기요양 활용(없음)		−0.480	0.097	**	−0.474	0.097	**
상수1		−2.206	4.976		−3.159	5.007	
상수2		0.695	4.974		−0.257	5.005	
상수3		3.235	4.974		2.286	5.005	
상수4		7.978	4.973		7.029	5.004	
Log Likelihood		−8854			−8849		
사례수		10,127			10,127		

주: * $p < 0.05$ ** $p < 0.01$, 괄호 안은 더미변수에서 기준 범주를 나타냄
자료: 한국보건사회연구원, 서울대학교 사회복지연구소(2021, 2022)

표 9-2 소득보장제도와 생활만족: 소득보장 차이변수 투입(n = 10,125)

		b	s.e.	
성별(여성)	남성	−0.144	0.036	**
출생연도		−0.002	0.002	
학력(고졸 미만)	고졸	0.143	0.049	**
	전문대이상	0.381	0.058	**
혼인상태(미혼)	결혼	0.587	0.062	**
	사별	0.430	0.086	**
	이혼	0.023	0.086	
	별거	−0.028	0.216	
건강상태		0.386	0.020	**
근로형태(비경활)	상용직	0.436	0.051	**
	임시직	0.193	0.054	**
	일용직	−0.095	0.087	
	공공근로	0.068	0.082	
	고용주	−0.069	0.134	
	자영업	0.239	0.055	**
	무급가족종사자	0.185	0.090	*
	실업	−0.285	0.129	*
소득		0.003	0.001	**
소비		0.043	0.007	**
국민연금		0.031	0.006	**
국민연금 차이		−0.020	0.011	
기초연금		−0.035	0.011	**
기초연금 차이		0.034	0.023	
생계급여		0.000	0.017	
생계급여 차이		0.069	0.032	**
주거급여		−0.201	0.054	**
주거급여 차이		0.055	0.067	
교육급여		−0.078	0.144	
교육급여 차이		−0.064	0.100	
특수직역연금		0.016	0.003	**

고용보험		−0.036	0.013	**
고용보험 차이		0.016	0.011	
산재보험		0.004	0.008	
산재보험 차이		−0.004	0.021	
개인연금		0.063	0.014	**
개인연금 차이		−0.043	0.021	*
퇴직연금		0.022	0.051	
퇴직연금 차이		−0.024	0.089	
장애인수당		−0.097	0.029	**
장애인수당 차이		0.142	0.073	
바우처서비스 활용(없음)		−0.226	0.053	**
장기요양 활용(없음)		−0.290	0.079	**
상수		9.076	3.790	*

주: * $p<0.05$ ** $p<0.01$, 괄호 안은 더미변수에서 기준 범주를 나타냄
자료: 한국보건사회연구원, 서울대학교 사회복지연구소(2021, 2022)

제10장

행복한 한국인을 위하여

한국사회와 OECD 국가 간 비교연구를 통해 누가 행복한지, 무엇이 행복한 삶을 만드는지 살펴보았다. 이 장에서는 국민들이 행복한 삶을 누릴 수 있도록 국가, 기업, 개인이 할 수 있는 일을 논의할 것이다. 정책 차원에서 국민행복을 증진하는 방법은 행복해질 수 있는 조건을 마련하는 일이다. 개인이 처한 상황에서 행복해질 수 있는 조건은 매우 다양하다. 행복은 자신의 삶에 대한 인식의 기반이 되는 사회경제적 조건의 개선에서 비롯될 수 있다. 아래에서는 우리 사회 전반의 가치관, 산업구조, 노동관계, 가족관계 등에 초점을 맞추어 논의할 것이다.

개인의 존중, 시민적 덕성 개발, 신뢰사회의 구현

행복한 사회를 위한 변화의 출발점은 사람에 대한 존중이다. 인간의 존엄성이라는 교과서에나 나오는 것으로 치부해 왔던 개인의 삶에 대한 존중을 다시금 일깨우는 것이다. 정부정책을 평가하는 기준도 정책 목표 달성 여부뿐만 아니라, 시민적 덕성을 지닌 사람들이 번성할 수 있는 조건을 만드는 데 기여했는지가 될 수도 있다.

국가의 역할은 국민이 안심하고 살 수 있는 여건을 만드는 것이다. 시민들이 서로에게 도움이 되는 상호작용을 원활하게 하기 위해서는 제도의 투명성과 공정성이 뒷받침되어야 한다. 국가는 배려와 존중, 포용이라는 시민적 가치가 풍성해질 수 있도록 인간의 존엄성, 사회적 포용성, 안정성, 효율성을 증진할 수 있는 정책을 고민해야 한다. 교육정책의 경우에도 개인의 능력개발에만 주목할 것이 아니라, 사회적 약자를 비롯한 타인을 배려하고 포용하는 심성과 태도를 갖춘 시민을 양성하는 목표를 가져야 한다.

행복도가 높은 북유럽 국가의 대표적인 특성 중의 하나는 신뢰사회라는 점이다. 가족의 경계를 넘어서 타인에 대한 신뢰뿐만 아니라 공공 기관과 공공정책에 대한 제도적 신뢰가 높다(Delhey and Newton, 2005). 이러한 높은 신뢰는 북유럽 국가의 작은 인구규모, 상대적으로 동질적인 인구구성에서 비롯된다(Delhey and Newton, 2005). 따라서 인구가 많은 한국에 적용하기에는 무리일 수 있다. 북유럽 국가에서는 신뢰에 기반을 둔 협력과 타협의 경험이 축적되면서 복지국가를 건설하였다(Bergh and Bjørnskov, 2011). 신뢰사회에서는 일상생활에서 타인을 경계하고 의심하는 데 불필요한 에너지를 낭비할 필요가 없다. 배신의 위험을 완화하기 위한 제도를 마련하고 운영하는 데 필요한 상당한 거래비용을 낮출 수 있다는 점도 신뢰사회의 장점 중의 하나이다.

북유럽과 비교하면 한국사회는 저신뢰 사회이다. 최근 조사에 따르면 한국의 사회적 자본은 156개 국가 중에서 107위를 차지하였다(Legatum Institute, 2023). 우리가 빠져있는 저신뢰 사회의 균형상태에서 어떻게 벗어날 것인가? 신뢰사회를 구현하기 위해서는 첫째, 제도를 설계하고 운영, 감독하는 행위자들의 책임감과 윤리의식을 증진할 필요가 있다. 부정부패가 여전히 만연하고, 권력과 결탁하여 대규모 이권을 획득하는 상황이 국민의 분노와 절망을 낳고 있다. 여전히 정치권과 사법기관에 대한 국민의 신뢰 수준이 낮다(한국행정연구원, 2023). 특권층이 자신의 이익을 위해 제도를 운영하고 있다는 인식이 높기 때문이다. 입법, 행정, 사법 영역에서 주도적인 행위자의 윤리의식을 증진하고, 국민들이 공정하고 투명하게 제도 운영이 이루어진다는 인식을 증진할 필요가 있다. 이는 제도적 신뢰의 기반이 되기 때문이다.

둘째, 타협의 문화를 가꾸어 나가야 한다. 정치권과 소셜미디어가 우리 사회의 양극화를 심화시키고 있다. 저출산, 고령화, 불평등을 비롯한 한국사회의 핵심문제에 대해 여야가 고심하고 합의하여 해법을 내놓는 모습을 찾아보기 어렵다. 정치권은 사소한 사안에 매몰되어 비판과 대결의 양상만을 보여주고 있다. 5년 단임 대통령 임기와 결합된 소선거구 양당제 정치구조에서 이루어지는 대결의 정치는 국민들에게 정치권에 대한 환멸과 실망을 안겨주고 있다.

제3장에서 정치성향에 따른 행복감의 변화를 추적한 결과에 따르면 대통령선거에서 자신이 지지한 후보의 당선 여부에 따라 행복감에 차이를 보이고 있다. 거대 양당의 정당 구도에서 유권자의 절반은 행복해지는 반면에 다른 절반은 불행해지는 결과가 반복되고 있다. 집권 초반에 진행되는 개혁정책은 야당의 반대로 지지부진하고, 단임제 대통령에 대한 지지는 정권 말기에 갈수록 점차 감소하는 양상이 재현되고 있다.

이러한 상황을 타개하기 위해서는 정치개혁이 필수적이다. 정치권은 한국사회의 다양한 사회경제적 문제를 해결하는 궁극적인 책임이 있다. 사회 문제는 다양한 영역에서 제기되지만 이를 개선할 수 있는 제도개혁과 실행은 효과적인 입법과 행정과정을 거치기 때문이다. 급변하는 환경에 대응하여 끊임없이 제도를 개혁하는 책임은 행정부를 비롯한 입법부에도 있기 때문이다.

여야 간의 협력과 타협을 통한 문제해결보다는 상대방에 대한 비판과 지지층을 위한 선명성 경쟁이 이루어지고 있다. 현안에 대한 개혁은 한 발짝도 나가기 어렵고, 핵심적인 사회경제적 문제는 해결되지 않고 표류하는 상황이 벌어지고 있다. 최근 선거법 개정 논의에서 중대선거구제로의 변화는 대결의 정치를 극복하고 정당 간의 타협과 협력을 강화하는 장치로 제기되고 있다. 그러나 집권 정당의 과반수 이상의 안정적인 의석 확보를 위한 노림수로 여겨져서 개혁 가능성이 용이하지 않은 것이 사실이다. 과감한 정치개혁은 쉽지 않고, 국민들은 양극화된 정치의 폐해를 온몸으로 버텨내야 하는 형국이다.

이러한 정치권에서의 갈등과 대결의 양상은 다른 영역에도 전이되는 모습을 보인다. 노사관계뿐만 아니라, 학생들의 토론에서도 해법을 찾기 위해 협력하기보다는 자신의 주장을 정당화하는 데 몰두하고, 상대방에게 날선 비판을 제기하는 모습을 종종 목격하게 된다. 이 모든 것이 정치권에 책임이 있다는 것은 아니다. 다양한 언론매체에서 보이는 정치엘리트들의 반목과 극단적인 대결의 이미지는 청소년들에게도 정치에 대한 불신 등 부정적인 인식을 갖게 한다. 이는 정치세력 간의 협력을 가능하게 하는 정치개혁이 시급히 필요한 이유이다.

사회적 지위 격차 완화: 중위층 강화, 사회이동성 증진

한국인의 행복 격차는 소득보다는 개인이 인식하는 사회적 지위에 따라 더 큰 차이를 보였다. 사회적 지위는 학력, 소득, 자산, 직업 등을 포괄하는 개념이다. 따라서 개별 요소에 비해 개인이 사회에서 차지하는 위치에 대한 정보를 더 많이 포함하고 있다. 사회적 지위가 중요한 이유는 개인마다 타인과의 비교를 통해 자신의 정체성을 확인하고, 자신의 욕망과 기대수준을 설정하고, 이의 충족정도에 따라 만족감과 좌절감을 느끼기 때문이다. 개인이 차지하는 사회적 지위는 자신의 준거집단을 설정하는 데 중요한 영향을 미치게 된다.

개인이 자신을 타인과 비교하는 영역은 재산, 소득, 직업, 학력 등 매우 다양할 수 있다. 소득이 많은 사람의 경우 비교집단은 자신보다 더 많은 소득을 지닌 집단일 수 있지만, 고학력 또는 전문직 직종일 수 있다. 자신에겐 부족한 경제적·사회적 자원을 가진 이들은 언제나 선망의 대상이 된다. 한국인은 개인화되고 있지만 여전히 집합주의 문화의 유산으로 인해 늘 타인의 시선을 의식한다. 타인과의 비교를 통해 자신의 삶과 지위를 확인하고 평가한다. 비교대상에 비해 하나라도 부족할 경우 그 사람은 행복하다고 자부하지 못한다.

한국사회의 지위구조는 소득, 자산뿐만 아니라, 학력, 직업, 거주지역 등이 중첩된 차별적인 구조를 갖는다. 한국인의 행복을 증진하기 위해서는 계층구조에서 중위층을 강화하는 것이 필요하다. 소득, 자산, 직업지위 등에서 열위에 있는 집단에 대한 지원을 통해 중위층을 확대하는 것이 국민행복을 증진하는 길이다. 또한 계층이동성을 증진하는 것도 국민행복을 증진할 수 있는 방법이다. 한국사회에서는 계층이동 가능성이 감소하는 양상을 보이고 있다. 부모의 자산과 소득이 자녀의 직업선택과 소득에 미치는 영향이 점차 증가하고 있다(이철승·정준호, 2018; 이지은·정세은, 2023). 부모의 사회경제적 배경에 따라 청년의 첫직장 선택이 영향을 받고, 이 선택의 결과는 생애에 걸쳐서 누적적인 영향을 미치고 있다. 계층구조에서 중간층을 두텁게 하고 계층이동의 가능성을 증진하고, 변화의 속도를 높이는 것이 불평등을 완화하고 행복을 증진하는 길이다.

소득증진과 소득 불평등 완화

한국에서 소득이 높은 집단일수록 행복한 것으로 나타났다. 소득이 높을수록 자신의 욕구를 충족하는 데 필요한 재화나 서비스를 구입할 수 있는 구매력이 크기 때문이다. 소득이 부족해서 자신의 기본적인 필요(needs)를 충족시키지 못하거나 역량을 개발할 수 있는 기회를 갖지 못하는 사람들은 상대적으로 불행할 수밖에 없다. 행복은 상대적인 소득에 따라 좌우된다(Layard, 2012). 소득 불평등의 정도가 낮을수록 주변사람이나 준거집단의 소득이 자신의 소득과 유사한 수준일 가능성이 높다. 이는 소득과 관련된 만족감에 긍정적인 영향을 미칠 것이다.

북유럽의 높은 행복감은 정부에 대한 신뢰, 재분배를 통한 소득 불평등 완화, 삶의 질을 증진하기 위한 교육, 건강, 직업훈련, 사회보장 등을 위한 투자의 결과이다. 반면에 미국, 영국 등과 같은 자유주의 국가의 경우, 재분배 정책의 규모가 적으며, 정부의 적극적인 역할에 회의적이다. 시장경쟁을 통한 소득 확보가 중요한 일이 되고, 북유럽 국가에 비해 긴 근로시간, 짧은 휴가기간 등을 갖고 있다. 삶의 질의 향상은 개인의 선택의 결과인 것으로 간주된다.

경제성장을 통한 국민소득의 증가도 필요하지만, 경제성장의 과실이 어떻게 분배되는지에도 주목해야 한다. 국민행복 증진을 위해서는 소득 불평등을 개선할 수 있는 적극적인 재분배정책이 필요하다. 특히 재분배정책 이전의 일차적인 소득 불평등을 완화할 수 있는 사회정책이 필요하다. 대기업/중소기업, 정규직/비정규직의 격차완화 등 노동시장의 양극화 해소, 왜곡된 원하청관계 개선 등이 필요한 것이다.

소득계층별로 타겟팅된 정책 실행

소득계층별로 직업을 선택하는 요인에 차이가 있다. 상층으로 갈수록 수입보다는 자아성취, 발전성, 적성, 흥미 등이 중요하다(방하남, 2010). 상층의 경우 일정한 수입이 보장된 상황이기 때문에 직업활동을 통한 성취감과 발전가능성을 타진한다. 그러나 하층의 경우 생계유지에 필요한 수입이 가장 중요한 직업 선택 요인으로 작용한다(방하남, 2010).

행복감을 증진하기 위해 성취감을 강조하는 것은 적절한 것인가? 일정한 소득과 안정된 직장을 가친 중상류층의 경우에는 적절할 수 있다. 이미 기본적인 수준의 경제적 안정성이 보장되어 있기 때문이다. 개인의 성취를 더 잘 달성할 수 있는 직업을 선택하는 것이 개인의 행복으로 이어질 것이다. 그러나 불안정한 직업을 가진 집단의 경우에는 어떠한가? 성취, 발전성, 적성 등을 강조하는 것이 의미가 있는가? 그보다는 더 많은 소득을 얻을 수 있는 일자리를 제공하는 것이 이들의 행복감을 증진하는 데 도움이 되지 않을까?

개인의 상황에 기반하여 행복의 결정요인을 살펴볼 필요도 여기에 있다. 개인마다 사회에서 차지하는 위치가 다르고 활용할 수 있는 자원과 기회가 다르다. 모두 일률적으로 성취를 강조하기 보다는 저소득층의 경우 안정된 양질의 일자리를 제공하는 접근이 더 효과적일 것이다. 이들을 일정 수준 이상으로 끌어 올린 후에 발전성, 성취감을 줄 수 있는 일자리를 얻기 위한 교육훈련을 제공하는 것이다. 이는 국민의 행복수준을 높이기 위해서는 개인의 사회경제적 상황에 적합한 타겟팅된 정책이 필요함을 의미한다. 중산층과 저소득층의 기대수준과 바램이 다를 것이다. 이들의 욕구에 적합한 행복정책이 필요한 것이다. 사회적 지위가 낮은 계층에게는 소득증진과 양질의 일자리 정책이 필요한 반면, 중간층 이상의 경우 생애주기별로 차별화된 양질의 서비스 제공이 요청된다.

일자리 관계의 개선[1]

한국사회에는 노동시장의 이중화와 보편적 복지제도의 확대가 병행하여 진행되어 왔다. 노동시장이 대기업과 중소기업, 정규직과 비정규직으로 분할되고, 대기업 정규직으로의 전환이 쉽지 않은 상황에서 안정적인 직장을 갖기 위한 치

---

1) 일자리 관계는 박명준(2018)의 개념을 빌려왔다. 단순한 노사관계가 아니라 일자리를 둘러싼 다양한 행위자들의 이해관계, 정책지향, 협상구조 및 일자리에 영향을 미치는 사회경제적 관계를 포괄하는 일종의 거버넌스를 지칭한다(박명준, 2018).

열한 경쟁이 이루어지고 있다. 국민들은 각자도생의 길에서 극심한 경쟁에 내몰리고 있다. 극한경쟁과 불안이 지속되는 사회가 지금 우리가 목격하는 세상이다 (최유석, 최창용, 2020). 직장에서의 스트레스, 노동의 자율권 약화, 머리 한켠을 떠나지 않는 불안과 걱정은 국민 행복에 심각한 부정적 영향을 미치고 있다.

복지제도가 확충되었지만, 한국사회는 노동시장의 이중화로 인한 생존경쟁의 심화를 감당해내지 못하고 있다. 복지제도가 확대되지 않았더라면 국민들은 더 극심한 경쟁과 불안을 경험하였을 것이다. 복지국가가 발전하면서 복지정책과 노동시장정책은 더욱 긴밀한 관련성을 갖게 되었다(Emmenegger et al., 2012). 복지정책을 통해 제공되는 사회보장의 혜택은 사회적 임금의 성격을 띠기 때문이다. 이는 고용주와 근로자 간의 임금계약과 기업복지를 둘러싼 협상력에도 영향을 미친다. 한편 근로자 개인이 위치한 노동시장 상황(예: 정규직 vs. 비정규직)은 현재의 소득뿐만 아니라 연금 등 은퇴후 소득에도 상당한 영향을 미친다. 따라서 일자리 관계에서의 안정성과 공정성을 증진하기 위한 개혁노력이 지속적으로 이루어져야 할 것이다. 그러나 정치권과 노사 간의 극한 대결로 인해 일자리 관계의 개혁과 같은 근본적인 노동시장 개혁은 표류하고 있다.

사회적 위험에 대한 대비책으로 복지정책을 보완하고 개선하는 것에는 근본적인 한계가 있다. 지속적으로 시의적절하게 복지정책을 개혁하는 것도 용이한 것은 아니다. 그동안 우리 사회에서는 취약계층의 문제를 깊이 탐색하고 사각지대를 없애는 노력을 지속적으로 추진해 왔다. 이러한 노력은 상당한 성과를 보였다. 그러나 이를 넘어서 더 나은 삶을 위한 노동의 조건을 탐색하는 노력을 병행할 필요가 있다. 이는 복지정책을 넘어서 관련된 사회정책을 종합적으로 탐구하고 개선할 필요성을 시사한다.

성취감을 얻을 수 있는 기회 제공

행복한 삶의 경험은 일상적인 평온함의 상태일 수도 있지만, 자신이 원하는 일을 성취하는 데서도 비롯된다. 작지만 자신이 계획한 일을 추진하고 이를 성취하는 과정에서 우리는 행복을 경험한다. 행복은 단순히 즐거운 감정이나 평온한 마음 이상의 성취의 과정과 결과에서 경험하는 정서이다. 따라서 자신이 직접 계획하고 추진할 수 있는 기회와 자원을 제공하는 것이 필요하다. 노인에게 필요한 것을 모두 제공하기 보다는 본인이 하고 싶은 일을 찾을 수 있도록 자원을 제공하는 것이 필요한 것이다. 청년들도 마찬가지이다. 청년수당을 제공하는 것도 좋지만, 청년들이 하고 싶은 일을 할 수 있는 기회를 폭넓게 열어주고, 이를 추진할 수 있는 자원을 제공해 주는 것이 필요하다.

사회는 개인의 역량을 충분히 발휘할 수 있는 기회를 제공해야 한다. 이는 국가의 역할만이 아니다. 기업은 청년이 기술 숙련도를 높일 수 있도록 투자할 필요가 있다. 단기간의 이익을 위해 숙련이 쌓인 경력사원을 채용하는 것이 아니라, 기업특수적 지식을 장기적으로 축적할 수 있도록 신입직원을 채용할 필요가 있다. 이는 기업 경쟁력과 국가 경쟁력의 원천이 될 것이다.

한국인의 기대수명이 길어지면서 은퇴후 건강하고 보람있는 삶을 보낼 수 있도록 건강유지뿐만 아니라, 여가시간을 효과적으로 보낼 수 있도록 지원하는 제도가 필요하다. 평생교육제도를 통해 새로운 배움의 기회, 창업과 재취업의 기회를 가질 수 있도록 제도를 확대할 필요가 있다. 베이비붐 세대는 기존의 노인 집단에 비해 상대적으로 고학력, 고소득을 가진 집단이다. 이러한 집단의 사회경제적 특성을 고려하여 평생교육 프로그램을 내실화하고 심화된 프로그램을 구성할 필요가 있다.

양성평등과 일가정 양립 증진

남성의 경제활동참여율은 2022년 73.5%인 반면 여성의 경제활동참여율은 54.6%에 머물러 있다(통계청, 2023d). 대학입학과 졸업에서 여학생 비율이 더 높아진 상황에서도 고학력 여성의 경제활동참여율이 낮은 이유는 무엇일까? 여성들이 일할 수 있는 괜찮은 일자리가 부족할 수 있지만, 결혼, 출산 이후 경력단절이 더 큰 원인이다(은기수, 2018). 여성의 경제활동 참여율의 경우 20대부터 증가하다가 30대에 감소하고, 40,50대에 다시 증가하는 M자형 모양이 최근 들어 더욱 강화되고 있다(은기수, 2018). 여성들은 취업해서 승진경쟁에서 뒤처지고, 안정된 직장이 아니면 육아휴직을 하거나 자녀돌봄을 위해 원할 때 휴가를 쓰기 힘든 실정이다.

한국의 직장에서는 여전히 여성에 대한 차별적인 시선이 있다. 결혼하면 그만둘 것이라는 인식, 출산 이후에는 자녀양육에 더 신경쓰고 회사일에는 헌신적이지 못할 것이라는 인식이다. 세상은 급변해도 일자리 관계에서 남녀에 대한 인식차이는 여전히 과거의 인식에서 벗어나지 못하고 있다. 실제로 결혼한 남녀 직원의 일에 대한 태도가 다를 수 있다. 그러나 많은 시간을 회사에서 보낸다고 더 많은 성과를 내는 것도 더 이상 아니다. 여전히 상사의 직원에 대한 평가는 성과뿐만 아니라 직장에서의 순응적인 태도와 장시간 근무를 수용하는 것을 중요시할 수 있다.

이제는 직장문화를 바꿔야 한다. 회사인에서 벗어나 일과 가정의 균형을 유지하고, 회사에서도 출산과 자녀양육을 위한 지원에 힘써야 한다. 이는 정부 정책으로 가능한 일이 아니다. 직원의 생산성을 높이기 위해서는 근무환경의 중요한 부분을 차지하는 일가정 양립을 가능케 하는 휴가제도, 유연한 근무시간 등을 적극적으로 활용할 필요가 있다.

우리는 그동안 정부의 정책만을 기대한 것이 아닐까? 행복 증진을 위해서는 우리가 많은 시간을 보내는 일터와 가정에서 어떻게 생활하는지를 되돌아볼 필요가 있다. 정부가 개입해서 모든 것을 해줄 수는 없다. 일자리의 안정성을 증진하기 위해서는 기업의 책임을 강화할 필요도 있다. 일자리 관계에서 직업안정성은 정부가 개입해서 완성하기에는 한계가 있다. 노사 간의 협의를 통해서 가능한 일이기 때문이다. 노동시장 유연화의 흐름에 따라 일자리의 안정성이 약화되어 왔다. 이제는 안정적이라고 할 수 있는 대기업 상용직 일자리가 13%에 불과하다(권현지, 2022). 기업은 최대한의 효율성을 추구할 수 있지만, 출산력이 감소하여 인구가 줄어드는 상황에서 좋은 인력을 양성할 책임도 갖고 있다.

일가정 양립을 가능케 하기 위해서는 남성의 돌봄활동 참여를 강화해야 한다. 여성들이 결혼과 출산을 꺼리는 이유 중의 하나는 이른바 '독박육아'이다. 맞벌이 가정에서도 남녀 간 가사노동시간의 차이는 여성들의 주된 불만 중의 하나이다. 남성들의 가사노동 참여가 증가할수록 자녀출산 의향과 실제 출산력이 증가하고 있다(정은희, 최유석, 2014). 따라서 양성평등에 기반한 균형있는 돌봄활동 참여가 가정의 평온함을 가져올 수 있다.

청소년의 행복 증진

이 책에서는 본격적으로 다루지 못했지만 청소년의 행복감을 증진하는 것도 중요한 과제이다. 서열화된 대학구조에서 치열한 입시경쟁을 거쳐야 하는 청소년의 부담감을 완화할 수 있는 방안이 필요하다. 수시와 정시로 이원화된 입시에서 사교육비가 증가하는 상황은 학부모의 경제적 부담을 가중시킨다. 과도한 사교육 투자가 대학입시에 치중하면서 청소년의 역량을 장기적으로 계발하는 데는 효과를 발휘하지 못한다. 산업구조와 일자리의 급격한 변화에 대응하여 창의적이고 혁신적인 아이디어를 발전시킬 수 있는 역량을 개발하는 일이 필요하다. 그러나 입시교육에 치중하는 학습은 이러한 역량을 개발하는 데 효과적이지 않을 수 있다.

교육기관은 우리 사회가 요구하는 인재상에 대해 고민하고, 필요한 교육을 제공할 필요가 있다. 우리사회가 필요로 하는 인재상은 무엇인지, 어떠한 교육을 통해 이러한 인재를 양성하고 필요한 역량을 개발할 것인지를 고심해야 할 것이다. 교육정책은 청소년들이 자신의 소질을 개발하고 전념할 수 있는 여건을 만드는 데 주목해야 한다. 청소년들이 새로운 아이디어를 개발할 수 있도록 혁신적인 태도를 갖고 자신의 관심사에 몰입할 수 있는 근성과 체력을 갖출 수 있도록 해야 한다.

참고문헌

강수택, 2019. "분열형 사회에서 연대형 사회로의 전환을 위한 사회학적 성찰", 한국사회학. 53(2): 137-165.

강신욱, 2017. "한국 소득보장제도군의 효과성 평가", 한국사회정책, 24(1): 213-237.

구교준·임재영·최슬기, 2017. "행복의 국가 간 비교분석: 핀란드와 일본 사례를 중심으로", 한국행정연구, 26(2): 1-36.

구인회, 2019. 21세기 한국의 불평등, 사회평론아카데미.

구재선·김의철. 2006. "한국인의 행복 경험에 대한 토착문화심리학적 접근", 한국심리학회지: 사회문제, 12(2): 77-100.

구재선·서은국. 2011. "한국인, 누가 언제 행복한가?", 한국심리학회지: 사회 및 성격, 25(2): 143-166.

구재선·서은국, 2015. "왜 한국 대학생이 미국 대학생보다 불행한가?", 한국심리학회지: 사회 및 성격, 29(4): 63-83.

구혜란, 2015. "제1장 사회의 질: 이론과 방법", 이재열 외, 2015. 한국 사회의 질: 이론에서 적용까지, 한울아카데미.

국정기획자문위원회, 2017. 문재인 정부 국정운영 5개년 계획.

권석만, 2010. "심리학의 관점에서 본 욕망과 행복의 관계", 철학사상, 36: 121-152.

권혁창·이은영, 2012. "국민연금 수급이 고령자의 삶의 만족도에 미치는 영향에 관한 연구", 사회복지연구, 43(2): 61-85.

권혁창·조혜정, 2019. "노후소득보장제도 수급상태와 노인의 생활만족도의 관계에 대한 연구", 보건사회연구, 39(2): 160-191.

권현지, 2022. "6장. 지속 가능하고 유연한 노동체제 구축", 신광영 외, 성공의 덫에서 벗어나기 1, 후마니타스.

김경근, 2005. "한국사회 교육격차의 실태 및 결정요인", 교육사회학연구, 15(3): 1-27.

김경미·류승아·최인철, 2011. "삶의 의미가 노년기 행복과 건강에 미치는 영향: 청년기와 노년기의 비교를 중심으로", 한국심리학회지: 일반, 30(2): 503-523.

김교성, 2017. "외환위기 20년, 소득보장정책의 발전과 한계", 한국사회정책, 24(4): 151-184.

김낙년, 2013. "한국의 소득분배", 경제논집, 52(2): 217-222.

김미곤 외, 2014. 사회통합 실태진단 및 대응방안 연구 - 사회통합과 국민행복을 중심으로, 한국보건사회연구원.

김여진·최유석, 2021. "세대별 주관적 안녕감: 사회적 세대의 탐색적 비교연구", 한국
　　　콘텐츠학회 논문지, 21(5): 727-736.

김영미, 2016. "계층화된 젊음: 일, 가족형성에서 나타나는 청년기 기회불평등", 사회과
　　　학논집, 47(2): 27-52.

김이수, 2016. "지방자치단체 주민들의 공정성 인식의 결정요인에 관한 탐색적 연구",
　　　지방정부연구. 20(2): 123-152.

김의철·박영신, 2006. "한국인의 자기 인식에 나타난 토착문화심리 분석", 한국심리학
　　　회지: 문화 및 사회문제, 12(4): 1-36.

김재우, 2019. "한국인의 주관적 사회계층, 기회공정성 인식, 그리고 삶의 만족도", 행정
　　　논총, 57(4): 97-127.

김정근, 2016. "국민연금수준이 고령층의 우울증에 미치는 영향: 빈곤가구와 비빈곤가구
　　　비교분석", 노인복지연구, 71(4): 423-447

김주현, 2015. "제5장 사회적 역능성", 이재열 외(편), 한국 사회의 질: 이론에서 적용까
　　　지, 한울아카데미.

김지경, 2018. "청년세대 삶의 인식 수준과 행복도의 영향요인", 한국사회정책, 25(3):
　　　209-245.

김진영, 2007. "사회경제적 지위와 건강의 관계", 한국사회학, 41(3): 127-153.

김진욱, 2004. "한국 소득이전 제도의 소득불평등 및 빈곤감소 효과에 관한 연구", 사회
　　　복지정책, 20: 171-195.

김현정, 2016. "소득불평등 인식이 행복에 미치는 영향", 한국정책학회보, 25(2):
　　　559-582.

김환준, 2017. "사회보장급여의 빈곤완화효과 분석", 사회복지연구, 48(3): 5-28.

남은영, 2015. "제2장 사회경제적 안전성: 사회적 위험의 관점에서", 이재열 외(편), 한
　　　국 사회의 질: 이론에서 적용까지, 한울아카데미.

남인숙, 2011. "한국의 사회경제적 양극화와 교육 격차", 현상과 인식, 35(2): 15-38.

남재욱, 2018. "한국 복지국가 성장의 재분배적 함의", 한국사회정책, 25(4): 3-38.

남재현·이래혁, 2020. "국민기초생활보장제도의 개편이 소득을 통해 수급자의 정신건
　　　강에 미치는 영향", 한국사회복지학, 72(1): 175-200.

남종석, 2022. "4장. 2000년 이후 한국 자본주의의 전개", 신광영 외, 성공의 덫에서 벗
　　　어나기 1, 후마니타스.

노대명·강신욱·전지현, 2010. 한국 사회통합지표 연구, 사회통합위원회.

노민선, 2021. "대-중소기업 간 노동시장 격차 변화 분석", 중소기업 포커스, 중소기업
　　　연구원.

대통령직속 정책기획위원회·관계부처협동. 2018. 문재인 정부 '포용국가' 비전과 전략:

국민의 삶을 바꾸는 포용과 혁신의 사회정책.

류재린, 2017. "관계재가 노인의 행복에 미치는 영향에 관한 연구", 사회보장연구, 33(3): 29-57.

문영만, 2019. "대기업과 중소기업 임금격차 및 결정요인", 노동경제논집, 42(1): 43-72.

박명규, 2018. "1장 사회적 가치의 다차원적 구조", 사회적 가치와 사회혁신, 박명규·이재열(편). 한울아카데미.

박병진, 2008. "신뢰형성에 있어 사회참여와 제도의 역할", 한국사회학. 41(3): 65-105.

박승민, 2018. 행복과 사회, 고려대학교 출판문화원.

박영신·김의철, 2008. "배우자의 사회적 지원, 자녀에 대한 신뢰 및 자기효능감이 성인의 가정생활만족도에 미치는 영향", 한국심리학회지: 사회문제, 14(4): 71-101.

박영신·김의철, 2009. "심리적, 관계적, 경제적 자원: 한국인의 행복에 어떠한 영향을 미치는가?", 한국심리학회지: 사회문제, 15(1): 95-132.

박희봉·이희창, 2005. "삶의 만족에 미치는 영향 요인 비교 분석: 경제·사회적 요인인가? 사회자본 요인인가?", 한국행정논집, 17(3): 709-729.

방하남, 2010. "직업선택 기준의 변화와 계층 간 차이", 한국의 사회동향 2010 노동, 통계청, 106-112.

보건복지부, 2023. 기초생활보장 수급자격기준, https://www.mohw.go.kr/react/policy/index.jsp?PAR_MENU_ID=06&MENU_ID=06350103&PAGE=3&topTitle=

신진욱·정세은·장지연, 2016. "다중격차의 사회적 균열 구조와 사회정책적 대응", 동향과 전망, 97: 81-110.

심수진, 2016. "한국사회에서 주관적 웰빙에 영향을 미치는 요인 분석", 통계연구, 21(3): 25-47.

안정옥, 2009. "사회적 역능성 지표와 사회의 질: 복지체제의 탈상품화 모델에 대한 함의", 사회와 역사, 81: 169-211.

안주엽, 이경희, 길현종, 오선정, 김주영, 김종숙, 김난숙, 2015. 일과 행복(I), 한국노동연구원.

안주엽·이경희·오선정·강동우·김주영·정세은·손호성·박진·이선연·A. Clark·G. F. Barrett·F. Ohtake·K. Atalay, 2017. 일과 행복(III), 한국노동연구원.

여유진, 2009. "공적이전 및 조세의 소득재분배효과", 사회보장연구, 25(1): 45-68.

오준범·이준협, 2014. "계층의식과 삶의 만족도", 현안과 과제, 14(34), 현대경제연구원.

올더스 헉슬리, 2018. 멋진 신세계, 이덕형 역, 문예출판사.

우명숙·김길용·조병희·유명순, 2013. "'좋은 사회'는 삶의 만족을 높이는가?", 국제지역연구, 22(2): 87-120.

우해봉·한정림, 2016. "국민연금의 소득계층별 노후소득보장 효과 분석", 사회복지정책, 43(4): 193-217.

유정민·최영준, 2020. "복지국가는 어떻게 행복에 영향을 미치는가?: 자유안정성을 중심으로", GRI연구논총, 22(1): 87-116.

윤인진·김상돈, 2008. "사회경제적 지위와 주관적 계층의식이 생활만족도에 미치는 영향", 도시행정학보, 21(2): 153-185.

은기수, 2018. "한국 여성의 경제활동참여와 경력단절", 한국인구학, 41(2): 117-150.

이민아·송리라, 2014. "소득, 물질주의와 행복의 관계", 한국인구학, 37(4): 89-114.

이범, 2020. 문재인 이후의 교육, 메디치.

이병희, 2014. "2000년대 소득불평등 증가요인 분석", 경제발전연구, 20(1): 73-103.

이상록·이순아, 2016. "공적 연금의 심리사회적 영향: 빈곤지위에 따른 영향 차이를 중심으로". 사회복지정책, 43(1): 187-214.

이양호·지은주·권혁용, 2013. "불평등과 행복: 한국의 사례", 한국정치학회보, 47(3): 25-43.

이영욱, 2023. 우리나라 중산층의 현주소와 정책과제, 119: 1-12.

이재열 외, 2015. 한국 사회의 질: 이론에서 적용까지, 한울아카데미.

이재열, 2009. "2장 무너진 신뢰, 지체된 투명성", 정진성 외, 한국사회의 트렌드를 읽는다: 국민의식조사를 통해서 본 외환위기 10년, 서울대학교출판문화원.

이재열, 2018. "14장. 시대적 전환과 사회적 가치", 박명규, 이재열(편). 사회적 가치와 사회혁신, 한울아카데미.

이재열. 2016. "사회의 질, 경쟁, 그리고 행복", 아시아리뷰, 4(2): 3-29.

이정전, 2016. "'행복 샘물' 말라가는 자본주의 번영", HERI Review, 39호.

이지은·정세은, 2023. "부모의 소득 및 학력이 자녀 임금에 미치는 영향", 노동경제논집, 46(1): 31-67.

이철승·정준호. 2018. "세대 간 자산 이전과 세대 내 불평등의 증대 1990~2016", 동향과 전망, 104: 316-373.

이희정, 2018. "청년층 계층인식 변화가 공정성 인식에 미치는 영향 분석", 한국사회학, 52(3): 119-164.

장지연·이병희, 2013. "소득불평등 심화의 메커니즘과 정책 선택", 민주사회와 정책연구, 23: 71-109.

장진호, 2009. "3장 유연한 노동시장, 불안한 직장", 정진성 외, 한국사회의 트렌드를 읽는다: 국민의식조사를 통해서 본 외환위기 10년, 서울대학교출판문화원.

전병유·신진욱 편, 2016. 다중격차, 한국 사회 불평등 구조, 페이퍼로드.

정병은, 2015. "제4장 사회적 포용과 배제", 이재열 외(편), 한국 사회의 질: 이론에서 적용까지, 한울아카데미.

정이환, 2007. "기업규모인가 고용형태인가: 노동시장 불평등의 요인 분석", 경제와 사회, 73: 332-355.

정준호·남종석, 2019. "근로자의 결합노동시장지위가 임금 분포에 미친 효과", 동향과 전망, 106, 229-267.

정준호·전병유, 2016. "다중격차지수와 한국 사회의 불평등 구조", 동향과 전망, 97: 46-80.

정진성 외, 2009. 한국사회의 트렌드를 읽는다: 국민의식조사를 통해서 본 외환위기 10년, 서울대학교출판문화원.

정해식, 2013. "OECD 주요 국가의 사회의 질 수준에 관한 비교 연구", 사회복지정책, 40(3): 233-268.

정해식, 2015. "사회통합의 결정 요인: 통합상태를 중심으로", 보건복지포럼, 221. 23-35.

정해식·김성아, 2019. "한국인의 행복: 소득 및 자산 격차의 영향 분석", 사회복지정책, 46(1): 185-213.

정해식·안상훈, 2015. "제3장 사회적 응집성: 현실과 수준 제고를 위한 전략", 이재열 외(편), 한국 사회의 질: 이론에서 적용까지, 한울아카데미.

정해식, 우선희, 2017. "주관적 안녕의 추이와 함의". 보건복지 ISSUE & FOCUS, 337.

조혜선, 2007. "마태 효과: 한국 과학자 사회의 누적이익", 한국사회학, 41(6): 112-141.

최요한, 2018. "국민기초생활보장제도의 수급이 우울에 미치는 영향", 사회보장연구, 34(4): 259-293.

최유석, 2011. "한국인의 사회복지에 대한 인식과 분산", 사회복지정책, 38(1): 57-83.

최유석, 2018. "행복 불평등: 행복의 분산과 관련요인", 한국인구학, 41(4): 39-64.

최유석·최창용, 2020. "문재인 정부 복지정책에 대한 인식", 한국콘텐츠학회논문지, 20(2): 435-450.

최유석·김여진, 2021. "한국인의 행복 격차: 집단 간 변화 추이와 관련 요인", 한국산학기술학회논문지, 22(12): 822-836.

최인철 외. 2019. 대한민국 행복리포트 2019, 21세기 북스.

통계청, 2023a. 장래인구추계.

통계청, 2023b. 2021년 임금근로일자리 소득(보수) 결과

통계청, 2023c. 경제활동인구조사 근로형태별 부가조사.

통계청, 2023d. 경제활동인구조사. https://gsis.kwdi.re.kr/statHtml/statHtml.do?orgId=338&tblId=DT_1DA7012&conn_path=I3

통계청, 2023e, "시도/합계출산율, 모의 연령별 출산율", 인구동향조사 2021, https://kosis.kr/statHtml/statHtml.do?orgId=101&tblId=DT_1B81A21&conn_path=I2.

한국거래소, 2021. 주요통계, http://data.krx.co.kr/contents/MDC/MDI/mdiLoader/inde
x.cmd?menuId=MDC0301

한국보건사회연구원, 서울대학교 사회복지연구소, 2021, 한국복지패널 16차 데이터.

한국보건사회연구원, 서울대학교 사회복지연구소, 2022. 한국복지패널 17차 데이터.

한국은행, 2014-2022. 국민계정,

한국행정연구원, 2014-2022. 사회통합실태조사.

한승현, 임다혜, 강민아, 2017. "한국 청년의 삶의 불안정성과 행복", 한국사회정책,
24(2): 87-126.

행정안전부, 2023. 주민등록인구통계, https://jumin.mois.go.kr/#.

허종호, 2022. 2021년 한국인의 행복조사 주요 결과, 국회미래연구원.

홍경준, 2011. "공적 소득이전의 분배효과분석", 사회복지정책, 38(2): 65-88.

황경식, 2018. 존 롤스 정의론 공정한 세상을 만드는 원칙, 쌤앤파커스.

황규성, 2016. "다중격차: 다차원적 불평등에 관한 개념화 시론", 동향과 전망, 97:
9-44.

Abbott, P. and C. Wallace, 2012. "Social Quality: A Way to Measure the Quality
of Society", Social Indicator Research, 108: 153-167.

Abbott, P., C. Wallace, K. Lin, and C. Haerpfer, 2016. "The Quality of Society
and Life Satisfaction in China", Social Indicator Research, 127(2): 653-670.

Acemoglu, Daron, and James A. Robinson, 2012. Why Nations Fail: The Origins
of Power, Prosperity and Poverty, New York: Crown, (최완규 역, 국가는 왜 실
패하는가, 시공사).

Alvarez, R. M. and John Brehm, 1998. "Speaking in Two Voices: American
Equivocation About the Internal Revenue Service", American Journal of Political
Science, 42(2): 418-452.

Annas, Julia, 2004. "Happiness as Achievement", Daedalus, 133: 44-51.

Arthur, W.B., 1994. Increasing Returns and Path Dependence in the Economy.
Ann Arbor: University of Michigan Press.

Autor, D., D. Dorn and L. F. Katz, 2017. "Concentrating on the Fall of the Labor
Share", American Economic Review, 107(5): 180-185.

Bartels, Larry, 2008. Unequal Democracy: The Political Economy of the New
Gilded Age, Princeton University Press.

Baumeister, R. F., 1991. Meaning of life, New York: The Guilford Press.

Becchetti, L., R. Massari, and P. Naticchioni, 2013. "The Drivers of Happiness
Inequality: Suggestions for Promoting Social Cohesion", IZA Discussion Paper,

No. 7153.

Beck, W., van der Maesen and A. Walker, 1997. "Theorizing Social Quality: The Concept's Validity", In Beck, van der Maesen and Walker, eds. The Social Quality of Europe, The Hague: Kluwer Law International.

Beck, W.A., van der Maesen, F. Thomese and A. Walker, 2001. eds. Social Quality: A Vision for Europe, The Hague: Kluwer Law International.

Bergh, A. and Bjørnskov, C., 2011. "Historical Trust Levels Predict the Current Size of the Welfare State", Kyklos, 64: 1-19.

Berman, Y. and D. Phillips, 2004. "Social Quality and the Conditional Factor of Social Cohesion", 3rd draft Working Paper (June 2004), The European Network on Indicators of Social Quality, Amsterdam.

Bjornskov, C., A. Dreher, J. Fischer and J. Schnellenbach, 2009. "On the relation between income inequality and happiness: Do fairness perceptions matter?", University of Heidelberg, Department of Economics, Discussion paper No. 495.

Bjornskov, C., A. Dreher and J. Fischer, 2008. "Cross-country determinants of life satisfaction: exploring different determinants across groups in society", Social Choice Welfare, 30: 119-113.

Blank, R.M., M, Dabady and C. F. Citro, eds. 2004. Measuring Racial Discrimination. Washington, DC: National Academy.

Clark, A. E. and C. Senik. 2014. Happiness and Economic Growth, Oxford, Oxford University Press.

Clark, A. E., S. Flèche, R. Layard, N. Powdthavee and G. Ward, 2018. The Origins of Happiness, Princeton University Press, Princeton & Oxford.

Clark, A. E., S. Flèche and C. Senik, 2015. "Economic growth evens out happiness: evidence from six surveys", Review of Income and Wealth, 62(3): 405-419.

Cullis, J., J. Hudson and P. Jones, 2011. "A Different Rationale for Redistribution: Pursuit of Happiness in the European Union", Journal of Happiness Studies, 12: 323-341.

Curtis, J. and R. Andersen, 2015. "How social class shapes attitudes on economic inequality: The competing forces of self-interest and legitimation", International Reivew of Social Research, 5(1): 4-19.

Delhey, J. and K. Newton, 2005. "Predicting Cross-National Levels of Social Trust: Global Pattern or Nordic Exceptionalism?", European Sociological Review, 21(4): 311-327.

Diener, E., R. Inglehart and L. Tay, 2013. "Theory and Validity of Life Satisfaction

Scales", Social Indicators Research, 112(3): 497-527.

DiPrete, T. A. and G. M. Eirich, 2006. "Cumulative Advantage as a Mechanism for Inequality: A Review of Theoretical and Empirical Developments", Annual Review of Sociology, 32: 1-27.

Easterlin, R., 2004. "Explaining Happiness", Proceedings of the National Academy of Sciences, 100(19): 1176-83.

EVS/WVS, 2022. European Values Study and World Values Survey: Joint EVS/WVS 2017-2022 Dataset (Joint EVS/WVS). JD Systems Institute & WVSA. Dataset Version 3.0.0, doi:10.14281/18241.19

Fabian, M. 2019. "Racing from Subjective Well-Being to Public Policy: A Review of The Origins of Happiness, Journal of Happiness Studies, 20: 2011-2026.

Frank R. H, and P. J. Cook, 1995. The Winner Take All Society: How More and More Americans Compete for Ever Fewer and Bigger Prizes, Encouraging Economic Waste, Income Inequality, and an Impoverished Cultural Life, New York: Free Press.

Franklin, C. H., 1991. "Eschewing Obfuscation? Campaigns and the Perceptions of U.S. Senate Incumbents", American Political Science Review 85: 1193-1214.

Gould, R., 2002. "The origins of status hierarchies: a formal theory and empirical test", American Journal of Sociology, 107: 1143-1178.

Grover, S. and J. F. Helliwell, 2019. "How's Life at Home? New Evidence on Marriage and the Set Point for Happiness", Journal of Happiness Studies, 20: 373-390.

Haidt, J., 2010. The Happiness Hypothesis, Basic Books (권오열 역, 행복의 가설, 물푸레).

Haller, M. and M. Hadler. 2006. "How Social Relations and Structures Can Produce Happiness and Unhappiness: An International Comparative Analysis", Social Indicators Research, 75: 169-216.

Helliwell, J. F., R. Layard, J. D. Sachs, J. E, De Neve, L. B. Aknin and S. Wang, 2023. eds. World Happiness Report 2023, New York: Sustainable Development Solutions Network.

Helliwell, J., H. Huang and S. Wang, 2016. "New Evidence on Trust and Well-being" NBER Working Paper No.22450.

Helliwell, J., R. Layard and J. Sachs, 2016a. World Happiness Report 2016, New York: Sustainable Development Solutions Network.

Helliwell, J., R. Layard and J. Sachs, 2018. World Happiness Report 2018, New York: Sustainable Development Solutions Network.

Helliwell, J., R. Layard, J. Sachs and J. De Neve, 2020. eds. World Happiness Report 2020. New York: Sustainable Development Solutions Network.

Hendrik, J., 2007. "Unemployment, Life Satisfaction and Retrospective Error", Journal of the Royal Statistical Society. Series A (Statistics in Society), 170(1): 43-61.

Herrmann, P., 2003. "Social Quality and the Conditional Factor of Social Empowerment", 3rd draft Working Paper, Amsterdam: EFSQ (September 2003).

Hirschman, A. O., and M. Rothschild, 1973. "The Changing Tolerance for Income Inequality in the Course of Economic Development", The Quarterly Journal of Economics, 87(4): 544-566.

Inglehart, R., C. Haerpfer, A. Moreno, C. Welzel, K. Kizilova, J. Diez-Medrano, M. Lagos, P. Norris, E. Ponarin and B. Puranen et al. eds. 2014. World Values Survey: Round Six − Country-Pooled Datafile Version: https://www.world valuessurvey.org/WVSDocumentationWV6.jsp. Madrid: JD Systems Institute.

Kalmijn, W. and R. Veenhoven, 2005. "Measuring Inequality of Happiness in Nations: in Search for Proper Statistics", Journal of Happiness Studies, 6: 357-396.

Kaufmann, D., A. Kraay and M. Mastruzzi, The Worldwide Governance Indicators: Methodology and Analytical Issues (September 2010). World Bank Policy Research Working Paper No. 5430, Available at SSRN: https://ssrn.com/abstract=1682130

Keizer, M. and L. J. G. van der Maesen, 2003. "Social Quality and the Conditional Factor of Socio-Economic Security: 3rd draft Working Paper, Amsterdam: EFSQ (September 2003).

Kerin, R. A., P. R. Varadarajan and R. A. Peterson, 1992. "First-mover advantage: a synthesis, conceptual framework, and research propositions", Journal of Marketing. 56: 33-52.

Landesman, S., 1986. "Quality of life and personal life satisfaction: Definition and measurement issues", Mental Retardation, 24(3): 141-143.

Layard, Richard, 2011. Happiness: Lessons from a New Science Lessons from a New Science Penguin Books (정은아 역, 행복의 함정, 북하이브).

Legatum Institute, 2023. The 2023 Legatum Prosperity Index.

Leonard, G., J. F. Helliwell and G. Mayraz. 2016. "The Welfare Costs of Well-being Inequality", NBER Working Paper, No. 21900.

Liang, J., 1984. "Dimensions of the Life Satisfaction Index A: A Structural Formulation", Journal of Gerontology, 39(5): 613-622.

Lim, C., and R. Putnam, 2010. "Religion, Social Networks, and Life Satisfaction",

American Sociological Review, 75(6): 914–933.

Lin, K, and H. Li, 2017. "Mapping Social Quality Clusters and Its Implications", Social Indicator Research, 134(2): 403–419.

Lord, K., 2019. "Six Ways to Repair Declining Social Trust", Stanford Innovation Review, https://ssir.org/ articles/entry/six_ways_to_repair_declining_social_trust.

Markus, H. R. and B. Schwartz, 2010. "Does choice mean freedom and well-being?", Journal of Consumer Research, 37(2): 344–355.

McCloskey, D. 2012. "Happyism: The Creepy new economics of pleasure", The New Republic, June 8.

Neugarten, B. J., R. J. Havighurst and S. S. Tobin, 1961. "The Measurement of Life Satisfaction", Journal of Gerontology, 16: 134–143.

Ngoo, Y., N. Tey and E. Tan, 2015. "Determinants of Life Satisfaction in Asia", Social Indicators Research, 124(1): 141–156.

O'Conner, A., 2002. Poverty Knowledge: Social Science, Social Policy, and the Poor in Twentieth-Century U.S. History, Princeton University Press.

OECD, 2011. Divided We Stand: Why Inequality Keeps Rising, OECD Publishing, 2011.

OECD, 2016. "Income inequality remains high in the face of weak recovery", COPE, Nov.

OECD, 2020. How's Life? 2020: Measuring Well-being, OECD Publishing, Paris, https://doi.org/10.1787/9870c393-en.

OECD, 2021, "How's Life? Well-Being", OECD Social and Welfare Statistics (database), https://doi.org/10.1787/b8a8569d-en (accessed on 22 April 2023).

OECD, 2022a. Job quality (database), http://dotstat.oecd.org/Index.aspx?DataSet Code=JOBQ).

OECD, 2022b. "Educational attainment and labour force status", Education at a glance, (database), http://stats.oecd.org/Index.aspx?DataSetCode=EAG_NEAC).

OECD, 2022c, Social support (indicator). https://data.oecd.org/healthrisk/social-support.htm.

Oishi S,, S, Kesebir, E. Diener, 2011. "Income inequality and happiness, Psychological Science", 22(9): 1095–1100.

Okulicz-Kozaryn, A., 2011. "Geography of European Life Satisfaction", Social Indicators Research, 101(3): 435–445.

Pacek, A. and B. Radcliff., 2008. "Assessing the Welfare State: The Politics of Happiness", Pespectives on Politics, 6(2): 267–277.

Prats, M. and A. Meunier, 2021, "Political efficacy and participation: An empirical analysis in European countries", OECD Working Papers on Public Governance, No. 46, OECD Publishing, Paris, https://doi.org/10.1787/4548cad8-en.

Radcliff, 2001. "Politics, Markets, and Life Satisfaction: The Political Economy of Human Happiness", American Political Science Review, 95(4): 939-952.

Reich, R., 2011. After Shock, (박슬라·안진환 역 「위기는 왜 반복되는가」 김영사).

Rhee, Y., E. Chi and H. Y. Kwon, 2013. "Inequality and Happiness in South Korea", Korean Political Science Review, 47(3): 25-43.

Rosen, S., 1981. "The economics of superstars", American Economic Review, 71: 845-858.

Ryff, C. D. 1997. "Experience and well-being: Explorations on domains of life and how they matter", International Journal of Behavioral Development, 20: 193-206.

Schlenker, B. R., J. R. Chambers and B. M. Le, 2012. "Conservatives are happier than liberals, but why? Political ideology, personality, and life satisfaction", Journal of Research in Personality, 46(2): 127-146.

Schwartz, S. H., 2012. "An Overview of the Schwartz Theory of Basic Values", Online Readings in Psychology and Culture, 2(1). https://doi.org/10.9707/2307-0919.1116

Scott, J., 1998. Seeing like a State: How Certain Schemes to Improve the Human Condition Have Failed, Yale University Press (전상인 역, 국가처럼 보기, 에코리브르, 2010).

Shepelak, N. J., 1987. "The role of self-explanations and self-evaluations in legitimating inequality", American Sociological Review, 52(4): 495-503.

Sirgy, M. and D. Cole, 1995. "A Life Satisfaction Measure: Additional Validational Data for the Congruity Life Satisfaction Measure", Social Indicators Research, 34(2): 237-259.

Stevenson, B. and J. Wolfers, 2008. "Happiness Inequality in the United States", NBER Working Paper, No. 14220.

Stiglitz, J., A. Sen and J. P. Fitoussi, 2009, "Report by the commission on the measurement of economic performance and social progress", Commission on the Measurement of Economic Performance and Social Progress, Paris.

Stiglitz, Joseph E., 2012. The Price of Inequality, W.W. Norton and Company Inc.

Tella, R. D. and R. MacCulloch. 2006. "Some Uses of Happiness Data in Economics", Journal of Economic Perspectives, 20(1): 25-46.

Tomlinson, M., A. Walker and L. Foster, 2016. "Social Quality and Work: What

Impact Does Low Pay Have on Social Quality", Journal of Social Policy, 45(2): 345-371.

van der Maesen, L. J. G. and A. Walker, 2005. "Indicators of Social Quality: Outcomes of the European Scientific Network", European Journal of Social Quality, 5(1/2): 8-24.

van der Maesen, L. J. G. and A. Walker, 2012. Social Quality: From Theory to Indicators, Houndmills: Palgrave.

Vassar, M. and W. Hale, 2007. "Reliability reporting practices in youth life satisfaction research", Social Indicators Research, 83(3): 487-496.

Veenhoven, R., 1996. "The Study of Life Satisfaction", Chapter 1 in: Saris, W. E., R. Veenhoven, A. C. Scherpenzeel and B. Bunting, eds. A comparative study of satisfaction with life in Europe, Eötvös University Press: 11-48.

Verme, P., 2009. "Happiness, freedom and control", Journal of Economic Behavior & Organization, 71: 146-161.

Vignoli, D., E. Pirani and S. Salvini, 2014. "Family Constellations and Life Satisfaction in Europe", Social Indicators Research, 117(3): 967-986.

Walker A. C. and A. Wigfield, 2003. "Social Quality and the Conditional Factor of Social Inclusion", 3rd draft Working Paper. Amsterdam: EFSQ (September 2003).

Whiteley, P., H. Clarke, D. Sanders and M. Stewart, 2010. "Government Performance and Life Satisfaction in Contemporary Britain", The Journal of Politics, 72(3): 733-746.

Wojcik, S. P., A. Hovasapian, J. Graham, M. Motyl and P. H. Ditto, 2015. "Conservatives report, but liberals display, greater happiness", Science, 347: 1243-1246.

Wood, V., M. L. Wylie and B. Sheafor, 1969. "An Analysis of a Short Self-Report Measure of Life Satisfaction: Correlation With Rater Judgments", Journal of Gerontology, 24: 465-469.

Xiao, J. and H. Li, 2011. "Sustainable Consumption and Life Satisfaction", Social Indicators Research, 104(2): 323-329.

Yee, J., 2014. "Social Quality, Competition and Happiness", Asia Review, 4(2): 3-29.

Yuan, H. and M. Golpelwar, 2013. "Testing Subjective Well-being from the Perspective of Social Quality: Quantile Regression Evidence from Shanghai, China", Social Indicator Research, 113: 257-276.

찾아보기

저자 소개

서울대학교 사회학과를 졸업하고, 미국 위스콘신 매디슨 대학교
에서 사회복지학으로 박사학위를 받았다. 세대갈등, 불평등과 같
은 한국사회의 핵심문제에 대한 진단과 해법을 모색하는 데 관
심을 갖고 있다. 주요 저서로는 『세대 간 연대와 갈등의 풍경』,
『사회보장론』(공저), 『촛불 이후 복지국가의 길을 묻다』(공저)
등이 있다. 현재 한림대학교 사회복지학부 교수로 재직 중이다.

한국의 행복 불평등

2023년 7월 5일 초판 인쇄
2023년 7월 10일 초판 1쇄 발행

저 자 최   유   석

발 행 인 배   효   선

발행처 도서출판 法 文 社

주 소 10881 경기도 파주시 회동길 37-29
등 록 1957년 12월 12일 / 제2-76호 (윤)
전 화 (031)955-6500~6 FAX (031)955-6525
E-mail (영업) bms@bobmunsa.co.kr
        (편집) edit66@bobmunsa.co.kr
홈페이지 http://www.bobmunsa.co.kr
조 판 법 문 사 전 산 실

정가 18,000원   ISBN 978-89-18-91410-7